Doreen Virtue

Himmlische Führung

Doreen Virtue

Himmlische Führung

Kommunikation mit der geistigen Welt

Aus dem Englischen von Silvia Autenrieth

Titel der amerikanischen Originalausgabe
»Divine Guidance«
Copyright © 1998 by Doreen Virtue
Dieses Werk wurde im Auftrag von St. Martin's Press LLC
durch die Literarische Agentur
Thomas Schlück GmbH, 30827 Garbsen, vermittelt
Deutsche Ausgabe: © KOHA-Verlag GmbH Burgrain
Alle Rechte vorbehalten – 3. Auflage 2010

Lektorat: Birgit-Inga Weber
Umschlag: Lisa Sprissler
Umschlagfoto: © An Angel, 1525 (fresco) by Bernardino Luini
(c.1480-1532), Sanctuary of the Blessed Virgin of Miracles, Saronno, Italy
The Bridgeman Art Library
Gesamtherstellung: Karin Schnellbach
Druck: Bercker, Kevelaer
ISBN 978-86728-063-1

Inhalt

Vorwort von Nick Bunick	9
Einleitung	12

Teil 1
Wie Sie es zuwege bringen, Gespräche mit Gott
und Ihren Schutzengeln zu führen 19

1. Sie haben ständig Verbindung mit Gott 21

2. Die Quelle himmlischer Führung: Gott,
   die Engel und die geistige Welt 40

3. Sich öffnen für die himmlische Führung:
   Heilung unserer Beziehung zu Gott 55

Teil 2
Woran wir erkennen, ob es sich um wahre Führung handelt 71

4. Himmlische Führung und das höhere Selbst 73

5. Wie sich wahre von falscher Führung unterscheiden lässt 80

Teil 3
Wie Sie Ihre Kommunikationskanäle mit
der geistigen Welt von Blockaden befreien 99

6. Die vier Kanäle: Wie Sie herausfinden, auf welchem Weg
   Sie mit der geistigen Welt kommunizieren 101

7. Die Entscheidung für die Öffnung
   der himmlischen Kommunikationskanäle 114

8. Hellsichtigkeit – innere Führung durch Bilder 129

9. Klar sehen – Wege zur Verbesserung Ihrer Hellsichtigkeit 139

10. Hellsichtigkeit selbst erleben 146

11. Hellhören – Lauschen auf die Stimme
der himmlischen Führung 159

12. Botschaften klar hören –
Wege zur Steigerung der eigenen Hellhörigkeit 183

13. Hellhören selbst erleben 190

14. Hellfühlen – Bauchgefühle, leise Ahnungen
und unsere spirituellen Sinnesorgane 199

15. Ein klares Gespür bekommen –
Wege zur Steigerung Ihres Hellfühlens 211

16. Hellfühlen selbst erleben 226

17. Hellwissen – ein absolut sicheres plötzliches Wissen 232

18. Klare Gewissheit – Wege zur Steigerung
Ihres Hellwissens 244

19. Hellwissen selbst erleben 254

20. Weiterführende Methoden zur Reinigung
der himmlischen Kommunikationskanäle 264

21. Gemeinsames Erschaffen mit Gott 273

Anhang 287
Anmerkungen 310

Gott und den Engeln gewidmet.
Mit ewiger Dankbarkeit und Liebe für alles.

Hinweis der Autorin

Alle Fallbeispiele und Geschichten in diesem Buch sind wahr. Namen und Einzelheiten, die eine Identifizierung der Personen ermöglichen könnten, wurden von mir zur Wahrung ihrer Anonymität verändert. Die einzigen Ausnahmen bilden meine eigenen Geschichten sowie die Beispiele und Geschichten, bei denen ich mit Erlaubnis der Betreffenden den vollen Namen angebe. In diesen Fällen wurden Namen und Einzelheiten nicht verändert.

Ich gebrauche für Gott das traditionelle Pronomen »er«, um die umständliche Formulierung »er oder sie« zu vermeiden. Das bedeutet keinesfalls, dass ich mich auf einen ausschließlich männlichen Gott beziehe, denn ich glaube, dass die Liebe Gottes androgyn ist. Bitte ersetzen Sie das Pronomen »er« beim Lesen dieses Buches im Geist durch »sie«, wenn Ihnen dabei wohler ist. Auch werden manche lieber Synonyme für die Bezeichnung »Gott« gebrauchen, etwa *Spirit, das Universum, der Schöpfer* oder *Vater-Mutter.* Von meinen Gesprächen mit Gott weiß ich, dass Namen nicht wichtig sind. Gott kommt es nur darauf an, dass wir regelmäßig mit ihm reden.

Vorwort

von Nick Bunick,
Medium von *The Messengers*

Zu verschiedenen Zeiten der Geschichte gab es immer wieder Gestalten, die als ganz außergewöhnliche Menschen betrachtet wurden, da Gott sie mit einer besonderen Gabe ausgestattet hatte: der Fähigkeit, durch visuelle oder verbale Kommunikation oder beides eine persönliche Beziehung mit den Boten Gottes, den Engeln, zu haben. Auch große historische Figuren wie der heilige Franz von Assisi, die Jungfrau von Orléans sowie im 18. Jahrhundert Emanuel Swedenborg waren Auserwählte dieser Art, die durch Erfahrungen mit Engeln von Gott besonders gesegnet wurden.

Man mag daraufhin fragen: Wo sind die Engel heute? Warum bestimmt Gott nicht in unserer Zeit einige Auserwählte, um zu zeigen, dass die Geschichten der Vergangenheit nicht frei erfunden sind und dass es Engel wirklich gibt? Warum haben wir keine Zeitgenossen, die über die Gottesgabe verfügen, die Engel zu sehen und mit ihnen zu sprechen? Dann könnten auch wir Menschen des 20. Jahrhunderts die beruhigende Gewissheit und das spirituelle Weltbild haben, dass die Boten Gottes nicht der ausufernden Fantasie von Menschen früherer Zeiten entsprangen, sondern eine spirituelle Realität sind, die inmitten unseres heutigen Lebens anzutreffen ist.

Ich lernte Doreen Virtue bei einer Buchmesse in Denver kennen. Obwohl wir uns nur kurz trafen, signalisierten mir die göttliche Energie und die Präsenz, die Doreen umgaben, ganz klar, dass sie tatsächlich Gaben von Gott erhalten hat.

Ein paar Monate später hatte ich die Gelegenheit, mit Doreen einen Tag in ihrer Heimatstadt in Südkalifornien zu verbringen. Wir aßen in einem reizenden Restaurant mit einem atemberaubend schönen Blick über den Pazifik zu Abend, und Doreen teilte einige ihrer Gottesgaben mit mir. Als wir also vor dieser herrlichen Kulisse saßen, an diesem Ort, der sich wahrhaft heilig anfühlte, bat sie mich um meine Einwilligung, mir mitteilen zu dürfen, welche Eingaben sie von den Engeln empfing. Der Inhalt der Informationen, die dann kamen, ließ mich sofort erkennen: Zu diesem Wissen konnte sie unmöglich anders als durch Kommunikation mit himmlischen Mächten gekommen sein.

Als Medium für das Buch *The Messengers* hatte ich Tagungen im ganzen Land abgehalten. Dabei hatte ich den Zuhörern bestimmte Informationen, die ich im Geist empfangen hatte, bewusst vorenthalten. Seitdem hatte ich die ganze Zeit in meiner Seele zu ergründen versucht, wann wohl der Zeitpunkt gekommen wäre, um die Botschaften weiterzugeben.

Und Doreen sagte prompt zu mir: »Nick, deine Engel wollen dich wissen lassen, dass du die Informationen, die sie dir übermittelt haben, nicht länger für dich behalten solltest. Sie wollen, dass du sie preisgibst, denn jetzt ist der richtige Zeitpunkt dafür.«

Für mich war ihre Aussage Beweis genug, dass sie von Gott mit bestimmten Gaben ausgestattet worden war.

Mittlerweile mache ich die wundervolle Erfahrung, durchs Land zu reisen und bei spirituellen Vorträgen und Tagungen mit Doreen vor großem Publikum dabei zu sein. Es bietet mir die Chance, Zeuge der Weisheit und außerordentlichen Gaben zu sein, die Gott Doreen verliehen hat und an denen sie wiederum Tausende von Menschen teilhaben lässt. Genau diese Botschaften der Weisheit und ihre besonderen Gaben fängt *Himmlische Führung* ein.

Himmlische Führung ist aus vielen Gründen ein bemerkenswertes Buch. Stellen Sie sich einfach einen Moment lang vor, Sie haben gerade ein fantastisches Restaurant betreten, und beim Blick auf die Speisekarte wird Ihnen klar, dass so viele herrliche Köstlichkeiten zur Wahl stehen: Die einzigen Einschränkungen stellen Ihr Appetit dar und die Frage, wie viel Sie wohl mit Genuss probieren können.

In vieler Hinsicht verhält es sich mit *Himmlische Führung* so ähnlich wie mit dieser unglaublich verlockenden Speisekarte. Denn Doreen Virtue hat genug anzubieten, dass Sie aus dem Staunen nicht mehr herauskommen. Natürlich liegt es bei Ihnen, zu entscheiden, was Sie in Ihr Leben integrieren. Wenn Sie jedoch den Wunsch haben, Informationen zu erhalten, die direkt von der höchsten Quelle

10

stammen – von Gott und den Engeln –, so zeigt Ihnen Doreen in schlichten, liebevollen und zu Herzen gehenden Worten, wie es geht. Sie ruft Ihnen in Erinnerung, dass Ihr Geist der Türsteher ist, der über den Zutritt zu Ihrem Herzen und Ihrer Seele entscheidet. Und sie liefert praktische Anweisungen, wie sich diese Tür öffnen lässt, sodass Ihr Herz und Ihre Seele dafür frei werden, Botschaften von Gott und Ihren Engeln zu erhaschen.

Feinfühlig legt Doreen Virtue dar, dass wir alle mit einem höheren Selbst wie auch mit einem Ego ausgestattet sind, und wie diese Instanzen oft um die Vorherrschaft über unsere Gedanken und Entscheidungen wetteifern. Sie vermittelt, wie Sie auseinanderhalten können, welches von beidem jeweils den Anstoß zu Entscheidungen in Ihrem Leben gibt. Bei der Lektüre werden Sie nicht nur lernen, Momente zu erkennen, in denen das Ego im Widerstreit mit Ihrem höheren Selbst steht, sondern auch, wie Sie Ihr Handeln ändern und steuern können, indem Sie auf die himmlische Führung bauen.

Ich kann nur unterstreichen, dass es sich lohnt, die Einblicke, die dieses einzigartige Buch gewährt, für bare Münze zu nehmen, denn Doreen Virtue ist wirklich eine Brücke zur spirituellen Welt. In *Himmlische Führung* bietet sie Ihnen den Schlüssel an, die Tür zu öffnen und die Brücke zur anderen Seite zu überqueren. Begleiten Sie sie auf dieser wunderbaren Reise.

Einleitung

Ein Sonnenstrahl erwärmte die glasbedachte Passage, als ich mich zum Kongresszentrum von Minneapolis begab. Das Licht war wie ein Spiegel meiner Vorfreude auf den Workshop, den ich am Nachmittag im Rahmen der Whole Life Expo abhalten sollte. Ich folgte der Ausschilderung zum Veranstaltungsort der Expo innerhalb des Kongresszentrums. Kaum war ich um eine Ecke gebogen, sah ich Tausende von Leuten, die sich um bunte Messestände sowie um Referenten und Referentinnen scharten. Der Duft von Vanilleräucherstäbchen vermischte sich mit Flötenspiel und Trommeleinlagen. Ich wurde sie nie leid, diese Zusammenkunft von Ausstellern, Sprechern und Teilnehmern. Die Expo erinnerte mich immer an eine groß angelegte Begrüßungsfeier für Heimkehrer.

Neale Donald Walschs Workshop war zwei Stunden vor dem meinen angesetzt. Da mir seine *Gespräche mit Gott* so sehr gefallen hatten, beschloss ich, mir seinen Vortrag anzuhören. Ich setzte mich ganz hinten in den lang gezogenen, dunklen Saal. Neale griff zum Mikrofon und begann darüber zu sprechen, wie die Stimme Gottes ihn angewiesen hatte, die heilenden Botschaften in seinen Büchern niederzuschreiben. Meine Sitznachbarin zur Rechten begann zu schluchzen. Ihr Begleiter reichte ihr ein Taschentuch und legte ihr den Arm um die Schultern.

Neales leidenschaftliches Engagement für sein Thema war unverkennbar, und mehrmals unterbrach er sich, um sich die Tränen aus den Augen zu wischen. Etliche Leute stürmten während Neales Vortrag aus dem Saal, offenbar ebenfalls heftig bewegt vom Inhalt seiner Rede. Bei den meisten jedoch beobachtete ich lebhaftes Kopfnicken, während Neale mit viel Poesie seine Gespräche mit dem Göttlichen wiedergab.

Auch ich konnte zu Neales himmlischen Botschaften nur nicken. Schließlich spiegelten sich in seinen Ausführungen genau die gleichen Aussagen, die auch ich von Gott und den Engeln schon seit meiner frühen Kindheit empfangen hatte. Ich sinnierte bei seinen Worten darüber, wie Gott offenbar allen ähnliche Botschaften der

Liebe übermittelt – wie ein superleistungsstarker Radiosender, der überallhin gleichzeitig eine Sendung in den Äther ausstrahlt. Gott schneidet seine Botschaften zwar jeweils auf uns persönlich zu; im Kern jedoch sind sie immer wieder die gleichen: Nur Liebe ist real, und Angst ist das einzige Hindernis, wenn es darum geht, die Allmacht der Liebe wahrzunehmen.

Im Geist ließ ich noch einmal Revue passieren, wie sehr sich der Schwerpunkt meiner Arbeit als spirituelle Beraterin in den letzten Jahren verlagert hatte. Auf Drängen Gottes und meiner Schutzengel verbrachte ich einen Großteil meiner Zeit damit, Klienten und Workshopteilnehmern zu vermitteln, wie *sie selbst* diese Botschaft hören konnten. Meinen himmlischen Führern zufolge war es wichtig, möglichst vielen Leuten beizubringen, ihren eigenen »heißen Draht« zum Himmel zu finden. Er erlaubt allen, wichtige und mitunter lebensrettende Hinweise zu beruflichen Fragen, zu ihrer Gesundheit und ihren Beziehungen zu erhalten.

Mir gingen die vielen Klientinnen und Klienten durch den Kopf, mit denen ich gearbeitet hatte und die es in Konflikte brachte, sich um himmlische Führung zu bemühen. Einerseits hatten sie den starken Wunsch verspürt, mit Gott zu kommunizieren. Gleichzeitig jedoch hatten einige das Gefühl, es sei Teufelswerk oder verrückt, eine Stimme aus der geistigen Welt zu hören. Diese widerstreitenden Impulse neutralisieren sich gegenseitig, was die Kommunikationskanäle mit dem Göttlichen schließlich blockiert. Ich beruhige meine christlich geprägten Klienten immer mit den Worten des Apostels Paulus im 1. Korintherbrief, wo er die Fähigkeit, sich vom Göttlichen führen zu lassen, als »die Gabe der Weissagung« bezeichnet. Der Apostel Paulus lässt in seinen weiteren Ausführungen keinen Zweifel daran, dass diese Gabe, mit Liebe eingesetzt, eine Fähigkeit ist, die wir alle anstreben sollten.[1]

Als Neales Workshop vorbei war, erhob ich mich gemeinsam mit den anderen, um Neale im Stehen zu applaudieren. Ich wusste, als Nächstes war ich an der Reihe, dem Publikum ein weiteres wichtiges Teil des Puzzles zu präsentieren. Wie Neales Lebensaufgabe sich darum dreht, die heilenden Botschaften Gottes auf der Erde zu

13

übermitteln, gehört zu meiner Mission die Kommunikation mit dem Göttlichen.

Als ich vor meinen Workshop-Zuhörern stand, schwollen ihre Fragen zu einer lauten Stimme an, die wie aus einer Kehle fragte: »Warum können *wir* nicht wie Neale Donald Walsch die Stimme Gottes hören?« Als Unterton schwang dabei die unausgesprochene Frage mit:»Liebt uns Gott denn nicht so, wie er Neale liebt?«

Ich blickte in die großen Augen der Zuhörer, die um Antworten auf diese Fragen bettelten, dankbar für die Zeit, die ich in die Ergründung und Weitervermittlung genau dieses Themas hineingesteckt hatte. Wie in allen Workshops von mir kam ich auf spezielle Methoden zu sprechen, wie wir mit Gott und den Engeln sprechen können.

Zu vorgerückter Stunde unterhielt ich mich noch privat mit Neale auf einer Party für die Referenten der Whole Life Expo. Neale, ein warmherziger Mann mit einem zutiefst aufrichtigen Auftreten und Benehmen, erzählte, wie sich sein Leben seit der Veröffentlichung der *Gespräche mit Gott* radikal verändert hatte. Wir waren uns darüber einig, dass sich das Leben unablässig auf wundersame Weisen verändert und heilt, wenn wir eine enge Partnerschaft mit der göttlichen Kraft entwickeln. Mein eigenes Leben ist das lebende Zeugnis für die beachtlichen Veränderungen, die sich einstellen, wenn wir der himmlischen Führung folgen.

Bei der Party kam ein blonder junger Mann auf mich zu. Ich erkannte ihn: Es war der Mitarbeiter der Whole Life Expo, der mich vor meiner Präsentation vorgestellt hatte. Er hatte während des Workshops in der ersten Reihe gesessen, und mir war aufgefallen, dass er mir die ganze Zeit mit staunenden Augen zugehört hatte.

»Ich komme aus einer sehr konservativen Familie«, erklärte er mir. »Bei uns ging man jeden Sonntag in die Kirche, aber wir waren nie das, was man ›religiös‹ nennen würde. Was Sie heute gesagt haben – dass jeder mit Gott und den Engeln reden kann –, meinen Sie das wirklich? Jeder?« In seinem Gesicht stand die unterschwellige Frage geschrieben:»Meinen Sie, dass auch *ich* mit Gott sprechen kann?«

»Ich konnte feststellen, dass *jeder,* unabhängig von seiner spirituellen oder religiösen Sozialisierung oder seinem Bildungshintergrund, klare Mitteilungen des Göttlichen, Mitteilungen aus spirituellen Sphären empfängt«, gab ich zurück. »Wir alle können lernen, wahre Mitteilungen des Himmels von der Stimme unserer Fantasie, unseres niederen Selbst oder unseres Egos zu unterscheiden. Dazu muss man nur klar zwischen beidem differenzieren können. Gott und die Engel geben uns Antworten auf unsere tiefsten, persönlichsten, drängendsten Fragen – Antworten, auf die wir uns verlassen können. Wir müssen sie lediglich verstehen und dann entsprechend handeln.«

Er strich über seine blonden Haare und fragte mit einem leichten Stirnrunzeln: »Sie wollen mir also sagen, dass ich mich mit Gott unter vier Augen unterhalten kann – direkt, ohne dass ein Priester, ein Hellseher oder jemand wie Neale Donald Walsch für mich übersetzt?«

Bei seiner Frage musste ich erneut schmunzeln. Ich erklärte ihm, dass auch ich mit Zweifeln und Frustrationen wegen meiner eigenen Verbindung mit Gott gerungen hatte. Nachdem ich dem jungen Mann schließlich geholfen hatte, zu hören, was ihm seine Engel und Gott zu seiner Beziehung und beruflichen Situation sagten, lachte er. »Wissen Sie, ich hatte schon die ganze Zeit über das Gefühl, dass sie mir das mitteilten!«

Ein weiterer Partygast, eine hübsche junge Frau namens Kristina, hatte unser Gespräch mitbekommen. Sie bat um Hilfe ganz ähnlicher Art und wollte wissen, wie sie es angehen könne, die Stimme ihrer himmlischen Führung zu hören. Wir zogen uns auf der Party in eine Ecke zurück, und ich betätigte mich als »Übersetzerin« für ihre Engel, die mir Botschaften in Form von Worten und Bildern zukommen ließen. Als ich wiedergab, was die Engel dazu zu sagen hatten, dass sich Kristina mit ihrem Fabrikjob in einer Sackgasse fühlte, füllten sich ihre Augen mit Tränen. Kristina erzählte, dass sie verzweifelt auf der Suche nach einem sinnvolleren beruflichen Standbein sei, aber die finanzielle Ungewissheit hielte sie davon ab, ihre Arbeit in der Fabrik aufzugeben.

»Die Engel bitten Sie, Vertrauen zu haben, Kristina«, ermutigte ich sie. Ich sagte ihr noch weitere Details zu den Angeboten der

Engel, ihr bei ihrem beruflichen Wechsel behilflich zu sein. Kristinas Unterlippe begann zu zittern, und im nächsten Moment biss sie sich darauf, um ihre Tränen aufzuhalten. Nach ein paar weiteren Minuten, in denen sich die Engel detailliert dazu äußerten, wie Kristina ihre Lebenshaltungskosten senken konnte, sah ich sie lächeln. »Die Engel haben recht!« Kristina lachte. »Ich schätze, ich habe mich wegen meiner finanziellen Bedenken einfach dagegen gewehrt, auf sie zu hören.«

Und dann brachte ich Kristina bei, wie sie die Stimme Gottes und der Engel hören würde. Während ich ihr half, ihre spirituellen Sinne des Sehens, Hörens und Fühlens zu wecken, kam ich mir ein wenig wie Anne Sullivan vor, als sie Helen Keller half.

Genau die Methoden, die ich Kristina und meinem Workshop-Publikum beibrachte, finden Sie jetzt in diesem Buch. Durch Methoden wie diese wurden schon Tausende erfolgreich in die Lage versetzt, göttliche Botschaften zu empfangen. Die Besucher meiner Workshops gehören allen möglichen Altersgruppen, Nationalitäten und Einkommensgruppen an und haben jeden erdenklichen Bildungshintergrund. Sie kommen aus dem Protestantismus, Katholizismus, sind vom New-Age-Denken geprägt, Mormonen, Juden, Buddhisten, Muslime, Agnostiker und was es nicht noch an Möglichkeiten gibt. Genau wie meine Workshops wendet sich dieses Buch an Menschen jeden Glaubens, da Gott Botschaften und Engel *überallhin* schickt.

Als Psychotherapeutin habe ich mit unzähligen Menschen gearbeitet, die im Hinblick auf Religion schmerzliche Erfahrungen gemacht hatten. Der rote Faden für die meisten dieser Klienten ist ihr Widerwille gegenüber allem, das sie an Religion erinnert. Die meisten von ihnen mögen es nicht einmal, wenn die Bibel, Gott, der Heilige Geist oder Jesus erwähnt werden. Schließlich erinnern allein diese Worte schmerzhaft an ihre leidvollen Erfahrungen. Viele Klienten bestanden darauf, dass ich beschönigende Begriffe für Gott wie »das Universum«, »Spirit« oder »die Liebe« benutzte. Der Heilung zuliebe kam ich dem nach, sofern meine göttliche Führung mir dafür grünes Licht gab. Bis heute glaube ich, dass die Worte, die wir in Verbindung mit Spiritualität verwenden, gar nicht so wichtig sind, sofern sie von Liebe erfüllt sind. Wie es in der spirituellen Schrift *Ein Kurs in Wundern* zum Ausdruck kommt: Worte sind nur Symbole für Symbole.[2]

Eine Workshop-Teilnehmerin gab zu, in ihr ziehe sich jedes Mal alles zusammen, wenn sie mich Erzengel Michael erwähnen höre, da der Name schmerzhafte Erinnerungen an die Kirche ihrer Kindheit in ihr wachrief. Sie bat mich, damit aufzuhören, von Michael zu sprechen, damit der Rest meines Workshops für sie auszuhalten wäre. Ich unterhielt mich kurz mit ihr. Dabei wurde mir klar, dass diese Frau dachte, ich würde Namen wie Gott, Jesus und Erzengel Michael im *religiösen* Sinne verwenden statt für reale, lebende Wesen. Als ich ihr erklärte: »Ich spreche von Wesen, die für mich ganz reale, lebendige Individuen sind. Diese Wesen, unter ihnen auch Erzengel Michael, sind meine allerbesten Freunde. Sie haben mir mehr geholfen als irgendjemand sonst, den ich kenne. Von daher ist es für mich nur normal, von ihnen zu sprechen und dabei meiner Begeisterung freien Lauf zu lassen.«

Nachdem die Frau verstanden hatte, dass ich die Namen, an die sie sich aus der Kirche ihrer Kindertage erinnerte, nicht gebrauchte, um in ihr Schuldgefühle zu wecken oder sie gefügig zu machen – *und dass ich von realen Menschen und Engeln in der spirituellen Dimension sprach, die lebendig sind und jetzt in diesem Moment um uns herum –*, begrüßte sie die Tatsache, dass ich weiter von ihnen sprach.

Man fragte mich auch, warum ich Gott »er« nenne. Eine Frau äußerte einmal ihre Bedenken, ob ich womöglich sexistisch sei. Ich erklärte ihr, dass ich das männliche Pronomen verwende, wenn ich unseren Schöpfer beschreibe, da ich hierdurch eine unbeholfene Konstruktion wie »er oder sie« vermeiden kann. Zudem habe ich es mir durch jahrelanges Lesen westlicher Literatur angewöhnt. Ich bin mir darüber im Klaren, dass frühere Fassungen der Bibel und anderer Schriften Gott als »Mutter« und »Vater« bezeichnen. Ich sehe Gott absolut als androgyne Kraft der Liebe und Intelligenz, nicht als Mann oder Frau. Bitte ersetzen Sie das männliche Pronomen in Verbindung mit Gott durch »sie«, wenn Ihnen das lieber ist.

Einige meiner Klienten und Workshop-Teilnehmer hegen schon seit Langem Ressentiments gegenüber Gott. Ich spreche mit vielen, die sich von Gott verraten fühlen: Er hat ihre Gebete nicht erhört, einen geliebten Menschen zu retten, der im Sterben lag; er hat eine Tragödie nicht abgewendet oder eine Erkrankung nicht geheilt. Seitdem verbringen sie ihr Leben, ohne mit Gott zu reden. Dennoch kommen sie zu meinen Workshops, da es sie auf irgendeiner Ebene danach verlangt, eine Verbindung mit Gottes Liebe zu erfahren. Ich arbeite ständig mit Menschen daran, ihre Beziehung zu Gott zu heilen – ein zentrales Element beim erneuten Öffnen der Kommunikationskanäle. In diesem Buch gehe ich auf Wege ein, Aversionen oder Ängste gegenüber Gott zu heilen, welche Barrieren zur himmlischen Führung darstellen.

Jeden Tag erhalte ich anrührende Briefe und Anrufe von Menschen, die mithilfe der Methoden, die ich in meinen Workshops lehre und die auch in diesem Buch beschrieben werden, die Schleier des Himmels durchbrechen konnten. Ich weiß auch, dass die Methoden wirken, da Gott und die Engel sie uns gegeben haben. Ich bin keinesfalls die einzige Person, der sie zugetragen wurden. Mir sind viele Menschen begegnet, die anhand der gleichen – oder zumindest ähnlichen – Methoden mit dem Himmel sprechen. Ich glaube, dass diese Methoden unsere angeborenen Gottesgaben sind, und das ist der Grund, warum so viele ganz von selbst darauf stoßen. Wenn Sie in diesem Buch von ihnen lesen, haben Sie vielleicht das Gefühl, sich an diese Information zu erinnern, statt sie neu zu lernen. Die Methoden setzen sich über alle scheinbaren religiösen Grenzziehungen hinweg, da sie uns daran erinnern, dass wir alle Kinder Gottes sind – woran auch immer wir glauben.

Sie verfügen über angeborene Fähigkeiten, mit Gott, Ihren Schutzengeln und den Aufgestiegenen Meistern wie Jesus, Moses, Krishna, Mohammed und Buddha zu kommunizieren. Diese Fähigkeit zur spirituellen Kommunikation ist Bestandteil Ihrer gottgegebenen Natur. Doch wie bei anderen natürlichen Talenten, die wir besitzen, brauchen wir oft ein paar Anleitungen und etwas Ermutigung, um sie in die Praxis umzusetzen. Beides finden Sie in diesem Buch.

TEIL EINS

Wie Sie es zuwege bringen,

Gespräche mit Gott

und Ihren Schutzengeln zu führen

1

Sie haben ständig Verbindung mit Gott

Haben Sie schon jemals eine ähnliche Situation erlebt?

- Sie haben etwas Wichtiges verlegt – Ihre Autoschlüssel, Ihre Brieftasche oder ein Schreiben – und plötzlich dämmert Ihnen, wo Sie den Gegenstand finden.
- Während Sie mit dem Auto unterwegs sind, haben Sie plötzlich die Eingebung, die Spur zu wechseln. Kurz darauf zeigt sich, dass Sie nur knapp an einem Stau oder an einem Verkehrsunfall vorbeigeschrammt sind.
- Sie wissen irgendwie, dass ein Ihnen nahestehender Mensch in Schwierigkeiten ist. Als Sie Kontakt mit dem oder der Betreffenden aufnehmen, stellt sich heraus, dass Ihre Hilfe ganz wichtig ist.
- Wenn Sie jemanden kennenlernen, geben Ihnen Ihre ersten spontanen Eindrücke bereits korrekt Auskunft über den späteren Verlauf Ihrer Beziehung.
- Eine körperlose Stimme warnt Sie vor einer Gefahr, und später stellen Sie fest, dass Sie diese Warnung vor großen Schwierigkeiten bewahrt hat.
- Sie denken an einen alten Bekannten, und noch am gleichen Tag erhalten Sie von dieser Person einen Brief oder Anruf.

Ihr ganzes Leben hindurch haben Sie viele Situationen erlebt, in denen Sie von himmlischen Mächten geführt wurden. Vielleicht erinnern Sie sich auch nicht bewusst an jene Fälle, in denen Gott und die Engel Sie führten. Möglicherweise haben Sie den Verdacht, dass der Himmel bei bestimmten außergewöhnlichen Vorfällen in Ihrem

Leben seine Hand im Spiel hatte. Wahrscheinlich fallen Ihnen auch ein paar Erlebnisse ein, bei denen es für Sie völlig außer Zweifel steht, dass Gott Sie geführt hat.

Die Stimme Ihres Schöpfers hat Sie nie verlassen und kann Sie de facto auch nie verlassen. Der Funke göttlichen Lichts, der entstand, als Gott zum allerersten Mal an Sie dachte, bleibt immer irgendwo in Ihrem Innern erhalten. Dieses Licht ist eins mit Gott – was bedeutet, dass *Sie* eins mit Gott sind. Durch das göttliche Licht, das Ihre wahre Essenz ist, kennen Sie aus erster Hand jeden Gedanken, der dem Geist Gottes entspringt. In Wahrheit ist Ihr Geist also für alle Ewigkeit an die himmlische Weisheit angeschlossen, die dem Geist Gottes zu eigen ist.

Gott und die Engel haben schon immer und unablässig mit Ihnen gesprochen. Sie haben Sie geführt, Sie ein ums andere Mal auffordernd in die Seite gestoßen und Ihnen gut zugeredet, seit Sie überhaupt erschaffen wurden. Nicht für einen Moment in Ihrer ganzen Lebensgeschichte waren Sie von Gott und seiner weisen Liebe getrennt. Da Gott immer bei Ihnen ist und Sie führt, müssen Sie lediglich lernen, diese Verbindung zu stärken und sensibler für die verschiedenen Formen zu werden, welche die himmlische Führung in Ihrem Leben annimmt. Wenn Sie das tun, spüren Sie den Frieden und den Mut, der sich einstellt, indem Sie ständig mit dem obersten Mentor in Kontakt sind.

Stellen Sie es sich folgendermaßen vor: Man bietet Ihnen die Chance, einen Geistführer zu erhalten, der die Antwort auf jede Frage kennt und der sich mit völliger Hingabe Ihrem Glück, Ihrer Sicherheit und Ihrem Wohlergehen verpflichtet. Im Gegenzug erwartet er nichts – außer dass Sie bereit sind, sich von ihm helfen zu lassen. Würden Sie da nicht dankbar Ja sagen? Dieser Geistführer, unser geliebter Schöpfer, *ist* bereits bei uns allen, bei jedem einzelnen Menschen. Wenn wir es uns angewöhnen, ständig im Gespräch mit Gott zu sein, leitet eine kraftvolle Harmonie alle unsere Handlungen und Gedanken.

Warum wir die himmlische Führung nicht wahrnehmen

Obwohl Gott ständig mit uns spricht, sind wir uns dieser Führung nicht immer bewusst. Dafür gibt es viele Gründe:

- Wir wissen vielleicht nicht, wie sich himmlische Führung anhört, wie sie sich anfühlt oder wie sie aussieht.
- Wir fürchten, eine Marionette Gottes zu werden; also sperren wir uns gezielt gegen die himmlische Führung.
- Wir halten sie für etwas anderes, etwa für eine Halluzination oder für reines Wunschdenken.
- Wir haben Angst, zu versagen, wenn die himmlische Führung uns abverlangt, die Flügel auszubreiten und uns hoch in den Himmel emporzuschwingen.
- Wir haben Angst vor dem Erfolg, da wir nicht das Gefühl haben, wir verdienten all das Gute, das uns die himmlische Führung geben möchte.
- Wir haben Angst, dass Gott uns zurechtweist, bestraft oder manipuliert, wenn wir auf ihn hören.
- Unser Geist ist mit Verurteilungen und verweigertem Verzeihen uns selbst und anderen gegenüber zugeschüttet.
- Die intensiv empfundene Liebe, die sich einstellt, wenn wir die Verbindung zu Gott herstellen, wird uns zu viel – was von unseren Ängsten herrührt, dass Liebe zu Schmerz führt.
- Wir haben nicht um himmlische Führung gebeten. Das Gesetz des freien Willens besagt, dass Gott und die Engel nur dann in unser Leben eingreifen dürfen, wenn wir sie darum bitten (ausgenommen hiervon sind lebensbedrohliche Situationen).
- Wir wollen oder erwarten eine andere Antwort als jene, die von unserer himmlischen Führung bei uns ankommt.
- Unsere Aufmerksamkeit ist abgelenkt, da wir allzu beschäftigt, gestresst und ausgelaugt oder der Wirkung chemischer Stoffe wie Koffein, Alkohol, Nikotin, Zucker oder anderer Drogen ausgesetzt sind.

Sobald diese Ängste und Vorbehalte identifiziert und behoben sind, wird es zum Glück leicht, die himmlische Führung zu hören. Und wenn Sie erst einmal gelernt haben, wahre himmlische Führung zu erkennen, werden Sie ihre Gegenwart immer stärker in Ihrem Herzen, Ihrem Geist und Ihrem Körper wahrnehmen.

Stärkung Ihres Drahtes zu Gott

Wir alle können klare Gespräche mit Gott und den Engeln führen. Manchmal erfordert die himmlische Führung lediglich ein paar neue Verhaltensweisen, die uns dabei helfen, sozusagen die Lautstärke heraufzudrehen, um die Stimme Gottes besser zu hören. Es gibt eine Reihe von Möglichkeiten, wie wir unsere göttlichen Kommunikationskanäle verstärken können, etwa:

- Jene Wahrheit in Erfahrung zu bringen, die Ängste und Blockaden wie die oben aufgeführten vertreibt (dieses Buch wird Sie bei diesem Prozess begleiten).
- Sich entspannt zurückzulehnen und zu wissen, dass himmlische Führung natürlich, ganz normal und Teil Ihres Erbes als Kind Gottes ist.
- Sich selbst daran zu erinnern, möglichst oft um himmlische Führung zu bitten. Üben, üben, üben!
- Gott und die Engel zu bitten, Ihrem Glauben Auftrieb zu geben, da Vertrauen zentral wichtig ist, wenn es darum geht, himmlische Führung zu empfangen, sich nach ihr zu richten und von ihr zu profitieren.

Wenn Sie erst einmal die Ängste und Angewohnheiten überwunden haben, die Sie davon abhalten, die himmlische Führung wahrzunehmen, so wird diese lauter, intensiver und klarer. Wie heißt es doch in dem spirituellen Text *Ein Kurs in Wundern:*

»Die KOMMUNIKATIONSVERBINDUNG, die GOTT SELBST in dich gelegt hat und die deinen Geist mit dem SEINIGEN verbindet, kann nicht zerbrochen werden. Vielleicht glaubst du, du möchtest, dass SIE zerbrochen sei, und dieser Glaube stört in der Tat den tiefen Frieden, in dem die

24

süße und ständige Kommunikation, die GOTT *mit dir teilen möchte, erkannt wird.* SEINE *Kanäle aber, durch welche* ER *hinausreicht, können nicht gänzlich verschlossen und von* IHM *getrennt sein.«[3]*

Was Gott über himmlische Führung sagt

Beim Schreiben dieses Buches sprach ich aktiv mit Gott und bat ihn um Weisungen und seine Mitwirkung. An einem Punkt führte ich mit ihm das folgende Gespräch, das er mich dann in diesem Buch zu präsentieren bat. Meine Fragen sind jeweils mit »F« gekennzeichnet und Gottes Antworten mit »A«.

F: Was würdest du uns gerne über die Kommunikation mit dir sagen?

A: *Tut es öfter! Ich mag es, wenn meine heiß geliebten Kinder zu Hause anrufen. Die Liebe, die sich aus eurem Herzen ergießt, wenn ihr euch flehentlich an mich wendet, ergießt sich über mich, ebenso wie meine Liebe in euch eintritt. Es ist ein Geschenk, das in alle Richtungen geht, und wir können dieses Geschenk nicht zu oft oder zu früh machen. Wartet nicht auf die Zeit, euch an diesem Geschenk zu erfreuen, denn es ist euch jetzt bestimmt.*

F: Hast du eine Vorliebe, wie wir mit dir sprechen sollen?

A: *Oft. Wie gesagt, ist das meine einzige Vorliebe: Tut es oft. Doch so viele versetzt es in Angst und Schrecken, meine Stimme zu hören, dass sie bis »später« abwarten, um sich an mich zu wenden.*

F: Später?

A: *Ja, wenn sie in »Schwierigkeiten« stecken. Natürlich ist ihr Herz dann mit Schuldgefühlen belastet, und das Widerstreben in ihrer zitternden Stimme ist unverkennbar, wenn sie meinen Namen anrufen. Es macht mich traurig, dass sich meine Kinder so schwer damit tun, zu Hause anzurufen. Habt keine Angst, dass ich euch bestrafen werde, wenn ihr in meine liebenden Arme flüchtet, um dort Trost und Hilfe zu finden. Ich sage euch, dass ich euch nichts vorenthalte in eurem heiligen Leben – das ist die Wahrheit. Alles, wo-*

rum ich euch bitte, ist eure Ehrlichkeit, damit ich euren Bitten wirklich so entsprechen kann, wie ihr es gerne hättet. Sprecht ihr aufrichtig und wahrhaftig, so verschwende ich – im irdischen Sinn gesprochen – keine »Zeit«, wenn es darum geht, eure Bitten zu erfüllen. Vermischt ihr eure Worte jedoch mit Halbwahrheiten oder sogar Lügen, um dem »Zorn Gottes« zu entgehen, so muss ich die wahre Bedeutung dessen aufspüren, worum ihr bittet, und sie euch erklären. Deshalb wirkt es manchmal so, als würden euch eure Bitten abgeschlagen oder erst mit Verspätung erfüllt. Wie auch bei euren irdischen Beziehungen ist Ehrlichkeit in der Kommunikation der Kern von allem.

Gott betonte auch, wie wichtig es ist, uns für unsere Gespräche mit ihm Zeit zu nehmen. Das ist nachvollziehbar. So wie wir versuchen, uns Zeit zu nehmen und wirklich präsent und gesammelt zu sein, wenn wir mit Menschen sprechen, die uns im Irdischen nahestehen, so sollten wir uns auch beim Gespräch mit Gott die Zeit einräumen, wirklich gegenwärtig und in unserer Mitte zu sein. Er drückte das so aus:

A: *So viele sind in Eile, gequält und unter Zeitdruck, wenn sie sich außer Atem an mich wenden. Es ist so viel besser, die Worte, die da gewechselt werden, über viele Tage, Wochen und Monate zu verteilen, statt sie alle auf einmal in einen bestimmten Augenblick der Woche hineinzupacken. Sprecht mit mir, während ihr in der Toreinfahrt steht, um zur Arbeit zu fahren. Sprecht mit mir im Lebensmittelladen, im Taxi, auf dem Gehweg und im Park. Es spielt keine Rolle, wo ihr mit mir sprecht oder wann. Sprecht einfach mit mir, Kinder. Sprecht mehr mit mir!«*

Das Gesetz des freien Willens

Gottes Gesetz des freien Willens besagt, dass es uns freisteht, Fehler zu machen und Entscheidungen zu treffen, ohne dass er sich einmischt. Er wird uns die himmlische Führung nicht überstülpen, falls wir uns seiner Hilfe widersetzen – außer wenn wir uns in einer lebensgefährlichen Situation befinden, bevor unsere Zeit gekommen ist.

Suzanne

Eine Frau, nennen wir sie Suzanne, fuhr eines Abends allein in ihrem Wagen nach Hause. Dabei übersah sie eine Kurve, prallte frontal gegen einen Telefonmast und krachte mit dem Kopf durch die Windschutzscheibe.

Während der Krankenwagen zum Hospital raste, befürchtete Suzanne schon, dass sie sterben würde. Die zwei Rettungssanitäter, die sich um sie bemühten, redeten beruhigend auf sie ein. Einer der beiden war besonders freundlich. Suzanne erinnert sich noch heute an seine dunkle Brille und sein dunkles lockiges Haar und wie er ihre Hand hielt, während er ihr immerzu zuflüsterte: »Du überstehst das, und zwar mit Bravour. Mach weiter so. Du schaffst das.« Seine sanften Ermutigungen gaben Suzanne die Kraft und den Willen, um ihr Leben zu kämpfen.

Drei Wochen später kehrte Suzanne noch einmal in die Notaufnahme zurück, um sich die Fäden ziehen zu lassen. Dabei erspähte sie den Fahrer des Krankenwagens, der sie befördert hatte, und einen der beiden Rettungssanitäter. Aber wo war der Kollege mit der Brille und den dunklen Locken, der im Fond des Krankenwagens ihre Hand gehalten hatte? Suzanne wollte sich unbedingt bei ihm bedanken, weil er ihren Lebenswillen gestärkt hatte. Die beiden kratzten sich irritiert am Kopf. Nein, ein Sanitäter mit Brille sei in dieser Nacht gar nicht mit an Bord gewesen, erklärte der Fahrer. »Da waren nur wir beide. Ich fuhr, und Carl war hinten bei Ihnen. Und Sie sehen ja selbst: Er trägt keine Brille und hat hellbraunes Haar.«

Gott und die Engel tun, was immer erforderlich ist, um uns zu helfen und uns zu führen. Wenn das bedeutet, als Sanitäter auf der Bildfläche zu erscheinen, so tun sie auch das. Viele haben mir ähnliche Geschichten von Leuten erzählt, die ihnen in einer kritischen Situation erschienen seien und nach Abflauen der Krise auf mysteriöse Weise verschwanden.

Ja, wenn keine Krise dieser Art vorliegt, können Gott und die Engel schon einmal so wirken, als hüllten sie sich hartnäckig in Schweigen und seien irgendwo getrennt und fern von uns. Oft liegt das einfach daran, dass wir sie nicht um ihre Hilfe und Führung gebeten haben.

Loslassen und vertrauen

Viele sind frustriert, weil sie darum ringen, die leise, zarte Stimme in ihrem Innern zu hören. Leider blockieren wir unsere spirituellen Kommunikationsleitungen zu Gott, sobald wir uns darum bemühen. Wir müssen es entspannter angehen und loslassen, um Gott besser hören zu können. Wenn Sie sich erst einmal hinreichend mit den Methoden vertraut gemacht haben, Ihre innere Stimme zu vernehmen, wird sich Ihre himmlische Führung ganz von selbst einstellen.

Als Kinder sind wir uns bewusst, dass wir in Kontakt mit Gott und den Engeln stehen. Wir werden in einem Zustand der Offenheit und Unschuld geboren. Oft legen wir unsere spirituelle Verbindung lahm, weil wir Angst haben. Aber wir können unsere Verbindung mit dem Himmel stets wieder öffnen, und zwar in dem Moment, in dem wir uns von unserer Angst lösen.

Als Anahita, die Tochter einer meiner spirituell orientierten Freunde, zwei Jahre alt war, fragte sie ihren Vater: »Wo ist Gott?« Er kniete sich lächelnd vor ihr nieder und erklärte, dass Gott in ihr selbst sei.

Etwas später kam mein Freund dazu, als Anahita auf dem Sofa saß und Selbstgespräche führte. »Was machst du denn, Anahita?«, fragte er.

»Ich rede mit Gott, Papi«, gab sie zurück. »Du hast doch gesagt, dass er in mir ist, also rede ich mit ihm.«

Wie viele Erwachsene hätten wohl das Vertrauen und die Sicherheit, sich hinzusetzen und Gespräche mit Gott zu führen? Viele würden sich fragen, ob das Ganze wohl reines Wunschdenken und ein Produkt ihrer Fantasie sei. Kinder tun sich nicht schwer damit, die Stimme Gottes und die Stimmen der Engel zu hören, da sie Dinge fraglos akzeptieren. Können auch wir diese geistige Offenheit walten lassen, und wissen wir, dass die Kommunikation mit den Himmelsmächten für uns ebenso natürlich ist wie für ein Kind? Wenn ja, so überwindet Gottes beharrliche Kraft die diversen Blockaden, die uns davon abhalten, die himmlischen Eingebungen zu hören und zu verstehen.

Unser Schöpfer erinnert uns immer daran, Entscheidungen auf der Grundlage von Liebe zu treffen und nicht aus Angst. Wenn wir ihn gewähren lassen, lehrt er uns, dass das Leben ein einziges gigantisches Wunder sein kann. Gott führt uns liebevoll und auf dem Weg der Gnade zu beruflichen Tätigkeiten, für die wir uns leidenschaftlich begeistern können: In der Welt dienen sie einem bestimmten Zweck, sorgen aber auch gleichzeitig für die Erfüllung unserer ganzen materiellen Bedürfnisse. Gott und die Engel wachen in ihrer Güte über unser Liebesleben, indem sie uns helfen, Beziehungen zu Seelengefährten zu genießen. Unsere himmlische Führung heilt alle Aspekte unseres Lebens, darunter jene der Gesundheit, Liebe und Karriere.

Keine Frage, keine Herausforderung, kein Problem ist in den Augen Gottes zu groß oder zu trivial. Wenn wir bereit sind, bei *allem* den Himmel um Führung zu ersuchen, werden wir frei, loszulassen und das Leben in vollen Zügen zu genießen. Wir überlassen Gott das Steuer unseres Wagens, mit dem entspannenden Wissen, dass er während dieses Prozesses für die Befriedigung unserer Bedürfnisse, für Antworten auf unsere Fragen und für die Erfüllung unserer Wünsche sorgt. Ob wir Gott um Hilfe bitten hinsichtlich dessen, was wir als wirklich zentrale Punkte in unserem Leben betrachten – unser Zuhause, unsere Ehe, unsere Finanzen und Gesundheit –, oder ob wir lediglich wollen, dass die Engel uns zu einem Parkplatz leiten: Die himmlische Führung hält sich rund um die Uhr bereit. Stellen Sie sich vor, es handelt sich um eine Notrufzentrale, die rund um die Uhr erreichbar ist; die Leitungen sind nie anderweitig besetzt und Sie landen nie in der Warteschleife. Die Eingebungen der himmlischen Führung bieten unfehlbar die richtigen Ratschläge und ehrliche Antworten.

Ihr wahres »Ich«, das von Gott erschaffen wurde, wird von der geistigen Welt ganz klar und allumfassend geführt. Aber es gibt auch ein falsches »Ich« in Ihrem Leben. Dieses falsche Ich, auch Ego oder niederes Selbst genannt, wird von Ängsten heimgesucht. Es hat Angst vor allem und jedem, Gott inbegriffen. Die Ratschläge, die es gibt, basieren auf Ängsten, und diese falsche Führung bedeutet immer eine Verschwendung von Zeit, Geld und Energie und führt darüber hinaus zu Problemen und Schmerz. Auf die Führung des niederen Ich kann man sich genauso hundertprozentig verlassen wie auf die Führung Gottes. Der einzige Unterschied besteht darin, dass falsche Führung stets für Probleme sorgt, während die wahre, himmlische Führung stets Freude weckt. In diesem Buch werde ich immer wieder darauf eingehen, woran Sie den Unterschied zwischen wahrer und falscher Führung erkennen.

Meine eigenen Erfahrungen mit himmlischer Führung

Meine Mutter, eine christlich orientierte spirituelle Heilerin, machte mich schon in meiner frühen Kindheit mit himmlischer Führung bekannt. Sie brachte mir bei, mich an Gott zu wenden, wenn es um eine Lösung für alle erdenklichen Situationen ging. Ich lernte, dass Gott den ganzen Tag über mit mir spreche – ich müsse lediglich hinhören. Manchmal war Gottes Stimme hörbar. Als ich acht Jahre alt war, hörte ich zum Beispiel auf dem Heimweg von der Sonntagsschule eine männliche Stimme, die an mein rechtes Ohr drang. Sie sagte mir mit liebevoller Bestimmtheit, dass es zu meiner Lebensaufgabe gehöre, anderen etwas über die Verbindung zwischen Geist und Körper zu vermitteln.

Manchmal haben wir Angst, weil uns jenes, wohin Gott uns führt, beängstigend erscheint. Das traf bei mir vor allem mit Anfang zwanzig zu. Ich hatte unmittelbar nach dem Highschool-Abschluss geheiratet und zwei Söhne bekommen. Zwar war ich glücklich, Kinder zu haben, aber dennoch hatte ich das Gefühl, dass in meinem Leben etwas Wichtiges fehlte. Ich wollte einen Beitrag zu dieser Welt leisten und einen sinnvollen Beruf ausüben. Aber ich konnte mir nicht vorstellen, was ich anderen zu bieten hätte, mit dem sich wirklich etwas ausrichten ließe. Schließlich hatte ich keine einzigartigen Ideen, keinen sonderlich hohen Bildungsstand und keine besondere Ausbildung. Auf einer gewissen Ebene betete ich zu Gott und bat ihn um Führung. Zwar waren es keine bewussten Gebete, aber ich weiß noch, wie ich dachte: »Bitte hilf mir, Gott!«, und wie ich Kirchenlieder vor mich hin sang wie etwa »Shepherd, Show Me How to Go«. Auf meine eigene Weise bat ich also um Führung von oben; der »Hirte« sollte mir die Richtung zeigen.

Schließlich ist himmlische Führung eine Antwort auf unsere Gebete oder auf die Gebete, die andere für uns gesprochen haben. Immer wenn wir den Himmel um Hilfe bitten, wird uns Unterstützung zuteil. Manchmal wird uns die Hilfe auf direktem Wege geschenkt, etwa wenn ein Engel bei einem kritischen Zwischenfall eingreift und uns das Leben rettet. Häufiger jedoch kommt es vor, dass Gott unsere Gebete erhört, indem wir praktische Ratschläge erhalten.

Mir selbst ging es so. Eines Tages erhielt ich Führung von ihm, als ich mich um den kleinen Garten neben unserem Wohnblock kümmerte. Mir war schon immer aufgefallen, dass mich Gartenarbeit in eine meditative Verfassung versetzte, durch die es mir gelang, über negative Gedanken hinwegzukommen. Als ich an diesem Tag Unkraut jätete, hatte ich vor meinem inneren Auge eine Vision, die mich an einen Schwarz-Weiß-Film in der »Amüsierhalle« erinnerte: Ich sah mich selbst, wie ich ein völlig anderes Leben genoss. Ich war eine erfolgreiche Autorin, die anderen half und ihnen Heilung brachte, und ich genoss mein Leben. Ich wusste, dass meine Vision nicht einfach nur ein Tagtraum war, da sie für mich mit solchem Unbehagen verbunden war. Schließlich hätte ich ja nicht gedacht, dass ich das Zeug dazu hätte, Bücher zu schreiben und anderen zu helfen. Ich versuchte, Visionen dieser Art zu ignorieren, aber sie stellten sich weiter ein, Tag für Tag. Es dauerte nicht lange, und sie liefen geradezu als Farbfilme vor mir ab, ausgeschmückt mit allen erdenklichen Details zu dem Leben, das ich führen würde. Man könnte meinen, dass diese Bilder eine angenehme Flucht aus einem Leben waren, in dem ich mich unwohl fühlte. Tatsache war aber, dass mein Urteil über mich dabei noch verheerender ausfiel. Per Zufall fand ich heraus, dass dieser Film nicht mehr ablief, wenn ich mir tüchtig den Bauch vollgeschlagen hatte. Von da an aß ich Unmengen.

Ein paar Monate später hatte ich mächtig zugenommen und fühlte mich in meiner eigenen Haut und mit meinem Leben kein bisschen wohler. Sobald das Essen verdaut war, stellten sich die Visionen wieder ein, die mich drängten, Bücher zu schreiben und Heilerin zu werden – samt den mit ihnen einhergehenden Empfindungen. Schließlich war ich es leid, noch länger Essen in mich hineinzuschaufeln, um den Film in meinem Kopf anzuhalten. Das war der Punkt, an dem ich mich geschlagen gab und Gott um Hilfe bat.

»Mir macht das große Angst«, gestand ich mir selbst und Gott ein. »Ich würde ja liebend gerne das Leben führen, das du mir immer wieder vor Augen führst, aber ich habe keine Ahnung, wie ich das überhaupt bewältigen sollte. Ich meine, ich habe nicht sehr viel Zeit oder Geld. Ich bin nicht sicher, ob ich klug genug bin, Bücher zu schreiben, und ich weiß auch nicht viel über Verlage. Aber wenn du willst, dass ich das mache, werde ich dir folgen.«

Nachdem ich Gott meine Zusage gegeben und ihn um Führung gebeten hatte, drängte sich etwas unverkennbar in meine Wahrnehmung; es äußerte sich als Bauchgefühl und gleichzeitig als ein verstandesmäßiges Wissen: Ich wusste mit einem Mal und spürte, dass ich die örtliche Beratungsstelle für Collegebewerber aufsuchen sollte. »Ich weiß nicht, wie ich die Zeit, das Geld oder die Intelligenz aufbringen soll, um so eine Collegezeit zu überstehen«, sagte ich im Geiste zu Gott. »Aber ich habe ja versprochen, Vertrauen zu haben und dir zu folgen.«

Kaum hatte ich den ersten Schritt hinter mich gebracht und bei der Beratungsstelle angerufen, empfing ich eine weitere Eingebung: »Vereinbare einen persönlichen Gesprächstermin.«

Wieder hatte ich anfänglich Widerstände gegen diese Stimme, dann jedoch erinnerte ich mich an mein Versprechen gegenüber Gott. Schließlich schrieb ich mich trotz meiner Vorbehalte am College ein, genau wie Gott mich angewiesen hatte. Da mein Mann in der Spätnachmittagsschicht arbeitete, willigte er ein, auf unsere Kinder aufzupassen, die damals noch klein waren, während ich meine Seminare besuchte; und ich würde dann nach Hause kommen, bevor er zur Arbeit musste.

Die himmlische Führung leitete mich Schritt für Schritt, bis schließlich Schlag auf Schlag sämtliche Visionen aus den Filmen, die in meinem Kopf abgelaufen waren, wahr wurden. Gott sorgte immer für das Geld, die Ideen und Informationen, die ich brauchte. Ich erwarb in zwei Fächern Abschlüsse an zwei der teuersten Privatuniversitäten des Landes. Hätte ich darauf gewartet, dass Gott mir zuerst zeigen solle, wo denn das Geld dafür herkommen solle, so würde ich heute noch immer warten! Ja, aufgrund meines blinden Vertrauens, dass Gott schon für alles sorgen werde, erhielt ich alles, was ich an materieller Unterstützung brauchte. Mit dreißig war ich dann Psychotherapeutin und Bestsellerautorin und reiste von Vortrag zu Vortrag und von Talkshow zu Talkshow.

Im Nachhinein verstehe ich, dass Gott uns sukzessive in kleinsten Schritten weiterführt. Wir müssen die winzigen Elemente des Geführtwerdens wahrnehmen und uns nach ihnen richten, bevor wir erfahren, was als nächster Schritt ansteht. Ich selbst hatte Angst und das Gefühl gehabt, festzustecken, da ich mir nicht ausmalen konnte, wie ich denn jenes erreichen sollte, was ich in meinen Visionen sah.

Im Grunde hatte ich gewollt, dass Gott mir eine komplette Blaupause dafür aushändigt, wie er mir das Gelingen sichern wird. Ich hatte die volle Zusicherung gewollt, dass mir keine Stolpersteine, Verletzungen und Enttäuschungen begegnen würden, bevor ich mich darauf einließ, die Schritte nach vorn zu tun. Dennoch bin ich heute froh, dass Gott mir nicht vorab den ganzen Plan gezeigt hat. Hätte er das nämlich getan und mir zum Beispiel vor Augen geführt, dass ich auf meinen Reisen spät nachts ganz allein nach New York City reisen würde, so hätte ich wahrscheinlich gesagt: »Kommt gar nicht infrage!«

Ich konnte außerdem feststellen, dass das *Wie* meines Lebensentwurfs Gott überlassen war. Auf die eine oder andere Art, wie ich es nie hätte planen oder steuern können, bekam ich genug Zeit, Geld und Intelligenz, um meine göttliche Mission zu erfüllen.

Gott antwortet auf alles

In diesem Buch werden Sie von verschiedenen Methoden lesen, wie Sie in Kontakt mit der himmlischen Führung gelangen und eventuelle Blockaden aus den Kommunikationskanälen entfernen. Außerdem berichtet es davon, wie andere von der Hilfe des Himmels profitiert haben. Sämtliche Methoden sind äußerst wirksam. Sobald Sie sie anwenden, werden Sie schon innerhalb weniger Tage ungeahnte Erfolge feststellen. Bei regelmäßiger Übung werden Sie sich nach spätestens einem Monat daran gewöhnt haben und sich sehr wohl dabei fühlen, sich von den himmlischen Mächten führen zu lassen.

Sie können Fragen jeglicher Tragweite stellen und Antworten auf sie erhalten. Bei meinen Workshops über »Himmlische Führung« werde ich oft gefragt: »Ist es okay, Gott Fragen zu meinen Finanzen oder meinem Liebesleben zu stellen und um einen Parkplatz oder so zu bitten?« Die Fragesteller sind sich unsicher, ob einige Themen tabu oder für Gott zu trivial sind.

Die Antwort lautet: Da Gott in allem ist, hat Gott auch mit allem zu tun. Gott liebt es regelrecht, wenn wir ihn um Anregungen und Eingaben für alles Mögliche bitten. Gott ist kein Kriseninterventionszentrum, zu dem jeweils nur ein Anrufer durchkommt. Er existiert in einer zeitlosen Dimension. Dementsprechend erfasst Gott alle Anfragen von allen gleichzeitig, und sie erreichen ihn alle, ohne dass etwas durcheinandergerät oder sich gegenseitig stört. Alles, was von Gott kommt, ist perfekt, einschließlich der perfekten Kommunikation.

Gott sorgt für die Erfüllung all unserer Bedürfnisse – Liebe und materielle Unterstützung, Ermutigung und solider Rat inbegriffen. Wir brauchen nie zu befürchten, dass uns irgendetwas vorenthalten wird. Gott ist reine Liebe, reines Licht und reine Intelligenz. Von daher wird jedes Geschenk, nach dem es uns je verlangen könnte, von dieser Quelle hervorgebracht.

Sie können auf viele Weisen um Mithilfe und Führung des Himmels ersuchen. Sie können die Bitte laut aussprechen, auf einem Block notieren, in den Computer eingeben, davon träumen, sie spüren oder einfach daran denken. Sie können sie förmlich ausdrücken oder salopp. Sie können sogar ärgerlich werden oder einen wütenden Ton anschlagen, wenn Sie Gott um seine Hilfe bitten. *Wie* Sie mit Gott sprechen, spielt keine Rolle. Er hört und reagiert auf die Liebe, die sich hinter Ihrer Bitte verbirgt, und er ist taub für jene Angst, die Verärgerung oder Respektlosigkeit jeder Art Nahrung bietet. Wenn wir durch häufige Kommunikation eine enge Beziehung mit Gott zurückgewinnen, sprechen wir selbstverständlich voller liebevollem Respekt mit ihm. Seine Liebe ist so Ehrfurcht gebietend, dass daraus ein ganz natürlicher Respekt resultiert.

Die vier Formen himmlischer Führung

Vielleicht sind Sie der Überzeugung, dass Gott nur selten und unerwartet in Ihr Leben eingreift. Doch in Wirklichkeit führt Gott uns alle *unablässig,* und nur unsere mangelnde Aufmerksamkeit verhindert, dass wir von dieser Führung profitieren. Himmlische Führung stellt sich in vier verschiedenen Formen ein:

1. Visionen, Bilder und mentale Vorstellungen: Es kann sein, dass ein Kino in Ihrem Kopf abzulaufen beginnt, wie es auch bei mir war. Oder unsere Visionen treten uns als Schnappschussaufnahmen entgegen, die in unserem Kopf oder außerhalb angesiedelt sind. Diese Visionen können wortwörtlich oder symbolisch zu verstehen sein, und sie können sich auch im Traum einstellen.

JoAnn

Eine Frau, nennen wir sie JoAnn, erzählte mir, dass sie auf der visuellen Ebene himmlische Führung erfahren habe, die ihr in einer schweren Zeit half, ihr Leben entspannter anzugehen. In JoAnns Nachbarschaft ist es normalerweise sehr ruhig – was sie genießt, da sie zu Hause arbeitet. Eines Sommers begann plötzlich die Klimaanlage ihrer allernächsten Nachbarn verrückt zu spielen. Den ganzen Tag über hörte JoAnn lautes Gequietsche und Gesurre. Sie schäumte innerlich vor Wut und wusste nicht, was sie tun sollte. Also fragte sie Gott, wie sich in dieser Situation Abhilfe schaffen ließe.

Als sie um Führung bat, sah JoAnn ganz klar das Bild eines weißen Kundendienstwagens in der benachbarten Toreinfahrt. JoAnn begriff, dass dieser Wagen vorgefahren war, um die Klimaanlage zu reparieren. Bei dieser Vision entstand in ihr ein tiefer Frieden. Nachdem sie jetzt die beruhigende Gewissheit hatte, dass der Defekt bald behoben würde, reagierte sie nicht mehr so empfindlich auf den Lärm der Klimaanlage. Und beim Anblick eines weißen Kundendienstwagens, den sie etwas später in der Toreinfahrt nebenan erspähte, war sie nur milde überrascht. Genau so, wie sie es hellsichtig vorhergesehen hatte, wurde das Problem mit der Klimaanlage noch am selben Tag behoben.

2. Geräusche, Stimmen und Worte: Es kann gut sein, dass Gott und die Engel tatsächlich eine Stimme haben, wenn sie mit Ihnen sprechen, und vielleicht werden Sie sogar beim Namen gerufen. Diese Stimme kann in Ihrem Kopf oder von außerhalb zu hören sein, und womöglich klingt sie sogar wie Ihre eigene.

Maureen

Auf der Fahrt zur Arbeit hörte Maureen eine Stimme, die eindringlich forderte, sie solle die Spur wechseln. Sie gehorchte, ohne zu zögern. Dreißig Sekunden später sah sie einen Geisterfahrer in einem Jeep, der auf ihrer vorigen Spur direkt auf sie zugerast wäre. Zitternd fuhr Maureen auf den Randstreifen und bedankte sich aus tiefstem Herzen bei Gott und den Engeln, dass sie ihr das Leben gerettet hatten.

3. Gefühle und Ahnungen: Die himmlische Führung kann sich auch als Ahnung, Gefühl und körperliche Sinneserfahrung einstellen – etwa in Form eines Geruchs.

Carol

Carol, geschieden, Mutter von zwei Kindern, verspürte den starken Wunsch, wieder zu heiraten. Also bat sie ihre Engel, sie zu einem Mann zu führen, der einen wunderbaren Ehemann und Stiefvater abgeben würde. Die Antwort ließ nicht lange auf sich warten: Carol beschlich das Gefühl, dass sie ihren Märchenprinzen in einer bestimmten Kirche in der Nachbargemeinde finden würde. Zunächst tat Carol das Gefühl als blanke Einbildung ab. Doch es hielt an, sodass sich Carol schließlich von ihm leiten ließ.

Als sie zum zweiten Mal dort zur Kirche ging, begegnete ihr Blick jenem eines großen, schlanken Kirchendieners. Nach dem Gottesdienst unterhielten sie sich im Eingangsbereich und nahmen anschließend noch am Kaffeetrinken der Gemeinde teil. Fortan waren sie unzertrennlich, und ein Jahr später heirateten sie in »ihrer« Kirche.

4. Gedanken, Ideen und plötzliche innere Gewissheit: Die himmlische Führung wird uns gelegentlich auch als ein Zustand des »Wissens« übermittelt, indem wir Informationen erhalten, die unmittelbar der universellen Intelligenz Gottes entspringen.

Carl

Carl, Mitte vierzig und in der Immobilienbranche tätig, mit einem Domizil in Südkalifornien, fühlte sich zunehmend ausgebrannt. Er war die langen Arbeitszeiten und extrem schwankenden Einkünfte leid und sehnte sich nach einer beruflichen Tätigkeit, die er sinnvoll und interessant finden könnte. Nach zwei Jahren vergeblicher Suche bat er schließlich Gott um Hilfe.

Nicht lange danach fuhr Carl unweit seines Hauses eine belebte Straße entlang. Plötzlich heftete sich sein Blick wie gebannt auf ein riesiges Buchantiquariat. Mit einem Mal *wusste* Carl einfach: In diesem Laden würde er arbeiten, und es wäre für ihn ein Traumjob. Er hielt sofort dort an, ging hinein, erkundigte sich nach einer freien Stelle und wurde unverzüglich eingestellt.

Als ich Carl zwei Jahre später in diesem Buchladen begegnete, erzählte er mir, er sei jetzt glücklicher als je zuvor in seinem Leben. Zwar verdiente er jetzt insgesamt weniger, aber dafür tat er etwas, das ihm sehr zusagte, und fühlte sich dadurch wiederum reich beschenkt.

Es ist eine falsche Vorstellung, dass nur ganz besondere oder außergewöhnlich begabte Menschen mit Gott und den Engeln sprechen könnten. Alle sind gleichermaßen besonders; alle sind begabt, vor allem, wenn es darum geht, himmlische Führung zu erhalten!

Jede Minute und Stunde, jeden Tag flüstern uns die Engel Antworten auf unsere im Gebet vorgebrachten Fragen zu. Gott spricht zu uns aus unseren Gefühlen heraus, durch unsere innere Stimme, unsere spirituellen Visionen und unser plötzliches Gefühl des Wissens. Ein Teil dieses Geführtwerdens durch himmlische Mächte geht darauf zurück, dass Gott ein perfekt geordnetes Universum geschaffen hat. Alles geschieht genau zur richtigen Zeit, genau am richtigen Ort und in genau der richtigen Reihenfolge. Selbst Atome stoßen nicht beliebig aneinander. Zu jedem Gedanken gibt es eine entsprechende Reaktion, und nichts geschieht zufällig oder beliebig.

Wenn Sie einen Gedanken oder ein Gefühl haben, fordern Sie letztendlich einen bestimmten Ausgang an, den etwas nehmen soll. Ob sich Ihre Gedanken um Sorgen oder Ängste drehen oder um Ihre größten Hoffnungen und Wünsche – sie sind Gebete. Das geordnete Universum liefert Ihnen genau das Erbetene. Gott und die Engel hoffen, dass Sie bei der Wahl Ihrer Gedanken und Wünsche klug vorgehen. Oder, noch besser, sie hoffen, dass sie Ihnen und Ihrem wahren Selbst erlauben, für Sie zu entscheiden. Dennoch ist dies ein Universum, in dem der freie Wille regiert, und so steht es uns frei, Fehler zu machen und uns selbst sowie anderen Schmerz zuzufügen.

Himmlische Führung ist Gottes Art, uns weg von Schmerz und hin zu Frieden zu führen. Welche Frage wir ihm auch stellen: Bei der Antwort ist immer Liebe im Spiel. Gott antwortet uns sehr direkt, mit Vorschlägen, Anweisungen oder Informationen. Zudem schickt er Boten, die uns zur Seite stehen sollen. Zu diesen gehören Engel, der Heilige Geist, Aufgestiegene Meister wie Jesus, Moses, Buddha, Krishna und Mohammed sowie geliebte Heilige.

Himmlische Führung richtet sich immer darauf, zu dienen, zu heilen und etwas zu verbessern. Nie schürt sie ein Gefühl des Mangels oder der Angst oder ein Konkurrenzdenken. Selbst in Momenten, in denen Gott Sie von potenziellen Katastrophen wegführt, taucht die Führung immer eingehüllt in sanft-beruhigende, bestärkende Wattewolken auf.

An der himmlischen Führung gibt es nichts Beängstigendes. Wir glauben oft, dass sie etwas Unheimliches habe, aber das kommt daher, dass wir ihrer Gültigkeit und Zuverlässigkeit nicht vertrauen. Himmlische Führung wirkt beängstigend, wenn Sie gerade dabei sind, Gottes Rat in den Wind zu schlagen, bei dem es um Heilung für Ihre Arbeitssituation, Ihre Ehe, Ihre Gesundheit oder einen anderen Aspekt Ihres Lebens geht. Obwohl Sie verzweifelt ein besseres Leben wollen, lauert da die Angst, Veränderungen würden alles nur noch schlimmer machen.

Aus diesen Ängsten spricht Ihr falsches Ich. Es hat Sie in solchen Momenten völlig im Griff. Ihr ängstliches Ego weiß: Würden Sie voll und ganz auf Gott hören, hätten Sie keine Angst mehr. Das Ego besteht komplett aus Angst. Wenn Sie also Ihre Ängste ablegen, so verliert das Ego seine Existenz. Deshalb wird es Sie mit Zähnen und Klauen davon abhalten, in den Genuss jenes geistigen Friedens zu kommen, der entsteht, wenn Sie auf die himmlische Führung hören. Setzen wir uns mit der himmlischen Führung also angstfrei auseinander. Vielleicht verlieren wir dabei ja ein für alle Mal die Ängste, die uns daran hindern, das Leben, für das wir geboren wurden, in vollen Zügen zu genießen.

2

Die Quelle himmlischer Führung:
Gott, die Engel und die geistige Welt

Ich werde oft gefragt: »Frau Virtue, wie definieren Sie eigentlich ›Gott‹?«

»Wie sehen Engel aus?«

»Ist meine verstorbene Großmutter mein Schutzengel?«

»Hat jeder Mensch, so böse er auch sein mag, einen Schutzengel?«

Fragen dieser Art kommen prinzipiell immer, wenn ich von Gott und den Schutzengeln spreche. Ich beanspruche zwar nicht für mich, alle Antworten zu kennen, aber ich weiß, wo man sie findet und für sich zugänglich macht.

Jeder scheint andere Vorstellungen von der Natur Gottes und vom Himmel zu haben. Vielleicht ist das alles Bestandteil von Gottes grandiosem Plan, oder vielleicht liegt es daran, dass Menschen die unterschiedlichsten spirituellen und religiösen Sozialisationen haben. Höchstwahrscheinlich trifft beides zu.

Wer sind die Engel?

Die Engel sind von Gott gesandte Gedanken der Liebe. Da Gott unablässig liebevolle Gedanken zum Ausdruck bringt, gibt es eine unendlich große Zahl von Engeln. Sie sind sehr reale, von Gott geschickte Boten, die uns helfen sollen, Frieden und Freude zu finden.

Gott ist das Alles-in-Allem, und unser spiritueller Geist ist gemäß seinem Ebenbild geschaffen. Gott ist allliebend, allwissend und überall, und auch wir besitzen diese Eigenschaften. Wir sind sogar mit außerordentlicher Macht ausgestattete Wesen – allerdings scheint es uns Angst zu machen, dass wir solche Macht haben, sodass wir uns zurücknehmen. In Wahrheit jedoch sind wir eins mit Gott und eins miteinander. Der Glaube, dass wir von Gott und den anderen getrennt seien, ist einfach nur das: ein Glaube.

In der wahren Welt, wo wir eins mit Gott und allem und jedem sind, gibt es keine von uns getrennten Engel oder Menschen. Jetzt, in diesem Moment, leben wir in dieser Welt, eins mit anderen und mit Gott. Doch ein Teil unseres Geistes, das Ego, liegt in tiefem Schlummer und durchlebt den Albtraum des Getrenntseins von Gott. Während wir in der Welt leben, die dieser Glaube manifest werden lässt, schickt uns Gott seine Gedanken der Liebe, die Engel, damit sie uns helfen. Was sind Engel? Es sind liebende Gedanken Gottes.

Alle Gedanken erschaffen bestimmte Gedankenformen. Wenn Sie an etwas denken, wird ein elektrischer Impuls freigesetzt. Seine Ladung wird in einer Form gebündelt, die sich für hellsichtige Menschen wie eine Art Seifenblase darstellt. Die Gedankenform erschafft, manifestiert und zieht an, was ihr ähnlich ist. Deshalb ist der Spruch »Sei vorsichtig, worum du bittest – du könntest es bekommen« sehr zutreffend. Unsere Gedankenformen sind unsere gehorsamen Diener, die in unseren Erfahrungen Gestalt annehmen. Die Gedankenformen beurteilen nicht, ob das, worum wir gebeten haben, uns helfen oder schaden würde. Sie sagen einfach nur: »Sehr wohl, Meister«, und helfen uns, in der materiellen Welt zu erfahren, was auch immer in unseren Gedanken ist. Von Angst besessene Gedanken brauchen eine Weile, bis sie Gestalt annehmen. Bis sich Probleme manifestieren, haben wir den negativen Gedanken, der sie ursprünglich hervorgerufen hat, gewöhnlich schon vergessen. Liebevolle Gedanken hingegen manifestieren sich sofort.

Da Gott zu einhundert Prozent Liebe ist, sind seine gesamten Gedankenformen voller Liebe. Diese Gedankenformen stellen sich bei uns ein, weil Gott es so will. Und genau das sind die Engel, die aus nichts als aus Gottes Liebe, Licht und Intelligenz bestehen.

Wie sehen Engel aus?

Die meisten Engel sehen so aus, wie sie auf Renaissance-Gemälden dargestellt werden. Sie haben Flügel und tragen strahlende, lang fließende Gewänder. Einige Engel haben erkennbar ein bestimmtes Geschlecht, die anderen sind androgyn. Es gibt sowohl winzige Cherubim als auch Engel, die mehr als zwei Meter groß sind. Einige sind vielfarbig, während andere nur einen einzigen, strahlenden Farbton aufweisen, ein reines Weiß, Blau oder Grün. Von ihnen gehen Funken und Lichtblitze aus, die wir zuweilen sehen, während die Engel unter uns wandeln.

Doch die Engel sagen mir, dass sie dieses traditionelle Erscheinungsbild mit den Flügeln und wallenden Gewändern uns zuliebe annehmen. Sie erklären nämlich: »Wir brauchen eigentlich keine Flügel, um fliegen zu können, und da wir keinen Körper haben, brauchen wir auch keine Kleidung. Wir nehmen diese Gestalt nur gerne an, weil es euch hilft, uns zu erkennen. Wenn ihr die Erwartung hättet, dass wir ganz anders aussehen, würden wir auch dem mit Freuden entsprechen, da es uns nach nichts anderem verlangt, als Gott zu unterstützen, euch zu helfen.«

Die Engel können also ihr Erscheinungsbild ändern. Sie wählen für sich das traditionelle Engelsbild mit Flügeln und wallenden Gewändern, weil wir es von ihnen so erwarten. Mit anderen Worten, die Engel stimmen sich auf ein Erscheinungsbild ein, das uns hilft, sie zu erkennen. In Wahrheit jedoch sind sie ohne Gestalt und ohne Form – die Essenz von Liebe und Licht.

Die Engel respektieren Sie enorm und werden nie etwas tun, womit sie Sie ängstigen würden. Wenn sie wissen, dass es Ihnen Angst macht, einen Engel zu Gesicht zu bekommen, sorgen Sie dafür, dass Sie keinen Engel sehen, bevor Sie dazu bereit sind. Doch auch wenn Sie sie vielleicht nicht sehen: Die Engel sind da.

Schutzengel

Es gibt eine Hierarchie von Engeln, da Gottes verschiedene Gedanken der Liebe so manche Funktion und so manchen Zweck erfüllen. Das trifft für Engel genauso zu wie für die Menschen. Wir alle haben eine einzigartige Mission, und niemand außer Ihnen kann diese Mission erfüllen! Gott am nächsten sind die Seraphim und Cherubim, deren Aufgabe darin besteht, uns an die Herrlichkeit Gottes und seine Ehrfurcht erweckende Liebe zu erinnern. Dementsprechend leuchten diese Engel auch am hellsten, da die Liebe Gottes aus ihnen strömt. Als Nächstes in der Engelshierarchie kommen die Herren der Heerscharen, die Tugenden, Mächte und Himmelsfürsten. Diese Engel wachen über das Universum und führen quer durch alle Galaxien den Willen Gottes durch. Schutzengel sind die Engel, die allen Lebewesen am nächsten sind, gefolgt von den Ranghöheren, den Erzengeln.

Alle Menschen, die ich je gesehen habe, haben jeweils zwei oder mehr Schutzengel um sich. Diese Engel sind von der physischen Geburt bis zum Tod an Ihrer Seite. Selbst die sogenannten Bösewichte haben Engel. Die Engel sehen, genau wie Gott, dass wir Fehler machen. Einige Menschen scheinen wirklich schreckliche Fehler zu machen. Doch der Himmel sieht über unsere Irrtümer hinweg und betrachtet uns als das, was wir wirklich sind: heilige Kinder Gottes. Die Engel wissen: Weil sie diesen liebevollen Blickwinkel einnehmen, verschwindet alles, was nicht liebevoll scheint. Wir können viel von ihnen lernen!

Nichts, was Sie tun, sagen oder denken, kann je etwas daran ändern, wie perfekt Ihre Schutzengel links und rechts von Ihnen Stellung bezogen haben. Diese Engel schauen über Ihre sich an der Oberfläche zeigende Persönlichkeit und Ihre menschlichen Fehler hinweg, um in Ihnen das perfekte Kind Gottes zu erkennen. Es ist schwierig, die Tiefe und Unermesslichkeit der Liebe zu beschreiben, die Ihre Schutzengel für Sie hegen. Die Engel sagen, ein Weg, die Unermesslichkeit ihrer Liebe zu begreifen, bestünde darin, an einen geliebten Menschen oder ein Haustier zu denken, die Ihnen sehr ans

Herz gewachsen sind, und dieses Gefühl dann tausendfach zu verstärken.

Jedes Tier und jede Pflanze hat Schutzengel. Tatsache ist, dass Naturengel uns auf sehr heilsame Weise leiten. Auch deshalb ist es sinnvoll, sich im Freien aufzuhalten, denn es hilft, den Kopf frei zu bekommen. Die Naturengel sind um Sie herum und erinnern Sie an Ihre wahren Prioritäten. Sie kehren aus der Natur zurück, und mit einem Mal ergibt alles einen Sinn, da winzige, aber sehr wirkungsvolle Lehrmeister Ihnen geholfen haben.

Mit den Engeln sprechen

Oft äußern Leute mir gegenüber ihre Bedenken, ob es denn in Ordnung sei, mit Engeln zu sprechen, statt alle Gespräche auf Gott auszurichten. Diese Sorge rührt von Ängsten her, Gott womöglich zu kränken oder den Willen Gottes zu verletzen, wenn wir die Kommunikation mit dem Himmel über den »falschen Dienstweg« angingen.

Doch da Gott und die Engel eins sind, sind Fehler bei der Kommunikation mit den Himmelsmächten ausgeschlossen. Die Engel *können* den Willen Gottes gar nicht verletzen. Ob Sie die Engel direkt anrufen oder Ihre Bitten über Gott zum Ausdruck bringen – das Ergebnis ist dasselbe. Außerdem weiß ich, dass Gott einen wunderbaren Humor hat, und wenn wir Fehler machen, so korrigiert er sie lediglich. Er bestraft uns nicht. Etwas später in diesem Kapitel werden wir noch auf die Bedenken rund um gefallene Engel eingehen.

Um einen Engel anzurufen oder mit einem Engel zu sprechen, gilt es einfach, konzentriert einen Gedanken oder eine Frage im Sinn zu haben. Die Engel hören unsere Gedanken und Gefühle, und sie reagieren unmittelbar darauf. Einige notieren beispielsweise Fragen an ihren Engel auf ein Blatt Papier oder sprechen sie laut aus. Ich spreche auch gerne mit Engeln und lade sie ein, im Traum mit Botschaften an mich heranzutreten, da wir im Schlaf zumeist offener für die himmlische Führung sind.

Neulich bat ich um himmlische Führung hinsichtlich der Frage: Woran merke ich, ob ich mit Gott oder mit einem Engel spreche? Die Antwort lautete so:

A: *Es gibt keinen Unterschied zwischen uns. Wir sind alle eine geeinte Stimme, die aus dem Geist und Herzen entspringt.*

F: Da du ›wir‹ sagst, nehme ich einmal an, dass hier der Engel spricht.

A: *Das stimmt.*

F: Und gleichzeitig spreche ich auch mit Gott?

A: *Aber ja. Wie gesagt, wir unterscheiden uns nicht voneinander.*

F: Aber was ist, wenn ich nur mit Gott alleine sprechen möchte, ›unter vier Augen‹?

A: *Dann geschieht es.*

F: Ist das Gott?

A: *Ja, ich bin der, den du gerufen hast, geliebte Tochter.*

Da Gott und die Engel allgegenwärtig sind – das heißt, in jedem einzelnen Moment überall –, können sie mit allen gleichzeitig ganz persönliche Gespräche führen. Immer wenn Sie stark eine Eingebung haben, die Sie anweist, ein besseres Leben zu führen, handelt es sich um himmlische Führung. Immer wenn Sie innerlich das Gefühl haben, dass es an der Zeit sei, sich besser um etwas, jemanden oder sich selbst zu kümmern, ist der Ursprung dieser Führung Gott. Immer wenn Sie den Drang verspüren, der Welt zu dienen, wird dieser dringende Wunsch Ihnen vom Himmel eingegeben.

Die »gefallenen Engel«

Man fragt mich oft nach den gefallenen Engeln und wie man ihnen aus dem Weg gehen kann: Jedes Wesen, das von einer dunklen Perspektive aus agiert, wird immer von Angst, Konkurrenz, Mangel und Zerstörung reden. Die Engel, die Gottes Licht erfüllt, sprechen dagegen von Liebe, Hilfsbereitschaft, Dienst an anderen, Vergebung und ähnlichen Werten. Ob Sie also mit einem Engel sprechen, mit einer anderen Person oder mit Ihrem eigenen Selbst: Halten Sie Ausschau nach Schlüsselmerkmalen, die liebevolle von angstbesetzter Führung unterscheiden. Liebevolle Führung ist immer positiv, inspirierend und manifestiert zum Beispiel Themen, bei denen es nur Sieger gibt. Wenn Sie von irgendeiner Stelle Weisungen erhalten, die schmähend, kritisch, wertend oder anderweitig mit Angst besetzt sind: Hören Sie *nicht* darauf!

Um zusätzliche Engel bitten

Es gibt Milliarden Engel im Universum, da Gott ständig Gedanken der Liebe hegt und deshalb entsprechende Gedankenformen manifestiert. Wenn Sie möchten, können Sie um beliebig viele Engel bitten, die Sie umgeben sollen. Es hat einige Vorteile, von vielen Engeln begleitet zu werden, da sie ein »Liebespolster« erzeugen. Die Liebe und das Licht der Engel ziehen wundervolle und wundersame Ereignisse an, motivieren andere, Sie mit Liebe und Güte zu behandeln, und weisen Menschen ab, die eine starke Ego-Prägung haben. Sie können auch Ihre Kinder und andere geliebte Menschen mit Engeln umgeben und die Engel bitten, einen Kreis um Ihr Zuhause, Ihr Büro, Ihr Auto oder Ihr Flugzeug zu bilden.

Da es eine unbegrenzte Zahl von Engeln im Universum gibt, können Sie um so viele himmlische Begleiter bitten, wie Sie möchten. Da Engel den Willen Gottes nicht verletzen können, birgt es keine Gefahr, Engel darum zu bitten, an Ihre Seite oder an die Seite eines geliebten Menschen zu treten.

Haben Sie viele Engel um sich herum, fällt es etwas leichter, ihren lauten Chor himmlischer Führung zu hören. Bevor ich Vorträge halte und Heilbehandlungen beginne, rufe ich zusätzliche Engel hinzu, damit ich bei der Arbeit klar die himmlischen Anweisungen erfahre.

Sie brauchen kein formales Gebet und keine Anrufung, um die Engel an Ihre Seite zu rufen. Denken Sie einfach: »Engel, bitte schart euch um mich!«, und dann sind sie da. Sie können Ihre an die Engel gewandte Bitte direkt an Gott richten oder an die Engel. So oder so reagiert der Himmel sofort auf Ihre Botschaft und schickt Engel, um Sie zu führen, mit Liebe zu umfangen und zu heilen.

Ihre Schutzengel sind immer bei Ihnen. Die anderen Engel kommen und gehen, wie wir sie brauchen.

Die Aufgestiegenen Meister

Die in diesem Buch skizzierten Vorgehensweisen helfen Ihnen bei einer klaren Kommunikation mit den großen Lehrern und Heilern in der geistigen Welt. Diese Lehrer, die einst auf der Erde gewandelt sind, sind mittlerweile zu einer himmlischen Dimension aufgestiegen; von dort können sie jedem helfen, der sie braucht. Ob es um Liebe, Führung und Antworten geht – sie stehen Ihnen zur Verfügung, wann immer Sie sie anrufen.

Diese selbstlosen Diener Gottes und der Menschheit, die Aufgestiegenen Meister, haben sich ganz der Aufgabe verschrieben, uns beim Transzendieren von Zügen unseres niederen Selbst zu helfen, damit wir jenen Frieden erlangen, den sie uns während ihres Erdendaseins vorgelebt haben. Sie dienen als zeitlose Lehrmeister und Vorbilder, die uns helfen, uns zum Besten zu entfalten.

Zu den berühmtesten Aufgestiegenen Meistern gehören Jesus, Buddha, Moses, Krishna und Mohammed. Zu den sonstigen himmlischen Lehrern, die gerne bereit sind, uns zu unterstützen, zählen Maria, Serapis Bey (ein ägyptischer spiritueller Lehrer in Luxor), Konfuzius, Kuan Yin, König David, Yogananda, die heilige Theresa von Avila, der heilige Franz von Assisi (heute vielen seiner Anhänger unter dem Namen Kuthumi bekannt) und St. Germain.

Wie Gott und die Engel werden sich auch die Aufgestiegenen Meister hüten, unseren freien Willen zu verletzen. Sie warten ab, bis wir die Entscheidung treffen, sie anzurufen, und dann sind sie im Handumdrehen an unserer Seite. Sie sind mit der Fähigkeit ausgestattet, allen gleichzeitig beizustehen. Für sie gilt, was schon Jesus verkündete: »Ich bin bei euch alle Tage.« (Matthäus 28,20)

Einigen meiner Klienten und Studierenden, die einen streng religiös geprägten christlichen Hintergrund haben, macht der Gedanke Angst, womöglich »gegen die Regeln zu verstoßen«, wenn es darum geht, mit Aufgestiegenen Meistern zu sprechen. Sie zitieren Passagen aus der Bibel, die ihre Ängste untermauern, dass man einzig und allein mit Gott und Jesus sprechen solle und mit niemandem sonst in der geistigen Welt. Ich respektiere und ehre alle religiösen Überzeugungen, und für mein Empfinden sollten wir uns nach dem richten, was in unserem Herzen ist.

Wenn es sich für Ihr Empfinden richtiger anfühlt, »nur« mit Gott und Jesus zu sprechen, so denke ich, dass Sie das tun sollten. Ich meine, es ist wunderbar, wenn jemand näheren Kontakt zu Gott sucht, ganz unabhängig davon, wie der Weg zu diesem heiligen Ziel verläuft. Ich würde einem anderen niemals meine eigenen Überzeugungen überstülpen. Ich bin immer dankbar, wenn meine fundamentalistischen christlichen Klienten und die Teilnehmer meiner Seminare das ganz genauso handhaben und sich an das halten, wovon sie selbst überzeugt sind, ohne andere abzuwerten, die abweichenden Traditionen folgen.

Die Avatare

Außer den Aufgestiegenen Meistern gibt es lebende Meister, die gemeinhin »Avatare« genannt werden und die dafür zur Verfügung stehen, uns durch himmlische Führung zu unterstützen. Die Avatare haben ein so hohes spirituelles Bewusstsein, dass sie wie Engel auf der Erde sind. Viele Avatare haben es für sich gewählt, ausdrücklich zu diesem Zweck auf diesen Planeten zu kommen, um uns zu helfen, und sie haben sich bereit gefunden, auf ihren eigenen physischen Komfort zu verzichten, während sie ihre Zeit der Sache der Menschheit widmen.

Der bekannteste lebende Avatar ist Sai Baba, der gelernt hat, sich an ferne Orte zu befördern, Gegenstände zu manifestieren und andere erstaunliche »Kunststücke« vorzuführen, die damit zusammenhängen, materielle Illusionen innerhalb unseres Bewusstseins zu überwinden. Sai Baba liegen die Erde und ihre Bewohner zutiefst am Herzen, und er steht allen, die ihn anrufen, umgehend mit Rat und Tat zur Seite. Die in diesem Buch beschriebenen Methoden sind ausgezeichnete Hilfen, um mit Sai Baba Kontakt aufzunehmen, vor allem, wenn es sich um die Gesundheit und das Wohlergehen unseres Planeten dreht.

Liebe Verstorbene und Geistführer

Es ist ein Mythos, zu glauben, dass nur jene, die in dieser Richtung besonders begabt sind, mit geliebten Verstorbenen kommunizieren könnten. Wie alle Menschen, sind auch Sie hier und jetzt mit dieser Fähigkeit ausgestattet. Vielleicht würden Sie gerne einen lieben Menschen unter Ihren Angehörigen kontaktieren und ihm oder ihr eine Frage stellen oder etwas unbereinigt Gebliebenes klären? Sie können die Methoden der göttlichen Kommunikation dazu einsetzen, Ihren Lieben in der geistigen Welt Botschaften zu schicken oder Signale von ihnen zu empfangen.

Verstorbene, die uns nahegestanden haben, übernehmen oft die Rolle eines Schutzengels, der uns mit Liebe umfängt und uns Weisungen ins Ohr flüstert, die uns Orientierung geben. Liebe Verstorbene werden auch »Geistführer« genannt.

Sie haben mindestens einen Geistführer, der seit Ihrer Geburt bei Ihnen ist und bis zu Ihrem letzten Atemzug an Ihrer Seite bleiben wird. Gewöhnlich ist dieser Geistführer ein Ahne – etwa ein Teil der Urgroßeltern –, ein Angehöriger, der mehrere Jahre vor Ihrer Geburt verstorben ist. Ihr Geistführer kann auch eine Person sein, mit der Sie in anderen Leben Kontakt hatten.

Geistführer wissen, wie sie Ihnen helfen können, ohne sich in Ihre freien Willensentscheidungen oder in die für Ihr Wachstum wichtigen Lektionen einzumischen. Von daher wird ein Geistführer Ihnen nie eine Entscheidung abnehmen. Vielmehr wird er Ihnen helfen, die einzelnen Optionen vor sich zu sehen, und Sie dann drängen, Entscheidungen zu treffen, die auf Liebe und Güte basieren. Wenn Sie Fehler machen, liebt Sie Ihr Geistführer dennoch bedingungslos. Er oder sie erkennt Ihre wahre Essenz, das Gute in Ihnen, ungeachtet der eventuell konträren Persönlichkeits- oder Verhaltenszüge. Wie ein liebevoller Coach spornt Ihr Geistführer Sie sachte an, sich selbst und andere mit Respekt zu behandeln.

Zuweilen erscheinen Ihnen erst kürzlich verstorbene geliebte Menschen, oder sie tauchen in Ihren Träumen auf, um Botschaften zu übermitteln. Dabei handelt es sich jedoch nicht um Geistführer oder Schutzengel, denn ihnen ist der Platz an Ihrer Seite nicht *dauerhaft* zugewiesen worden. Geistführer und Schutzengel sind von unserer Geburt an bis zu unserem Übergang in die Himmelswelt um uns. Gerade erst Verstorbene haben nicht genug Unterweisung erhalten, um uns als Geistführer zugewiesen zu werden. Die Rolle des Geistführers ist mit hohem Ansehen verknüpft; in der Dimension nach dem Erdenleben sind dafür eine Menge Schulungen zu durchlaufen. Diejenigen, die erst in neuerer Zeit verstorben sind, neigen oft dazu, Ratschläge zu geben oder ihren Einfluss geltend zu machen, ohne zu wissen, dass hierdurch der freie Wille der Lebenden beeinträchtigt werden kann.

Gerade erst verstorbene liebe Menschen werden Ihnen massivere, spezifischere Ratschläge geben, als dies ein Geistführer tun würde: Sie haben vielleicht keine Skrupel, sich auf eine Weise einzuschalten, die sich konträr zu Ihrem freien Willen verhält, oder für Sie Entscheidungen zu treffen. Deshalb dauert es oft ziemlich lange – etwa eine ganze Generation innerhalb einer Familie –, bevor Verstorbene so weit sind, die Rolle von Geistführern zu übernehmen. Das ist mit ein Grund, warum wir oft Großeltern als Geistführer antreffen, nicht die Eltern. Die Großeltern konnten schon von einer ausgiebigen Schulung in der geistigen Welt profitieren.

Von daher ist es eine gute Idee, Gott um Führung zu bitten, bevor Sie den Rat eines vor Kurzem verstorbenen lieben Menschen annehmen. Diese Person meint es zwar gut, und wir glauben mitunter fälschlicherweise, wenn jemand tot sei, habe er Zugang zu umfassender Weisheit. Wenn Menschen jedoch sterben, wissen sie durchaus nicht automatisch, *wie* sie an die gesamte Weisheit des Universums herankommen. Diese Fähigkeit erfordert Training, und zwar auf der irdischen Ebene und nach dem Erdenleben. Tatsache ist zudem, dass uns das mit unseren niederen Aspekten verknüpfte Ego auf die Ebene nach dem Leben folgt – und so geben ungeschulte Geister, so liebevoll und gut gemeint ihr Bemühen auch sei, oft einen Rat, der ihrem eigenen Ego entspringt. Wir müssen hier durch Gebete unterstützt und kritisch unterscheiden und uns nur dann an einen Rat halten, wenn er für unser Empfinden wahr klingt.

Ich habe jedoch schon Fälle erlebt, wo erst kürzlich Verstorbene ihre Hinterbliebenen auf eine Weise führten, die man nur als Geschenk des Himmels bezeichnen kann.

Marna

Marna Davis, Nachrichtensprecherin aus Mittelkalifornien, chauffierte eine Freundin zum internationalen Flughafen von Los Angeles. Dort hielt sie in der Kurzzeit-Haltezone an, zog den Zündschlüssel ab und steckte ihn ins Schloss des Kofferraums, um das Gepäck auszuladen. Nachdem sie ihre Freundin verabschiedet hatte, drehte sie sich um, um den Schlüssel abzuziehen, aber er steckte fest!

Marna fingerte so lange an dem Schlüssel herum, bis sie ihn schließlich wieder aus dem Schloss befreite. Das Problem war nur, dass er sich bei der ganzen Aktion so verbogen hatte, dass er nicht mehr ins Zündschloss passte. Marna geriet in Panik. Hinter ihr hupte bereits jemand, um sie zum Wegfahren zu bewegen, und ein Flughafenpolizist schaute in ihre Richtung. Wie um alles in der Welt sollte sie aus diesem Getümmel am Flughafen wieder herauskommen?

Spontan rief Marna ihre verstorbene Mutter zu Hilfe. Schließlich hatte sie Marna auch schon in anderen Fällen unterstützt. Kaum hatte Marna gedacht: »Mom, bitte hilf mir mit meinem Autoschlüssel!«, erhielt sie plötzlich bei ganz hellem Bewusstsein eine Antwort. Der Gedanke, der ihr in den Sinn kam, lautete nämlich: »Nimm den Autoschlüssel in den Mund und bieg ihn mit den Zähnen zurecht.« Marna gehorchte diesem Gedanken, ohne zu zögern, und der Schlüssel wurde auf der Stelle wieder gerade. Sie steckte ihn ins Zündschloss, und beim Wegfahren sagte sie noch laut: »Danke, Mom, du bist ein Engel!«

Während einer telefonischen Beratungssitzung erhielt meine Klientin Kimberley ebenfalls sehr klare Anweisungen von ihrer kurz zuvor verstorbenen Großmutter.

Kimberley

Kaum hatte ich den Hörer für die Telefonberatung abgenommen, schalteten sich Kimberleys Engel ein und teilten mir etwas über die gewalttätige Beziehung mit, in der sie sich befand. Ich erzählte Kimberley davon. »Wie ich höre, hat Ihr Freund extreme Stimmungsschwankungen. Er kann manchmal sehr lieb sein und deshalb bleiben Sie bei ihm. Dann wiederum behandelt er Sie überaus grob. Sie denken immer, dass er aufhören wird, sich grausam zu verhalten, und dann immer umgänglich wäre. Aber die Engel sagen, es sei unwahrscheinlich, dass das in näherer Zukunft passiert.«

Kimberley bestätigte, dass die Aussagen der Engel zuträfen. Sie war unverkennbar geschockt, dass die Engel mir diese Information schon gleich am Anfang unserer Sitzung übermittelt hatten. Dann fügte sie hinzu: »Ich wollte, die Engel würden mir sagen, dass ich ihn ein für allemal verlassen soll. Ich glaube, ich bringe nicht den Mut auf, ihn zu verlassen. Aber wenn mir jemand sagt: ›Kim, du musst auf der Stelle von ihm weggehen‹, könnte ich das mit Sicherheit.«

»Die Engel sagen, dass sie Sie nicht anweisen können, was Sie zu tun haben, Kimberley«, gab ich zurück. Genau in diesem Moment sah ich vor meinem geistigen Auge eine Frau über Kimberleys linker Schulter. Aufgrund meiner jahrelangen Erfahrung mit meiner Fähigkeit des Hellfühlens, die mir hilft, Klarheit über die Beziehung diverser Verstorbener zu meinen Klienten zu bekommen, war mir klar, dass es sich um die verstorbene Großmutter meiner Klientin mütterlicherseits handelte. Sie schwenkte ihre rechte Faust in die Luft und sagte mit Nachdruck: »Nun, ich sage Kimberley, dass sie den Kerl verlassen soll!« Ich wusste sofort, dass diese Großmutter keine Geistführerin war, da ihr Rat mit Wut und Ärger verwoben war. Geistführer, Engel und Gott mögen eindringlich zu etwas raten, aber sie werden dabei nie von einer Position der Angst oder Wut herkommen.

Kimberley freute sich, dass ihre Großmutter ihr helfen wollte. Ich erklärte ihr, dass sich ihr wahrer Geistführer sowie ihre Engel nicht in ihr persönliches Leben einschalten würden, es sei denn, sie steckte in einer lebensbedrohlichen Situation. Vielmehr würden sie Kimberley sozusagen sachte in die Seite knuffen, damit sie sich ihre Beziehung zu dem gewalttätigen Partner näher ansah, um auf diese Weise eigene Entscheidungen zu treffen. Gott und die Engel wissen: Verantwortung für unser Leben zu übernehmen und selbst frei zu entscheiden – das birgt ein enormes persönliches Wachstumspotenzial in sich.

Kurz zuvor Verstorbene, die uns nahestehen, glauben dagegen oft, sie erwiesen uns einen Gefallen, wenn sie für uns entscheiden. Oft mischen sie sich infolge von Schuldgefühlen ein, etwa aufgrund der Befürchtung, während ihres Erdenlebens nicht genug für uns getan zu haben. Dementsprechend überschüttete mich Kimberleys Großmutter mit Worten und Visionen, um ihrer Meinung zu diesem Thema deutlichen Ausdruck zu verleihen. »Sie zeigt mir, dass sie Ihrem Freund den Hals umdreht«, sagte ich zu Kimberley.

»Typisch!«, kommentierte Kimberley. Sie gab zu verstehen, wie sehr sie die Direktheit ihrer Großmutter zu schätzen wisse – und genau das habe sie gebraucht, um sich von ihrer Gewaltbeziehung zu lösen.

Wenn Sie also den Rat von jemandem annehmen – ob von Ihrem Partner oder von Ihrer Partnerin, von Freunden, Bekannten oder Nachbarn oder auch von jemandem in der geistigen Welt: Grundlegend dabei ist immer, sich von der Weisheit Ihres höheren Selbst leiten zu lassen und das endgültige Urteil ihm zu überlassen. Ist der Rat liebevoll und unterstützend und fühlt er sich für Sie richtig an, können Sie durchaus beschließen, sich nach ihm zu richten. Alle Eingebungen, die so klingen, als wären sie unwahr, und alles, was negativ formuliert ist, sollten Sie am besten links liegen lassen.

Abschließend lässt sich immerhin sagen, dass es auch eine frohe Botschaft gibt: *Sie sind nicht allein.* Sie sind von Engeln umgeben, von liebevollen Wesen in der geistigen Welt, von Geistführern und natürlich von Gott.

Wo Gott ist? Überall, unter anderem in Ihnen selbst. Was Gott ist? Liebe, reine Liebe. Wie Sie mit Gott Kontakt aufnehmen können? Sprechen Sie einfach mit ihm; tun Sie es aus Ihrem Herzen heraus. Ich versichere Ihnen, dass er umgehend antwortet, wo Sie auch sind, was Sie auch tun oder jemals getan haben.

Sie sind Gottes kostbares, heiliges Kind und er liebt Sie mehr, als auch nur im Entferntesten vorstellbar. Wie heißt es doch in *Ein Kurs in Wundern*:

»Versuche dich an eine Zeit zu erinnern – vielleicht war es nur eine Minute oder weniger –, als nichts kam, um deinen Frieden zu stören, als du gewiss warst, geliebt zu werden und in Sicherheit zu sein. Versuche daraufhin, dir vorzustellen, wie es wäre, wenn dieser Augenblick sich bis zum Ende der Zeit und in die Ewigkeit ausdehnte. Lass darauf das Gefühl der Ruhe, das du spürtest, hundertmal vervielfacht werden und dann nochmals weitere hundertmal.«[4]

Dem *Kurs* zufolge und nach meinen eigenen Erfahrungen zu urteilen, ist dieses Gefühl nur ein schwacher Abglanz des Friedens und der Liebe, die unser göttliches Erbe darstellen. Jede himmlische Führung entspringt dieser Liebe.

3

Sich öffnen für die himmlische Führung:
Heilung unserer Beziehung zu Gott

Viele von uns betrachten Gott als einen alten Mann irgendwo in weiter Ferne. Wie der Weihnachtsmann gilt Gott als jemand, der unser Tun beurteilt und uns Lohn oder Strafe zuteilt. Man könnte Gott für launenhaft und inkonsequent halten oder auch für eine Gestalt, die so gibt und nimmt, wie wir es aufgrund unserer Handlungen verdienen.

Betrachten wir Gott aus dieser Warte, so fragen wir uns automatisch, wie er uns denn jemals hören und mit uns kommunizieren sollte. Wir projizieren unsere Vorstellungen von Zeit, Raum und Entfernungen auf ihn und kommen zu dem Schluss: »Wie um alles in der Welt sollte er mich denn hören inmitten des ganzen Getöses so vieler Menschen, die ihn um Hilfe anflehen?« Wir fragen uns, wie Gott es anstellen soll, sich um alle zu kümmern, die seine Aufmerksamkeit brauchen.

Die überlieferte westliche Sichtweise von Gott wird auch als »Dualismus« bezeichnet. Mit anderen Worten: Wer dieser Philosophie anhängt, sieht die Menschen und Gott als voneinander getrennt – Gott ist hier, der Mensch ist dort.

Kein Wunder also, dass sich jene, die einer dualistischen Weltsicht anhängen, damit schwertun, anzuerkennen, dass göttliche Führung etwas Natürliches, völlig Normales ist und dass sie nonstop erfolgt! Doch man kann Gott und seine Kommunikation auch noch anders betrachten.

Wenn Gott alles-in-allem ist, ist er überall. Und »überall«, dazu gehören auch die Zellen in unserem Körper, unserem Kopf und unserem Herzen. Wenn Gott allgegenwärtig ist, so ist er in der Lage, bei allen gleichzeitig zu sein. Er kann sich um alle seine Kinder gleichzeitig kümmern, ohne irgendjemanden zu benachteiligen oder zu gefährden.

Ein alter Spruch lautet: »*Wenn Gott fern erscheint, wer hat sich dann wohl wegbewegt?*« Wenn wir Gottes Eingebungen offenbar nicht hören, dann deshalb, weil wir uns von ihm distanziert haben. Da wir jedoch auf alle Ewigkeit mit Gott verbunden sind, können wir ihn nicht wirklich verlassen. Die Kanäle, über die wir himmlische Führung erhalten können, öffnen sich, indem wir unsere Beziehung zu Gott heilen.

Woran erkennen wir, dass unsere Beziehung zu Gott der Heilung bedarf? Das erste Anzeichen kann so aussehen, dass wir Eingebungen der himmlischen Führung ignorieren.

Ignoranz gegenüber der himmlischen Führung

In meinen Workshops beschreiben Leute oft Anlässe, bei denen sie wahre himmlische Führung erlebten – und sie ignorierten. Eine Frau war im Theater und hörte eine Stimme, die sie anwies, sofort nach Hause zu fahren. Sie verdrängte sie und musste später feststellen, dass ein Brand einen großen Teil ihres Hauses zerstört hatte.

»Seit diesem Tag habe ich nie wieder Botschaften von Gott oder den Engeln gehört«, sagte sie zu mir. »Ich weiß, die Ursache ihres Schweigens ist einfach, dass ich nicht hingehört habe, als ich es hätte tun sollen.« Viele Menschen glauben wie diese Frau, dass ihnen die himmlische Kommunikation vorenthalten würde, weil es Vorfälle gab, bei denen sie nicht auf derartige Eingebungen hörten.

Gott und die geistige Welt können ihr Gespräch mit uns aber gar nicht einstellen. Wie könnten sie auch, da wir doch auf immer und ewig vereint und eins sind? Der Glaube, dass Gott seine Führung zurückhält oder nur ein paar Auserwählte damit bedenkt, geht auf die dualistische Sichtweise zurück. Innerhalb dieses Glaubenssystems sehen wir, wie erwähnt, Gott als jemanden, der in einer Entfernung von Millionen Meilen über uns regiert.

Wer an einen Gott glaubt, der von uns getrennt ist, tut sich manchmal schwer mit der Vorstellung, dass die göttliche Kommunikation ständig läuft. »Wie sollte Gott das anstellen: mit allen zur gleichen Zeit über alles Erdenkliche zu sprechen?«, fragen sie sich. Aber Gott ist der einzige Geist im Universum; unser Geist muss von daher automatisch eins mit dem seinen sein.

Obwohl ich in einem Haushalt aufgewachsen bin, wo man sich leidenschaftlich mit metaphysischen Dingen beschäftigte, konnte ich persönlich diese Vorstellung über viele Jahre nur vom Verstand her akzeptieren. Es leuchtete mir ein, dass eine Verbindung zwischen allen und allem besteht. Ich verstand, dass Gott, da er ja *überall* ist, auch in mir und jeder anderen lebenden Kreatur sowie in jedem unbeseelten Objekt im Universum ist. Mit anderen Worten: Wir alle sind eins mit Gott.

Dessen ungeachtet, glaubte ich jedoch, dass Gott sehr weit von mir entfernt sei. Ich sah ihn als kapriziösen alten Mann, der seine Gunst unter einer handverlesenen Schar von Glücklichen verteilt, und hatte den Verdacht, dass er mir womöglich abverlangte, ein entbehrungsreiches Leben zu führen, falls ich ihm genau zuhörte.

Ein Ereignis, bei dem ich auf mein niederes Selbst hörte statt auf die himmlische Führung, bewirkte letztlich etwas Wunderbares im Hinblick auf die Heilung meiner Beziehung zu Gott:

Es war Samstagnachmittag. Ich war gerade dabei, mich für eine kirchliche Zusammenkunft in der Nachbargemeinde umzuziehen, als ich ganz deutlich eine Stimme außerhalb meines rechten Ohrs hörte: »Doreen, sieh lieber zu, dass du an deinem Wagen das Verdeck schließt, sonst wird er gestohlen.« Die Engelsstimme sorgte zwar dafür, dass ich ziemlich perplex war, aber ich war ohnehin spät dran und zu sehr in Eile, um mich um das Textilverdeck zu kümmern.

»Dann bitte Grant, dass er das Verdeck zumacht«, beharrte die Engelsstimme eindringlich. »Auch dafür habe ich keine Zeit mehr«, debattierte ich innerlich mit der Stimme. Intuitiv war mir durchaus klar, dass mein Auto mit seinem verschlissenen Cabrioverdeck ziemlich unauffällig war; bei geöffnetem Verdeck jedoch wären die weißen Sitze und die Karosserie schon dazu angetan, einen Autodieb auf sich aufmerksam zu machen. Doch mein Wunsch, pünktlich am Ziel anzukommen, besiegte meine Bedenken wegen der Stimme und ihrer Warnungen.

Eine Stunde später – ich hatte gerade auf dem Parkplatz vor der Kirche eingeparkt und war eilig aus dem Wagen gestiegen – stand ein bewaffneter Mann vor mir und verlangte meine Wagenschlüssel und meine Handtasche.

Zum Glück stand mir der Engel, der mich gewarnt hatte, noch immer zur Seite. Eine innere Stimme gab mir ein, aus Leibeskräften zu brüllen, was ich dann auch tat. Auf meine Schreie hin wurde eine Frau in der Nähe aufmerksam, die noch in ihrem Fahrzeug saß und prompt zu hupen begann. Die in der Kirche Versammelten stürzten daraufhin heraus, um zu inspizieren, was es mit dem Lärm auf sich hatte, und der Mann und seine Komplizen ergriffen die Flucht.

Vor dieser Episode hatte ich schon des Öfteren kleine Wunder erlebt, wenn ich auf mein Bauchgefühl hörte. Wie bereits erwähnt, hatte mich die himmlische Führung ja auch dazu hingeführt, mich als Heilerin und Autorin zu betätigen. Trotz dieser Erfolge hatte ich mich jedoch nie völlig auf meine Intuition verlassen. Was ihre Treffer quote anging, so kam mir das Ganze zu sehr wie reine Glückssache vor, als dass ich mich hundertprozentig darauf verlassen wollte. Manchmal gab ich einem Instinkt nach, bei dem es sicher schien, dass er zum Erfolg führen würde – und rannte dann gegen eine Mauer von Enttäuschungen und Fehlschlägen an. Allmählich hatte ich aufgehört, auf meine Intuition zu hören.

Die Episode mit meinem Auto erinnerte mich daran, wie wichtig es war, meinen Eingebungen von oben zu folgen. Sie lehrte mich auch, dass Gott und die Engel über uns wachen und von sich aus da sind, um uns zu helfen, sobald wir in Schwierigkeiten geraten – vor allem in lebensbedrohlichen Situationen.

Nachdem mich der Tod »gestreift« hatte, fasste ich den Entschluss, mich mit Intuition und spiritueller Kommunikation zu beschäftigen. Und ich fand heraus, dass es einen Namen dafür gab, Stimmen zu hören: »Hellhören« oder »Klarhören«. Ich schloss daraus, dass ich die Stimme eines Engels gehört hatte, der mich vor einer drohenden

Gefahr warnte. Mir wurde klar, dass es dieselbe Stimme war, die mir im Alter von acht Jahren meine Lebensaufgabe offenbart hatte.

Die göttliche Führung kann sich außerdem als visuelle Bilder (Hellsehen), Ahnungen und ein Bauchgefühl (Hellfühlen) oder ein plötzliches inneres Wissen (Hellwissen) äußern. Wir alle besitzen von Natur aus einen primären wie auch einen sekundären Kanal, über den wir himmlische Führung erfahren. Hierum soll es im dritten Teil dieses Buches noch ausführlicher gehen.

Ich suchte nach Wegen, die himmlische Führung richtig identifizieren zu können, um echte Führung von reinem Wunschdenken zu unterscheiden. Ich versenkte mich in eingehendere Studien der Bibel und von *Ein Kurs in Wundern* und befasste mich mit alten spirituellen Schriften. Ich meldete mich für Kurse zur Entwicklung übersinnlicher Fähigkeiten und medialer Qualitäten an und befragte Dutzende von spirituellen Persönlichkeiten, unter anderem Rosemary Altea und Dannion Brinkley.

Außerdem vertiefte ich mich in wissenschaftliche Untersuchungen, die statistische Belege für die tatsächliche Existenz von Telepathie lieferten. Im letzten Jahrzehnt konnte die Existenz von außersinnlichen Wahrnehmungen und Telepathie durch Wissenschaftler aus allen Teilen der Welt verifiziert werden – unter ihnen auch skeptische Forscher, die anfänglich losgezogen waren, um die Existenz übersinnlicher Phänomene zu widerlegen.

So kamen Wissenschaftler der Cornell University in einer gut durchdachten Versuchsreihe, die aus elf Einzelexperimenten bestand, zu dem Schluss, dass Telepathie eine reale Fähigkeit ist, die jeder Mensch von Natur aus besitzt.[5] Im Jahr 1996 stellte man in Universitätslaboratorien in Nevada[6] und Japan[7] fest, dass der Blutdruck und die Pulsfrequenz von Versuchspersonen in dem Moment sanken oder stiegen, da eine andere Versuchsperson liebevoll beziehungsweise hasserfüllt an sie dachte. Die Wissenschaftler sehen darin eine Erklärung, weshalb wir es so oft erleben, dass uns jemand kurze Zeit nachdem wir an ihn gedacht haben, anruft.

Interessanterweise fand Dr. William MacDonald von der Ohio State University heraus, dass sich bei betenden Menschen am häufigsten nachweisliche Fälle von Gedankenübertragung finden. Er erklärt seinen Befund damit, dass das Gebet gewissermaßen ebenfalls eine »Kommunikation durch Gedankenübertragung mit Gott« sei.[8]

Meine Erfahrungen und Untersuchungen halfen mir, von einem Zustand der Skepsis, gemischt mit Hoffnung, zu einer Haltung zu gelangen, wo ich *wusste,* dass Kommunikation mit dem Göttlichen ganz natürlich und nutzbringend ist. Ich gewöhnte es mir an, regelmäßig um Führung zu bestimmten Angelegenheiten zu bitten, etwa hinsichtlich meiner Mutterrolle, zu Gesundheitsfragen, meiner beruflichen Entwicklung und nach der Richtung, wenn ich mit dem Auto unterwegs war.

Obwohl ich mit aller Bestimmtheit wusste, dass Gott auf jede meiner Bitten reagierte, glaubte ich nicht unbedingt daran, dass er mein Bestes im Sinn hatte. Mein niederes Selbst oder Ego beäugte Gott nach wie vor mit Misstrauen, und ich erlag noch immer leicht der Versuchung, auf diese Stimme zu hören. Immer wenn ich auf mein Ego hörte, fragte ich mich: »Wird Gott mir meinen Wunsch nach Sicherheit und Erfolg nehmen?« Ich dachte, wenn ich mich ernsthaft nach meiner himmlischen Führung richten würde, ginge mir bestimmt viel Motivation verloren. Ich stellte mir vor, dass Gott auf mich einwirken würde, bei meiner Lebensweise Kompromisse einzugehen – was mich zur Mittelmäßigkeit verdonnern würde. Ich glaubte, der Wille Gottes und mein eigener klafften meilenweit auseinander.

Eines Abends – ich war gerade mit einer Freundin in einem Buchladen – ließ ich ihr gegenüber die Bemerkung fallen, dass es mich mächtig aufregte, wenn ich mitbekam, dass Bücher anderer Autoren mehr in den Vordergrund gerückt wurden als meine eigenen. Diese Gefühle stammten eindeutig von meinem Ego, das – wie alle Egos – nicht glauben kann, dass genug da ist und dass es für alle reicht. Das Ego ist also die Wurzel allen Konkurrenzdenkens sowie von Neid und Eifersucht jeder Art.

Ich zeigte auf den Bereich »Neuerscheinungen Sachbücher«, wo Dutzende von Büchern, die meinem ähnelten, mit dem Cover nach vorn aufgestellt waren, während meine irgendwo in den hintersten

Winkel des Ladens verbannt waren und dort Rücken an Rücken im Regal standen. Immer noch auf die Stimme meines mit niederen Selbst-Anteilen verbundenen Egos hörend, jammerte ich gegenüber meiner Freundin herum, wie unfair die Situation doch sei.

Ganz unschuldig wandte sie sich mir zu und bemerkte: »Vielleicht ist das ja Gottes Wille.« Ihre Worte trieben mir Hitze und Schweiß auf die Haut. Ein Gefühl der Übelkeit und Tränen wallten aus meinem Innersten auf, bis ich nur noch sagte: »Lass uns bitte gehen.« Meine Freundin erkundigte sich noch, was ich denn hätte, aber ich war zu aufgelöst, um es näher auszuführen.

Zu Hause warf ich mich auf mein Bett und heulte ins Kopfkissen. Dabei schrie ich Gott an, dem meine Karriere offenbar gleichgültig war. Schluchzend versicherte ich, dass ich Gottes Universum verlassen und mich irgendwohin begeben würde, wo er mich nicht mehr unter seiner Fuchtel hätte. Mir war es vollkommen ernst! Ich war es leid, dass Gott meine harte Arbeit und meine Ziele ignorierte. Ich steigerte mich immer weiter in meine Tränen hinein, weil Gott doch so ungerecht war, anderen Autoren zu helfen, mich jedoch links liegen zu lassen. Warum liebte er andere mehr als mich? War ich ein schlechter Mensch? War das eine Art Prüfung? Ich stellte mir vor, wie er dachte: »Nun, dieser ausbleibende Erfolg ist nur zu deinem Besten, Doreen.«

Während die Tränen flossen, überlegte ich mir, wie ich es am besten anstellte, den Dunstkreis Gottes zu verlassen. Doch welcher Ort mir auch in den Sinn kam: Immer wurde mir klar, dass Gott auch dort permanent um mich sein würde. Selbst wenn ich sterben oder ins Koma fallen würde: Gott und sein Wille überlagerten den meinen. Bei dieser Erkenntnis schluchzte ich noch einmal kurz auf und merkte, wie ich mit einem Mal viel zu fasziniert war, um weiterzuweinen.

Dann fiel es mir wie Schuppen von den Augen: Da Gott und sein Wille allgegenwärtig waren, bedeutete das doch, dass Gottes Wille mit meinem eigenen identisch war! »Gottes Wille und mein Wille sind eins!« Ich schnappte förmlich nach Luft bei dieser Erkenntnis. Wie eine Welle löste sich die Anspannung von meinem Rücken und Kopf, und ich verspürte ein neues Freiheitsgefühl. Mir wurde klar, dass Gott nicht versuchte, mich klein zu halten, da der Wille Gottes nie von meinem Willen getrennt sein konnte. Was das wahre »Ich« wollte, das wollte auch Gott für mich. Der Wille meines niederen Selbst, der aus einer unechten Quelle stammte, war das Einzige, was sich von Gottes Willen unterschied. Doch da mein niederes Selbst nur schmerzhafte Dinge will und ein Verlangen nach bedeutungslosen Zielen hat, die keine Erfüllung mit sich bringen, war dieser Wille nicht mein wahrer Wille.

Nach dieser Nacht, in der ich mitsamt meinem Ego nicht mehr tiefer sinken konnte, änderte sich meine Sichtweise dramatisch: Konkurrenzdenken oder Neid auf andere steigen inzwischen nicht einmal mehr in mir auf. Sobald ich von jemandem höre, der etwas zum Licht und zur Liebe auf der Welt beiträgt, applaudiere ich ihm oder ihr! Ich verstehe jetzt, dass wir alle in Gottes groß angelegtem Plan unbedingt gebraucht werden. Meine kooperative Perspektive schenkt mir einen großen Frieden, während mein früherer, wetteifernder Blick mir Schmerz schuf.

Dieser Prozess des Strebens nach dem Frieden mit Gott und des schließlich erfolgenden Friedensschlusses wird auch als »dunkle Nacht der Seele« bezeichnet. Viele Menschen auf dem Weg zur Erleuchtung machen diese Erfahrung, und es zeigt sich durchgängig, dass die dunkle Nacht der Seele zu intensivem Licht in unserem Leben führt.

In den folgenden Tagen wandte ich mich zunehmend an Gott und die Engel. Ich betete inständig darum, von verbliebenen Glaubenssätzen und Blockaden geheilt zu werden, die mich davon abhielten, voll und ganz auf Gott zu vertrauen. Ich sprach diese Bitten aus, ohne so recht zu glauben, dass Gott mir wirklich helfen könnte. Aus irgendeinem Grund hatte ich immer gedacht, Gott käme uns nur zu Hilfe, *nachdem* wir den Glauben entwickelt hatten, dass er es tun würde. Ich dachte, umfassender Glaube sei für Gott die Vorbedingung. Eines Abends vor dem Schlafengehen betete ich: »Bitte hilf mir, die Ängste zu verlieren, die mich davon abhalten, voll und ganz zu glauben.« Am anderen Morgen wachte ich auf und fühlte mich stark im Glauben. Gott half mir, meinen Glauben zu stärken, genau so, wie ich es erbeten hatte. Er wirkte nahtlos hinter den Kulissen, und ich tat mich zunehmend leichter mit dem Glauben, ohne dass ich so recht verstand, wie es dazu gekommen war.

Beobachten, ohne zu werten

Ich löste auch einige Ängste auf, die von meinem Wissen herrührten, dass Gott, die Engel und der Heilige Geist über mich wachten. Vielleicht lag es daran, dass ich mit dem Glauben groß geworden war, der Weihnachtsmann behalte mich das ganze Jahr über scharf im Auge und belohne mich dann zu Nikolaus für mein Betragen. Jedenfalls störte mich der Gedanke, dass mich irgendwelche im Himmel thronenden Gottheiten das ganze Jahr über beäugten wie einen Fisch im Aquarium. Ja, natürlich gefiel mir der Gedanke, dass sie in gefährlichen Situationen auf mich aufpassten. Aber für die restliche Zeit war es mir schon lieber, mir selbst überlassen zu sein.

Sooft die Engelsstimmen mit mir sprachen, wurde ich mit einem Ruck wieder zu der Erkenntnis zurückkatapultiert, dass ich aus himmlischer Warte voll auf dem Präsentierteller lag. Es erinnerte mich an die Zeit unmittelbar nach dem Tod meines Großvaters: Damals hatte ich als schamhaftes junges Mädchen die Sorge, er könne mir vom Himmel aus womöglich beim Duschen oder Umkleiden zusehen. Ich wollte meine Intimsphäre und ich wollte selbst die Kontrolle haben, und jede Führung von oben bildete für mich eher eine störende Einmischung als einen Trost.

Wieder betete ich um Frieden hinsichtlich der Situation. Ich lauschte auf Antworten und Weisungen mit dem vollen Vertrauen darauf, dass meine Fragen – welche auch immer ich stellen mochte – beantwortet würden. Meine Antworten stellten sich dann als ein plötzliches Wissen ein, das sich leiser als ein Flüstern in meine Gedanken schlich. Durch diese Technik der Gedankenübertragung lehrten mich Gott und die Engel, dass uns die geistige Welt ganz anders wahrnimmt als wir selbst. Sie sind nicht darauf aus, uns zu gängeln, zu verurteilen oder zu beschämen.

Gott, die Engel, die Aufgestiegenen Meister und unsere lieben Verstorbenen sehen uns nicht als Wesen aus Fleisch und Blut. Sie sehen die geistige Ebene, das, was uns beseelt, und sie beobachten, wie sich unsere Gedankenformen auf unser Selbstbild und auf künftige Entscheidungen auswirken. Sie greifen nicht nach Lust und Laune in unser Leben ein. Vielmehr reagieren sie auf unsere Gebete, indem sie uns aus tiefstem Herzen unterstützen.

Außerdem lieben Gott und die Engel uns bedingungslos. Nur unser niederes Selbst bewertet die Fehler, die wir und andere machen. Anders als die niederen Aspekte des Ichs, haben Gott und die Engel nicht die Fähigkeit, zu be- und verurteilen. Warum sollten sie auch? Sie sehen, wie unwirklich das Ego ist. Sie haben keine Angst, und vor allem haben sie keine Angst, irgendetwas zu verlieren – was ja im Kern in jeder Wertung steckt. Wenn Gott und die geistige Welt über uns wachen, dann in der Form, dass sie uns strahlend ihre Zustimmung schicken und aus Liebe heraus das Verlangen haben, uns zu helfen.

Heilung von dem Gefühl, vernachlässigt zu werden

Obwohl die geistige Welt ständig um uns ist und uns stets im Blick hat, fühlen sich einige von Gott vernachlässigt. Diese Überzeugung rührt von dem Irrtum her, sich Gott als irgendwo in weiter Ferne sitzende Gottheit vorzustellen, die einige Lieblinge begünstigt und den Rest ignoriert.

Diesen Glauben zu nähren, verursacht unnötiges Leid. Als ich meine Doktorarbeit über Kindesvernachlässigung schrieb, stieß ich auf eine Menge Forschungserkenntnisse, deren Fazit lautete: *Vernachlässigung* ist die schädlichste Form von Missbrauch, der ein Kind ausgesetzt sein kann. Vernachlässigung untergräbt das Selbstwertgefühl eines Kindes mehr als andere Formen des Kindesmissbrauchs – sexueller Missbrauch und körperliche Gewalt inbegriffen.

Die Forschung konnte nachweisen, dass dies vor allem auf Kinder zutrifft, die *inkonsequent* vernachlässigt werden. Diese Kinder können ja im Voraus nicht wissen, wann ihre Eltern sie schlecht behandeln werden und wann man gut mit ihnen umgehen wird. Von daher haben sie das Gefühl, es nicht selbst steuern zu können; sie sind verwirrt und außerstande, vorherzusagen, was sie erwartet.

Viele von uns hatten schon das Gefühl, von Gott nach Lust und Laune vernachlässigt zu werden. Zuweilen erweckt es den Eindruck, als würde Gott unsere Gebete erhören. Dann wieder scheint er taub, wenn wir ihn um Hilfe anflehen. Der Glaube, dass unser himmlischer Vater uns vernachlässigt, hat sich tief in uns eingegraben. Unsere Überzeugung, dass Gott uns vernachlässige, mindert unser Selbstwertgefühl und unsere Energie und schlägt auf unsere Stimmung.

Was wir jedoch wissen sollten: Gott hat uns nie vernachlässigt. Vielmehr haben wir Gott vernachlässigt. Aufgrund unserer Amnesie oder unserer fehlenden Bereitschaft, mit Gott in großen und kleinen Belangen Kontakt aufzunehmen, haben wir seine Stimme zum Schweigen gebracht. Im Rahmen freier Willensentscheidungen um Leben und Tod haben wir angenommen, er sei dafür verantwortlich, dass uns Menschen und Chancen geraubt wurden. Wir haben angenommen, dass andere seine reiche Fülle in höherem Maße ernten als wir. Und wir haben aus diesen falschen Beobachtungen irrtümlich gefolgert, wir seien Gott gleichgültig. Diese Wahrnehmung, es sei nicht genug für alle da, wird auch zum Auslöser von Kriminalität, Krieg und Konkurrenzdenken. Mein Gebet lautet, dass wir alle erfahren mögen, welche Fülle sich bei uns einstellt, wenn wir partnerschaftlich mit Gott und den Engeln zusammenarbeiten.

Die Engel sind hier unter uns, um uns zu lehren, dass Gott überaus real ist und dass er uns immer liebt. Ihre Botschaft ist klar: Wir müssen bereit sein, um himmlischen Beistand zu bitten, da Gott und die Engel uns ohne unsere ausdrückliche Erlaubnis nicht helfen können. Zudem müssen wir offen dafür sein, Antworten zu hören, die vielleicht nicht ausfallen wie erwartet.

Heilung von den Auswirkungen religiös motivierter Gewalt

Als Psychotherapeutin habe ich schon mit Klientinnen und Klienten gearbeitet, die unter religiösem Missbrauch litten. In welcher Form dies geschehen war, variierte. Einige hatte man gegen ihren Willen dazu verdonnert, regelmäßig in die Kirche zu gehen. Andere hatten Predigten über Höllenfeuer und ewige Verdammnis über sich ergehen lassen müssen. Etliche hatten es sozusagen mit der Muttermilch in sich aufgesogen, was für elende Sünder sie seien. Andere Klienten hatten durch die Zugehörigkeit zu einer Sekte enormes Leid erfahren.

Die meisten von uns haben in ihrer Beziehung zu Gott schon Schmerzhaftes erlebt. Gott ist dabei allerdings nicht die Ursache dieses Schmerzes; Auslöser ist vielmehr unsere *Interpretation* von Gott. Wenn wir Gott als Schmerz verursachend, strafend oder rachsüchtig sehen, scheuen wir natürlich eine Kommunikation mit ihm. Es ist unsere Projektion, dass er darauf aus sei, uns zu bestrafen, zu kontrollieren oder zu kritisieren, die unsere Angst vor Gott erzeugt. Nur wenn wir Gott kennenlernen, wird uns klar: Er leitet uns liebevoll und korrigiert zwar unsere Fehler, doch er bestraft uns nicht für sie.

Wer religiöse Gewalt überlebt hat, kann die Narben, die ihn davon abhalten, offen für himmlische Führung zu sein, auch wieder heilen. Der erste Schritt besteht darin, die *Bereitschaft* zu entwickeln, geheilt zu werden. Schließlich kann es passieren, dass wir uns an Verletztheit und Schmerz festklammern, da dies für uns eine Form der Rache darstellt: Auf diesem Weg können wir Gott und den Menschen, die mit einer Religion in Verbindung stehen, die uns Verletzungen zugefügt hat, beibringen: »Seht ihr, was ihr mir angetan habt? Fühlt ihr euch nicht erbärmlich, wenn ihr seht, dass ihr mich derart verletzt habt?« Hinter diesem Wunsch nach Rache verbirgt sich eine Bewegung hin zu Gott sowie der Wunsch, es möge anderen leidtun um einen – mit anderen Worten: Es ist das Sehnen nach Liebe.

Wenn wir diesen Wunsch, es Gott und den Mitgliedern organisierter Religionen heimzuzahlen, transzendieren können, kommen wir zum nächsten Schritt: die Bereitschaft zu entwickeln, ihnen zu *verzeihen*. Verzeihen bedeutet nicht, dass wir das erlebte Handeln billigen müssen. Sie brauchen nicht zu sagen: »Es spielt keine Rolle, was sie mir angetan haben.« Verzeihen bedeutet lediglich, zu sagen: »Ich bin nicht länger bereit, Schmerz über diese Sache mit mir herumzuschleppen.« Sie entscheiden sich für die Vergebung, damit Sie Frieden erleben können statt Schmerz.

Bei Ihrem Prozess der Heilung von religiöser Gewalt hilft Ihnen die Vorstellung, wie die Engel sich um Sie scharen. Sehen Sie die Engel vor sich, wie sie hübsche kleine Körbe tragen, die mit »Gott und Religion« beschriftet sind. Visualisieren Sie, wie Sie alle Ihre Gefühle zu diesem Thema in die Körbe werfen, und beobachten Sie, wie die Engel alle Schwere hinwegwischen. Spüren Sie, wie Sie immer leichter werden, während Sie die Taschen Ihrer Seele in die Körbe entleeren. Sehen Sie vor sich, wie die Engel frohgemut lächeln, während sie Ihnen helfen, alle dem niederen Selbst entspringenden Empfindungen gegenüber Gott zu überwinden.

Basierend auf meiner persönlichen und klinischen Erfahrung kann ich sagen, dass der Schlüssel zur Öffnung der himmlischen Kommunikationskanäle darin liegt, unsere Beziehung zu unserem wahren Selbst und zum Himmel zu heilen. Viele haben die tief sitzende Angst, sie würden von Gottes Seite her bestraft und müssten für ihre Missetaten und für ihre Abtrünnigkeit leiden, falls sie den Kontakt mit Gott wiederherstellen.

Jeffrey

Nach einem meiner Workshops kam Jeffrey auf mich zu und erzählte, dass er den sehnsüchtigen Wunsch verspüre, wieder in Verbindung mit Gott zu gelangen. »Aber wie mache ich das bloß?«, fragte er flehentlich. »Gott hat mich in meiner Kindheit total im Stich gelassen!«

Jeffrey berichtete, dass sich seine Eltern scheiden ließen, als er neun Jahre alt war. Unermüdlich betete er zu Gott, seine Mutter und seinen Vater wieder zusammenzubringen, aber es nutzte nichts. Danach hörte Jeffrey ganz auf, mit Gott zu sprechen. Er ging davon aus, dass auch Gott aufgehört hatte, mit ihm zu sprechen, da er keine inneren Stimmen hörte oder andere Zeichen göttlicher Kommunikation wahrnahm.

Jeffreys Wut auf Gott war in den dreißig Jahren seit der Scheidung seiner Eltern offenbar nicht verpufft. Als er auf Gott zu sprechen kam, war seine Stimme heftig und emotional. Seine Augen waren stark geweitet wie bei einem, der das Gefühl hatte, völlig verängstigt in der Falle zu sitzen. Ich sah, dass Jeffrey verzweifelt die Verbindung zu Gott wiederherstellen wollte, aber nicht sicher war, ob er ihm wohl trauen könne.

»Sagen Sie Gott, dass Sie wütend auf ihn sind«, sagte ich Jeffrey.

»Hä?« Er blinzelte mich ungläubig an.

»Ja«, fuhr ich fort. »Ich will, dass Sie mit Gott quitt werden. Machen Sie es mit ihm aus. Schließlich weiß er ohnehin längst, was Sie denken und fühlen. Die einzige Möglichkeit, wie Sie Ihre Beziehung zu Gott heilen können, besteht darin, ihm ganz ehrlich Ihre Gefühle zu gestehen. Halten Sie nichts zurück.«

»Es ist also okay, es Gott zu sagen, wenn man wütend auf ihn ist?« Jeffrey führte aus, wie sehr er befürchtete, es könne ihn teuer zu stehen kommen, wenn er das zugab.

»Glauben Sie mir: Gott weiß bereits, dass Sie wütend auf ihn sind«, beruhigte ich ihn. Und ich erläuterte ihm, dass Gott immer die Liebe heraushört, die jedem Wort und jeder Handlung zugrunde liegt – selbst dann, wenn der Ton, den wir Gott gegenüber anschlagen, aufgebracht ist. Er hört nur die Liebe aus unserer Emotion heraus. Gott ist hocherfreut, wenn wir mit ihm sprechen. Wenn wir Gott nur ein unechtes Lächeln zeigen, das uns im Gesicht festgefroren ist, haben wir ihm damit im Grunde zu verstehen gegeben: »Ich traue mich nicht, dich mit meinen Gefühlen zu behelligen, und ich fühle mich nicht wohl damit, ich selbst zu sein, wenn ich um dich bin.«

Zudem besagt das Gesetz des freien Willens, dass sich Gott und die Engel ohne unsere ausdrückliche Erlaubnis in keinen Aspekt unseres Lebens einmischen dürfen (ausgenommen in einer lebensbedrohlichen Situation). Gott ist außerstande, uns hinsichtlich unserer Wut und unserer Ressentiments zu helfen – es sei denn, wir übergeben sie ihm, damit sie geheilt werden können. Wenn wir unsere Seele offen ausbreiten, kann er uns alle Ängste nehmen, die dafür sorgen, dass wir in einem schmerzhaften Gefühl der Wut und des Ärgers stecken bleiben.

Als ich Jeffrey das nächste Mal sah, strahlte er einen unglaublichen

Frieden aus. Die Anspannung war aus seinem Gesicht verschwunden, und er lächelte aus der Tiefe seiner Seele.

»Ich schätze einmal, Sie haben ein Wörtchen mit Gott geredet?«, sprach ich ihn an.

»Oh ja, habe ich. Vielleicht eine Stunde oder so, nachdem ich mit Ihnen gesprochen hatte. Ich hatte ganz schön Angst davor, mit ihm reinen Tisch zu machen. Sie müssen wissen, dass ich mit der Vorstellung aufwuchs, Gott sei rachsüchtig. Mit dieser jahrelang aufgestauten Wut im Bauch konnte ich jedoch nach einer Weile nicht mehr an mich halten. Ich sagte also: ›Gott, ich hoffe, du nimmst mir das jetzt nicht krumm, denn ich meine es mit allem Respekt der Welt. Aber du hast mich wirklich hängen lassen, als du zugelassen hast, dass meine Eltern sich scheiden ließen, und das habe ich dir nie verziehen!‹«

Jeffrey berichtete, wie er bei diesen Worten an Gott das Blut in seinem Körper pulsieren fühlte. Dann hatte er das Empfinden, von einer Welle der Liebe erfasst und von ihr emporgehoben zu werden. Nach etwa einer Stunde versank er in einen tiefen Schlaf und erwachte später mit einem Gefühl vollkommenen Friedens. »Ich weiß, dass Gott im Schlaf mit mir gesprochen hat«, erklärte er. »Ich bin nicht sicher, was er zu mir gesagt hat. Es spielt auch keine Rolle. Ich weiß nur, dass ich mich jetzt hundertprozentig besser fühle als je zuvor in meinem Leben!«

Auf die Bereitschaft folgt sogleich die himmlische Führung

Sind Sie offen dafür, die Stimme der himmlischen Führung zu hören, stellt sie sich automatisch ein. Wenn Sie es ein wenig beängstigend finden oder es Sie einschüchtert, was Sie womöglich dabei hören werden, wird die Stimme Gottes wie ein schwaches Wispern klingen. Auch dies geschieht wiederum auf Ihren eigenen Wunsch.

Der erste Schritt bei der Kommunikation mit dem Göttlichen besteht darin, sich zu vergewissern, dass Sie *wirklich* von Gott und den Engeln geführt werden wollen. Sie erhören alle Gebete. Betet also eine Hälfte von Ihnen um Führung, während die andere Hälfte gleichzeitig bittet: »Aber ich will wirklich nicht, dass ihr euch in mein Leben einmischt«, dann trägt der Himmel beiden Gebeten Rechnung. Um in vollem Umfang geführt zu werden, müssen Sie in vollem Umfang um Hilfe bitten.

Sofern Sie Zweifel haben und Ihr Glaube etwas schwankend ist, helfen Gott und die Engel Ihnen zum Glück, diese Blockaden, welche die Kommunikation mit dem Göttlichen verhindern, auszuräumen und zu heilen. Deshalb besteht ein logischer Ausgangspunkt für die Entwicklung einer kristallklaren Kommunikation mit Gott darin, um Unterstützung bei der Heilung von Ängsten, Zweifeln und mangelndem gläubigem Vertrauen zu bitten. Sie werden staunen, wie schnell Sie das Gefühl haben werden, von Glauben erfüllt zu sein, nachdem Sie diese Bitte ausgesprochen haben.

Es gibt keine bestimmte Art und Weise, den Himmel um Hilfe zu bitten, dass Sie mehr Glauben entwickeln. Nur Aufrichtigkeit ist vonnöten. Wahrscheinlich hilft es, in einem ruhigen Umfeld allein zu sein; es stellt jedoch keinesfalls eine Voraussetzung dar. Wenn Sie aus vollem Herzen um Unterstützung bitten, spielt es keine Rolle, ob Sie sich in einem Flugzeug befinden, in einem geschäftigen Busbahnhof oder in einem Großraumbüro: Gott ist überall, wo Sie sind, und wartet nur auf Ihre Bitte um Unterstützung.

Sprechen Sie hierbei Ihre eigenen Worte oder bitten Sie einfach:

Gebet zur Einleitung der Kommunikation

Gütiger, liebender Gott,
bitte hilf mir, mich von den Ängsten zu lösen, die mich
davon abhalten, deine Führung zu hören und deine Liebe
zu spüren. Bitte hilf mir, mich von den Ängsten zu lösen,
die mich davon abhalten, das vollkommene Vertrauen auf
dich und in mich selbst zu genießen. Hab Dank dafür!
Amen.

Und die Bitte wird erfüllt.

TEIL ZWEI

Woran wir erkennen,

ob es sich um wahre Führung handelt

4

Himmlische Führung und das höhere Selbst

Um eine präzise und zuverlässige Führung zu erhalten, ist es wichtig, göttliche Weisheit wirklich von bloßem Wunschdenken oder von Angstgedanken unterscheiden zu können. Sind Ihnen die Unterschiede erst einmal klar geworden, werden Sie mehr Zutrauen in Ihre Fähigkeit haben, Ihrer wahren Führung zu folgen.

Zum Glück ist die Unterscheidung zwischen himmlischer Führung und unechter Führung überaus klar: Himmlische Führung kommt von Gott und dem von ihm Erschaffenen, also unter anderem von Ihrem jeweiligen *höheren Selbst,* von den Aufgestiegenen Meistern und lieben Verstorbenen. Alle unechte Führung entspringt dem niederen Selbst in Ihnen oder in anderen. Gehen wir doch einmal auf die Unterschiede zwischen dem höheren Selbst (auch wahres Selbst genannt) und dem niederen Selbst (auch als Ego bekannt) ein.

»An ihren Früchten sollt ihr sie erkennen«[9] beschreibt perfekt die Methode, nach der sich unterscheiden lässt, ob eine Eingebung von Ihrem höheren oder Ihrem niederen Selbst stammt. Ich beziehe mich auf jenen Anteil Ihrer selbst, der unverändert genau so bleibt, wie von Gott erschaffen. Ihr höheres Selbst ist vollkommen, heil und ganz, nach dem Ebenbild des Schöpfers entstanden. Da Ihr höheres Selbst für alle Ewigkeit mit Gott verbunden ist, fungiert es als Telefonhörer, wenn Gott, die Engel und die Aufgestiegenen Meister mit Ihnen sprechen. Und hier entspringt wahre himmlische Führung.

Gott hat Ihr niederes Selbst nicht geschaffen. Vielmehr haben wir das getan, und zwar durch den Angst einflößenden Gedanken, dass wir von Gott und anderen Menschen getrennt seien. Sie könnten sagen, dass vieles an der Welt ein Produkt des niederen Selbst ist, da sich in der Welt der Glaube an Knappheit, Trennung und Gefahr

73

spiegelt. Ja, da Gott alles geschaffen hat, was wahr und ewig ist, sind die Angst machenden Illusionen des niederen Selbst nichts weiter als das: Illusionen.

Selbst das niedere Ich ist lediglich eine Illusion, da es sich zu einhundert Prozent aus Angst zusammensetzt. Es erinnert mich an die grandiose Szene aus dem Film *Der Zauberer von Oz,* in der sich herausstellt, dass der furchterregende und mächtige Oz nur ein gewöhnlicher Mensch ist. »Beachtet den Mann hinter dem Vorhang nicht!«, gebietet er, aber an dem Punkt ist jedem schon klar geworden, dass seine Show nur aus Rauch und Spiegeln besteht.

Alles, was nicht Liebe ist, gehört zu den Projektionen des niederen Selbst. Das niedere Ich will nicht eingestehen, dass es voller Angst ist. Würde es die Verantwortung für seine eigenen Entscheidungen übernehmen, eine von Angst erfüllte Welt zu sehen, so müsste sich das niedere Ich für eine andere Sichtweise entscheiden. Wenn Sie keine Angst mehr hätten, wäre das niedere Ich funktionslos. Das niedere Ich ist auf Selbsterhalt aus, von daher ist ihm sehr daran gelegen, in seiner Angst zu verharren. Dementsprechend glaubt es, die Angst sei außerhalb seiner selbst begründet, und stellt sich vor, von der Angst verfolgt zu werden. Die Psychologen sprechen hier von einer »Projektion« (siehe Tabelle).

Merkmale des höheren Selbst und des niederen Selbst

Höheres Selbst	Niederes Selbst
liebevoll	neidisch, eifersüchtig
zuversichtlich	unsicher
erfüllt	glaubt, es mangelt ihm an etwas
drängt uns, unseren göttlichen Daseinszweck zu erfüllen	will, dass wir die Erfüllung unseres Lebenszwecks auf später verschieben
daran interessiert, dass alle als Gewinner hervorgehen	glaubt an Gewinner und Verlierer; Konkurrenzdenken

sicher in Beziehungen	hat Angst davor, verlassen zu werden
hat ein reines Gewissen	hat Schuldgefühle
wird von Liebe angetrieben	plant und manipuliert
auf den gegenwärtigen Moment ausgerichtet	auf die Zukunft ausgerichtet
beständig	impulsiv und unbeständig
spendet Wärme und Geborgenheit	vermittelt ein Gefühl der Kälte und Reizbarkeit
hat eine positive Stimme, selbst wenn es vor einer Gefahr warnt	spricht in scheltendem Ton und hat eine fordernde Stimme
großzügig	gierig
gewandt	ungeschickt

Jouvée

Eine Bekannte von mir, Jouvée, lebt nahezu von morgens bis abends im Bewusstsein ihres höheren Selbst. Sie lächelt immer, ist einer der glücklichsten Menschen, die mir je begegnet sind. Jouvée sagt, wir sollten die Erde in »Liebe« umbenennen. Da Jouvée buchstäblich nonstop an Liebe denkt, erfährt sie sie auch in ihrem Alltag. Sie glaubt ganz aufrichtig, dass die ganze Welt liebevoll und liebenswert sei. Sie ist das wandelnde Beispiel für das Glückseligkeitsgefühl und die Harmonie, die daraus entstehen, in seinem höheren Selbst zentriert zu bleiben.

Befindet sich Jouvée da in einem Zustand totaler Verdrängung oder kommt sie bloß in den Genuss des Ergebnisses ihrer Entscheidung, alle Aufmerksamkeit auf ihre wahre himmlische Führung zu richten? Ich glaube ehrlich, dass Letzteres der Fall ist. Jouvée geht einer regulären Arbeit nach, bezahlt ihre Rechnungen und hat eine Familie und einen großen Freundeskreis. Man könnte sagen, sie führt ein ganz normales Leben. Und doch sieht und erfährt Jouvée eine ungewöhnlich harmonische Welt, da sie für sich die Entscheidung trifft, sich ganz hierauf zu konzentrieren. Bedeutet das, dass wir die Probleme der Welt ignorieren, wenn wir uns auf die Weisheit unseres höheren Selbst konzentrieren? Ganz und gar nicht! Wahre Lösungen entspringen der wahren Quelle. Tatsache ist, dass jetzt in diesem Moment Millionen von Menschen vom Himmel auf eine Weise geführt werden, die zur Heilung der Umwelt, politischer Strukturen, der Wirtschaftssysteme und des Zusammenpralls zwischen Kulturen führen werden.

Wie Sie auf dem rechten Kurs bleiben

Natürlich kann aus allem Gutes entstehen, selbst daraus, sich von seinem niederen Selbst leiten zu lassen. Wie könnte man besser lernen, falsche Führung zu erkennen, als ihr gefolgt zu sein?

Wir alle haben schon Fälle erlebt, wo wir auf die Stimme unseres niederen Selbst hörten und dann unter den Konsequenzen zu leiden hatten. Oft wünschten wir uns, wir hätten uns von unserem höheren Selbst leiten lassen. So oder so lernen und wachsen wir aber daran. Bestrafen wir uns also nicht selbst, wenn wir gelegentlich zu einem irrtümlichen Urteil gelangen.

Wir alle machen Fehler, doch da sie auf dem Ego basieren, haben sie keinen wirklichen Einfluss auf die wahre Welt, die Welt Gottes. Alles von Gott Geschaffene ist perfekt, ewig und wahr. Das Ego kann an diesen Fakten nie etwas verändern. Deshalb bedürfen Fehler der Korrektur, nicht der Bestrafung.

Wenn Sie einer wahren Führung folgen, wird Ihnen Ihr Ego zwischendurch immer wieder ein Bein stellen. Nehmen wir einmal an, Sie hätten die himmlische Eingebung, ein neues Geschäft zu eröffnen. Sie wissen, dass dieser Hinweis von Gott und von den Engeln kommt, da er sich mit solcher Macht, so wiederholt und liebevoll einstellt. Also machen Sie sich mit Freuden an das neue Projekt. Obwohl sich ein Teil von Ihnen angesichts der Größe des Vorhabens ein wenig eingeschüchtert fühlt, finden Sie den Gedanken auch aufregend und freuen sich.

Ihr Ego dagegen ist reichlich aufgebracht, dass Sie hier Schritte unternehmen, die auf Liebe und Glück basieren. Das Ego weiß: Wenn Ihnen das gelingt, stehen Sie nicht mehr unter seiner Fuchtel; Sie werden sein tyrannisches Diktat nicht mehr beachten und stattdessen auf eine liebevolle Sicht Ihrer selbst und der Welt ausgerichtet bleiben. Eine solche Rebellion kann es sich nicht leisten! Von daher ersinnt das dem niederen Selbst entspringende Ego einen Weg, sich Ihrer Loyalität wieder zu versichern. Es lässt Sie durch Arglist zu der Überzeugung gelangen, dass Sie anderen nicht über den Weg trauen sollten. Es überzeugt Sie davon, sich wie besessen Sorgen um Geld und Ihre Zukunft zu machen. Da Sie ohnehin gewisse Bedenken im Hinblick auf die Überlebensfähigkeit Ihres Betriebs haben, tappen Sie in diese Falle des Egos nur allzu leicht hinein. Plötzlich stellen Sie fest, dass Ihnen Ihre Geldsorgen nachts den Schlaf rauben. Infolge Ihrer hierdurch verminderten Konzentration unterlaufen Ihnen mit einem Mal Fehler. Und innerhalb von neun Monaten müssen Sie Ihren Laden schließen.

»Was war da los?«, fragen Sie sich. »Nun, vielleicht war dieser Wunsch, ein Geschäft aufzumachen, ja nur reines Wunschdenken.« Danach tun Sie sich schwer, Ihrer Intuition zu trauen.

Die Eingebung, Ihr eigenes Geschäft zu eröffnen, *war* aber durchaus göttlich inspiriert. Wir wissen das aufgrund ihrer zentralen Merkmale: Der Ratschlag wiederholte sich, er ließ freudige Gefühle aufsteigen, erlaubte Ihnen, anderen einen Dienst zu erweisen und Ihre naturgegebenen Interessen zu nutzen, und er sorgte dafür, dass Sie in Kontakt mit Ihren Möglichkeiten kamen.

Wir können es damit vergleichen, dass Sie auf einer großen, neu eröffneten Fernstraße unterwegs waren: Als die Ängste des niederen Selbst, des Egos, einsetzten, nahmen Sie im Grunde die falsche Ausfahrt. Daher kamen Sie vom Weg ab. Der ursprüngliche Weg oder das ursprüngliche Ziel waren nicht falsch; die Situation bedeutet lediglich, dass Sie sich verfahren haben, da Sie auf Ihre Ängste hörten. Ängste sind keineswegs die Instanz, die dafür sorgt, dass uns nichts geschieht, aber die Liebe schon.

Die Argumente des niederen Selbst

An den folgenden Beispielen können Sie ablesen, wie unmittelbar himmlische Führung ist, wie sehr sie Dinge auf den Punkt bringt und auf einem Sinn für universelle liebevolle Umgangsweise basiert. Achten Sie darauf, wie das niedere Selbst tatsächliche Führung mit bestimmten Argumenten abstreitet (siehe Tabelle).

Reaktionen des niederen Selbst auf wahre himmlische Führung

Wahre göttliche Führung	Führung durch niederes Selbst oder falsche Führung
»Biege jetzt links ab.«	»Alberner Gedanke! In die Richtung muss ich doch gar nicht.«
»Gehe einmal zu dieser Person dort hinüber und sprich sie an.«	»Die kann mich wahrscheinlich nicht ausstehen.«
»Hinterlasse ein schönes Trinkgeld für das Zimmermädchen.«	»Warum sollte ich dem Zimmermädchen Trinkgeld geben? Die sehe ich doch nie wieder.«
»Mache dich daran, ein Buch zu schreiben.«	»Worüber sollte ich schreiben? Wer würde das Buch verlegen?«
»Du bist eine Heilerin.«	»Nur einige ganz besondere Menschen haben das Zeug dazu, andere zu heilen. So viel Begabung habe ich auf dem Gebiet gar nicht.«
»Du hast der Welt so viel zu geben.«	»Vielleicht werde ich eines Tages reich und berühmt.«

»Melde dich als ehrenamtlicher Helfer in dieser Kinderbetreuungsstelle.«	»Dazu habe ich nicht genug Zeit.«
»Sieh zu, dass du heute Morgen ein bisschen in die Natur gehst.«	»Spazieren gehen kann ich auch morgen noch.«
»Rufe heute einmal bei XY an.«	»Warum sollte ich? Die erinnert sich wahrscheinlich gar nicht mehr an mich.«
»Alles wird prima laufen.«	»Und was, wenn nicht?«

5

Wie sich wahre von falscher Führung
unterscheiden lässt

Immer wenn Sie eine Frage stellen, erhalten Sie eine Antwort. Doch wahrscheinlich haben Sie auch schon Fälle erlebt, bei denen Sie einer Ahnung folgten, die sicher schien. Weil Ihre Aktion jedoch später enttäuschend ausging, verloren Sie einiges von Ihrem Vertrauen in solche Ahnungen. Nun sehnen Sie sich zwar dringend danach, dass der allmächtige Geist Gottes Sie führen soll, aber Sie sind unsicher, ob Sie die wahre göttliche Führung erkennen werden. »Was, wenn ich mich selbst wieder zum Narren halte und tatsächliche Führung mit meiner eigenen Fantasie verwechsle?«, fragen Sie sich.

Wahre Führung wird Sie nie auf Abwege bringen und fügt weder Ihnen noch anderen Leid zu. Sehr oft jedoch halten wir uns an falsche Eingebungen mit der irrtümlichen Annahme, es handle sich um wahre Führung. Das schafft Verwirrung und Misstrauen gegenüber unseren intuitiven Fähigkeiten. Dann wieder folgen wir anfangs durchaus einer tatsächlichen Führung, aber unsere Ängste lassen uns vom Weg abkommen.

Sagen wir zum Beispiel einmal, Sie erhalten die wahre göttliche Eingebung, Sie sollten den Beruf wechseln. Die Führung ist stark und lässt keinen Zweifel offen, und in ihr spiegeln sich Ihre tiefsten Wünsche. Also folgen Sie dieser Eingebung und nehmen sich vor, sich für das Fach, das Sie für diese Laufbahn belegen müssen, an der Universität einzuschreiben. Dann steigen Ihre Ängste an die Oberfläche, und Sie fragen sich: »Habe ich denn wohl, was ich brauche, um in diesem neuen Bereich erfolgreich zu sein?«

Die Ängste umwölken und überschatten Ihre tatsächliche Eingebung, und mit einem Mal fällen Sie Entscheidungen, bei denen Sie von Ihrer angstbesetzten falschen Führung geleitet werden. Wenn Sie das tun, ist es der Anfang vom Ende. Das Studium würde sich als unnötig schwierig entpuppen, was Sie dazu bringen würde, erneut zu hinterfragen, ob Sie mit Ihrer ursprünglichen Idee, den Beruf zu wechseln, richtig lagen. Diese schmerzhaften Erfahrungen treten natürlich immer dann ein, wenn Sie auf die falschen Einflüsterungen hören, die der Angst entspringen.

Eingebungen der himmlischen Führung gehen nie verloren

Während ich an diesem Buch schrieb, erklärte mir Gott, inwiefern unsere Ängste seine Kommunikation mit uns unterbrechen. Er vergleicht seine Mitteilungen mit CDs, die er in unseren Geist befördert, den er wiederum mit einem CD-Player vergleicht. Ich bat ihn, im nachfolgenden Gespräch auf diesen Gedanken ausführlicher einzugehen. Wie zuvor kennzeichnet ein »F« meine Fragen und das »A« Gottes Antworten.

F: Du sagst also, deine Kommunikation mit uns sei wie CDs, und unser Herz und Verstand seien so eine Art CD-Player?

A: *Genau, du sagst es! Ich kann dir gar nicht sagen, wie begeistert ich bin, wenn meine Worte so ankommen, wie sie gedacht waren! Wie ich also schon sagte: Manchmal bewirkt der »Staub«, der sich auf eurem Herzen und euren Gedanken niedergelassen hat, dass der »Lesemechanismus« beim Empfang meiner kodierten Worte wichtige Zeilen und Daten überspringt.*

F: Also verpassen wir die Bedeutung deiner Antwort auf unsere Gebete aufgrund von Empfangsstörungen unsererseits?

A: *Ja, genau das ist die Botschaft der Mitteilung, die ich dir hier sende. Warum habe ich dich wohl neulich auf die Mission geschickt, Herz und Geist deiner Workshop-Teilnehmerinnen und -Teilnehmer zu reinigen, was meinst du?*

F: Ach? Das war deine Idee? Ich dachte, es sei meine.

A: *Was glaubst du, woher alle Ideen kommen? Mein ist der Geist in jedem Geist, das Herz aller Herzen. Ja, Tochter, du hast richtig gehört. Denke nicht, die Worte, die ich wähle, seien hochfliegend oder gar überspannt. Ich bin mir lediglich meiner Größe bewusst, da ich mir für meine Kinder wünsche, dass auch sie ihre eigene Größe bewusst wahrzunehmen beginnen.*

F: Entschuldige, wenn ich meine Zweifel an dir anmelde, Vater. Es ist nur so: Als ich dich das mit dem »Herz aller Herzen« sagen hörte, dachte ich: »Das klingt mir nicht nach etwas, das Gott sagen würde.«

A: *Und genau solche Zweifel spreche ich hier dir gegenüber an. Denn diese Zweifel führen zu Übertragungsfehlern, oder etwa nicht? Wenn ein Sohn oder eine Tochter Gottes stumm mit sich selbst Zwiesprache hält und sagt: »Hm, das klingt mir aber nicht nach Gott«, wird bei der Übertragung etwas übersprungen.*

F: Und es gehen Informationen verloren?

A: *Ja.*

F: Wenn wir also denken, du hättest uns nicht die gesamte Antwort auf unsere Frage gegeben, so liegt das nur daran, dass wir ein Stück von dem »übersprungen« haben, was du uns mitgeteilt hast?

A: *Genau. Bingo, genau das! Um dir das zu sagen, bin ich hier. Du hast die Informationen exakt so empfangen, wie ich sie gesendet habe. Was für eine Freude! Was für eine Freude! Nun, heilige Tochter, vermittle deinen teuren Brüdern und Schwestern genau das, was ich dich gelehrt habe.*

Unsere Ängste bewirken, dass wir von Gott nur bruchstückhafte oder entstellte Informationen erhalten. Zum Glück können wir lernen, zwischen wahrer himmlischer Führung und der Stimme der Angst zu unterscheiden. Wenn wir Angst als das erkennen, was sie ist, verliert sie ihre Macht, uns einzuschüchtern. Wir erkennen, dass Angst machtlos ist; sie hat so wenig die Mittel dazu, uns Schaden zuzufügen, wie ein zahnloser Hund mit seinem lauten Gebell.

Wahre versus falsche Führung

Wahre und falsche Führung erkennt man an klar umrissenen, deutlichen Merkmalen. Wer diese Merkmale erst einmal zu bemerken gelernt hat, wird sie auch leicht wiedererkennen. Sooft Sie eine Idee, eine Eingebung, Ahnung, Vision oder innere Stimme wahrnehmen, sollten Sie Ausschau nach den folgenden Qualitäten halten (oder im Fall der falschen Führung: nach dem Mangel an diesen Qualitäten).

1. Aus wahrer Führung spricht Reife. Zum Ersten hat wahre Führung eine gewisse Reife. Sie klingt wie ein Motivations-Coach, der Sie zu Ihrer Unterstützung anfeuert, nach dem Motto: »Du schaffst es!« Wunsch- oder angstbesetztes Denken erinnert eher an einen von Zweifeln geplagten Teenager beziehungsweise an ein cholerisches »Du machst das jetzt gefälligst, und zwar dalli-dalli, oder es setzt was!« Echte Führung wird als liebevoll empfunden und erfüllt uns mit neuer Energie, während unechte Führung das Selbstbewusstsein untergräbt und den Enthusiasmus dämpft.

2. Wahre Führung ist konsequent. Unechte Führung springt zudem sehr schnell von einem Thema zum nächsten. Sie sagt Ihnen am Montag, sie sollten das und das tun – am Dienstag ist es dann das genaue Gegenteil. Und am Mittwoch überlegt sie es sich nochmals anders. Wenn Sie auf so eine falsche Führung hören, wird Ihr Leben immer chaotisch verlaufen. Da falsche Führung auch oft verlangt, dass Sie Zeit und Geld in etwas hineinstecken, ist es zudem eine kostspielige Angelegenheit und zeitaufwendig, dem Rat Ihres niederen Selbst zu folgen.

Wahre Führung dagegen ist konsequent und wiederholt sich über viele Tage, Monate und Jahre, wenn Sie sich nicht nach ihr richten. Sie wird Ihnen immer wieder sagen, Sie sollten ein bestimmtes Buch schreiben, Ihre eigene Firma gründen, Ihre Beziehungen heilen, liebevoll für Ihren Körper sorgen. Ich habe drei Klienten, die heute über siebzig sind. Alle drei hatten immer geglaubt, eines Tages würden sie aus dem Alter heraus sein, wo sie eine innere Stimme hören oder das dringende Gefühl haben, bestimmte Projekte angehen zu sollen. Doch alle drei fanden heraus, dass die wahre Führung des höheren Selbst mit dem Alter nicht verschwindet. Und so sind diese mutigen Leute, die noch ungefähr zwanzig Jahre Leben in diesem physischen Körper vor sich haben, nun endlich bereit, hinzuhören und sich nach ihrer himmlischen Führung zu richten.

3. Wahre Führung dreht sich darum, anderen zu helfen. Wir alle, ausnahmslos alle, haben in unserem Leben eine zentrale Aufgabe zu erfüllen. Dieser göttliche Sinn unseres Lebens, diese Mission, hat immer ein zentrales Thema, das mit Liebe und mit Dienst für die Welt in Verbindung steht. Die Aufgabe kann beliebig viele Formen annehmen; sie reicht von der Aufgabe, zu heilen, zu unterrichten und Bücher zu schreiben, bis hin zu Erfindungen, die für die Welt von Nutzen sind. Viele machen sich ihren göttlichen Daseinszweck zum Beruf, einige dagegen erfüllen ihn durch ehrenamtliche Tätigkeiten oder im Amateurbereich.

Ein weiterer wesentlicher Hinweis auf das Vorliegen tatsächlicher Eingebungen der himmlischen Führung besteht darin, dass Sie angespornt werden, Ihre Lebensaufgabe herauszufinden und zu erfüllen. Als sich bei mir Visionen und Gefühle einstellten, die mir sagten, ich solle mich als Heilerin betätigen und Bücher schreiben, wusste ich, dass es sich um eine wirkliche Führung handelte, da sie mich beharrlich dazu drängte, einen Beitrag zu dieser Welt zu leisten. Ich konnte diese Anweisung noch so sehr ignorieren und vor ihr weglaufen, wie ich wollte: Ihre Botschaft blieb so konsequent wie das beständige Ticktack einer alten Standuhr: »Heile dein Leben, heile andere, schreibe Bücher. Heile dein Leben, heile andere, schreibe Bücher.« Ich bin absolut sicher: Hätte ich mich dafür entschieden, diese Führung zu missachten, würde die Botschaft nach wie vor mit derselben Melodie abgespult.

Das niedere Selbst schlägt Kapital aus der Tatsache, dass die meisten Menschen Angst haben, bei der Erfüllung ihrer Lebensaufgabe zu versagen. Die falsche Führung wird Ihnen also Einflüsterungen zukommen lassen wie: »Wofür hältst du dich eigentlich, dass du es wagst, auch nur auf den Gedanken zu kommen, einen Beitrag zur

Welt zu leisten? Probiere es besser gar nicht erst, denn das gelingt dir mit Sicherheit ohnehin nicht. Dann wird man sich über dich lustig machen, es wird Schande über dich und deine Familie bringen, und du verlierst dein ganzes Geld. Und du machst alles höchstens noch schlimmer, als es ohnehin schon ist. Lass es lieber gleich.«

Judy

Da ist zum Beispiel meine Freundin Judy Truedson. Ihr ganzer Freundeskreis, ich selbst inbegriffen, bestätigt ihr, dass sie eine unglaublich talentierte Künstlerin ist. Deepak Chopra hat Judy den Auftrag erteilt, Illustrationen für eines seiner Projekte anzufertigen.

Lange Zeit jedoch hatte Judy keine hohe Meinung von ihren Skizzen und Zeichnungen. Klar, sie genoss es, künstlerisch tätig zu sein, und träumte davon, professionell als Kinderbuchillustratorin zu arbeiten. Aber als Vollzeitberuf, mit dem sie ihren Lebensunterhalt bestritt ...? Die Idee kam ihr ein paar Nummern zu groß vor – zu schön, um wahr zu sein. Sobald Judy visualisierte, erfolgreich von ihrer Kunst leben zu können, hörte sie eine innere Stimme, die sagte: »Träum weiter! Unmöglich! Schließlich musst du ja deine Hypothek abzahlen!«

Dennoch gab ihr Traum keine Ruhe. Judy litt regelrechte Qualen. Es war, als säße auf ihrer einen Schulter ein Engel, der ihr einflüsterte: »Sei eine Künstlerin«, und auf der anderen ein Teufel, der schrie: »Versuche es gar nicht erst!« Schließlich wandte sich Judy an ihre Schutzengel und bat sie, ihr zu helfen, ihren Seelenfrieden wiederzugewinnen. In dem Moment, da sie sich an ihre Engel wandte, verspürte Judy aus dem Bauch heraus die starke Eingebung, ein spirituelles Buch aufzuschlagen, das in ihrem Bücherregal stand. An der Stelle, wo sie es aufklappte, fand sie ein Zitat, das Judy versicherte, ihr Leben werde harmonisch verlaufen, wenn sie auf ihre Engel und ihre innere Führung höre.

Judy berichtete mir in einem Brief, was als Nächstes geschah: »Ich hatte schon früher von dieser Idee gehört, nur in anderen Worten. Du weißt schon, von wegen ›Folge dem, was dich selig macht‹ und dergleichen mehr. Doch als die Engel mir dieses Zitat in dem Buch zeigten, kam der Gedanke endlich bei mir an. Mir wurde klar, dass ich alles ganz verdreht sah. Nicht mein derzeitiger Job beschert mir mein Einkommen. Nicht mein Job sorgt dafür, dass ich meine Rechnungen bezahlen kann. Sondern ich. Das, was mich beseelt. Ich, Gott und die Kraft in mir, die mich beseelt, bezahlen die Rechnungen und bringen die Energie des Geldes zu mir. Ich lebe nicht von irgendetwas ›da draußen‹. Es ist ›hier drin‹, in mir. Die Offenbarung der Engel bewirkte, dass sich mein ganzes Paradigma verschob und auf das verlagerte, was in meinem eigenen Inneren anzutreffen ist. Jetzt kann ich meine Ängste loslassen und die Künstlerin sein, von der ich weiß, dass sie in mir steckt!«

4. Wahre Führung verschiebt nicht auf später. Die Angsttaktiken des niederen Selbst sind Rauchwolken, verglichen mit der mächtigen Führung Gottes und der Engel. Wahre göttliche Führung wird Sie Ihr Leben lang sachte in die Rippen stoßen, um Sie dazu zu bringen, Ihren Daseinszweck zu erfüllen. Die Gegenangriffe des niederen Selbst werden Ihnen einzureden versuchen, dass Sie die Arbeit entsprechend Ihrer Mission besser noch etwas verschieben sollten. »Du bist noch nicht ganz so weit«, wird das niedere Selbst sagen. Es wird Ihnen einreden, Sie müssten zunächst einmal auch noch diesen und jenen Kurs besuchen, das Buch X und das Buch Y lesen, mehr Geld oder Zeit haben, Körpergewicht verlieren etc., bevor Sie sich an die Erfüllung Ihres Lebenszwecks machen könnten. Oder es wendet eine andere Verzögerungstaktik dieser Art an.

Sofern Ihre Eingebungen bewirken, dass Sie Ihre höheren Prioritäten hintanstellen, können Sie sicher sein, dass es sich um falsche oder vom niederen Selbst gesteuerte Führung handelt. Die wahre Führung will, dass Sie ohne viel Federlesens an dem arbeiten, was wichtig ist. Die himmlische Führung sichert Ihnen zu, dass Sie eine Menge Talent, Kreativität und Fähigkeiten haben, und zwar hier und jetzt. Sie fordert Sie zwar vielleicht auf, noch eine bestimmte Zusatzausbildung zu machen, aber sie wird Ihnen nie zu verstehen geben, dass Sie sich weiterbilden müssten, da Ihnen so, wie die Dinge jetzt stünden, etwas fehle.

Die falsche Führung dagegen sagt: »Sieh besser zu, dass du einen weiteren Schein machst oder noch eine Prüfung ablegst, sonst finden die Leute womöglich heraus, wie unqualifiziert du eigentlich bist.« In Psychologenkreisen nennen wir dies das »Betrüger-Phänomen«: Das Ego trickst Sie aus, indem es Sie glauben macht, Sie hätten Glück und Erfolg nicht verdient. Das Ego schimpft Sie einen unqualifizierten Betrüger, der nur durch Täuschung Erfolg habe. Es warnt Sie, dass bald irgendeine Autoritätsfigur Ihr betrügerisches Spiel aufdecken würde, und dann würde Ihnen alles genommen. Sie müssen dabei bitte wissen, dass jeder, der auf sein niederes Selbst hört, diese Angst teilt. Wenn Sie diese Botschaft Ihres Egos erhalten, bedeutet das noch lange nicht, dass Sie ein Betrüger sind.

Da Gott und die Engel in einem zeitlosen und ewigen Jetzt leben, konzentriert sich wahre Führung immer auf die Gegenwart. Sie sichert Ihnen zu, dass Sie es verdient haben, im Hier und Jetzt rundum glücklich zu sein und Sicherheit zu genießen. Gott ist gewillt, Ihnen alles zu geben, was er Ihnen geben kann, und mit Ihrer Entscheidung und Absicht können Sie alle Unterstützung genießen, die Sie brauchen, damit Ihr Lebensplan erfolgreich Früchte trägt. Der Himmel stärkt Ihnen den Rücken mit allem, was Sie an Zeit, Geld, Intelligenz, Kreativität und Kontakten brauchen, um einen sinnvollen Beitrag für diese Welt zu leisten. Diese Geschenke stehen Ihnen im gegenwärtigen Moment zur Verfügung.

Das falsche Selbst jedoch mag den gegenwärtigen Moment nicht. Auch dies geht wiederum auf seine Angst zurück, Sie könnten sich erinnern, wer Sie wirklich sind. Würden Sie sich an Ihr heiliges Erbe und Vermächtnis erinnern, ginge es dem Ego an den Kragen. Also nötigt Sie das Ego unablässig, in die Zukunft zu blicken, um dort Ihr Glück zu finden. Falsche Einflüsterungen weisen Sie an, die Verbesserungen Ihrer selbst bis zu jenem schwer greifbaren Tag in der Zukunft aufzuschieben, an dem die Bedingungen reif sind, um mit der Arbeit an Ihrem göttlichen Lebensplan zu beginnen. Das falsche Selbst will, dass Sie am nächsten Montag anfangen, zu trainieren; dass Sie liebevoller werden, nachdem andere damit den Anfang gemacht haben, und dass Sie Ihre kreativen Projekte in Angriff nehmen, nachdem Ihre Jüngste geheiratet hat. Falsche Führung spornt immer zum Hinausschieben und Hinauszögern an.

Falsche Eingebungen dieser Art nähren Verhaltensweisen mit »Verzögerungstaktik«, um Sie auszutricksen. Als ich Angst davor hatte, meiner himmlischen Führung folgend Bücher zu schreiben, zögerte ich es hinaus, indem ich zu viel aß. Ich stellte fest, dass ich Essen nicht nur dazu verwenden konnte, den Klang, das Gefühl und den Ausblick von Gottes Wegweisungen zu dämpfen, sondern es sorgte auch dafür, dass ich ständig beschäftigt war. Nahezu permanentes Essen nimmt ja Stunden über Stunden in Anspruch. Man verbringt Zeit damit, an Essen zu denken, Essen einzukaufen, Essen zuzubereiten, Essen zu sich zu nehmen, nach dem Essen wieder Klarschiff zu machen und wehmütig zu denken, wie schön es doch wäre, dünner zu sein.

Die Weisungen des niederen Selbst drängen uns oft in Richtung Verzögerungstaktik. Hierzu gehören alle Arten von Suchtverhalten. Zwanghaftes Trinken, Essen, Rauchen, Fernsehen, Internet-Surfen, Shoppen und zwanghafter Konsum von Drogen sowie Beziehungen mit Suchtcharakter sind Lieblingswege des Egos, Gottes Stimme zu ertränken, wenn Sie nicht so weit sind, Sie zu empfangen. Süchte lösen Schuldgefühle aus, da man tief im eigenen Innern merkt, was für eine gigantische Zeitverschwendung sie darstellen. Auf einer tiefen Ebene wissen Sie, dass Sie Gottes umfassenderen Plan für Sie ignorieren. Sie lassen sich auf Verzögerungstaktiken ein, da Sie Angst davor haben, Ihre göttliche Führung zur Kenntnis zu nehmen und ihr zu folgen.

June

Meine Klientin June entwickelte eine interessante Verzögerungstaktik auf dem Weg zur Erfüllung ihrer Mission. Von Kindheit an hatte June gewusst, dass sie misshandelten Kindern mit Rat und Tat zur Seite stehen wollte. Aber da war diese tief sitzende Angst, unqualifiziert dafür zu sein, anderen zu helfen. Obwohl sie sich seit Jahren mit Heilungsansätzen beschäftigt hatte, zögerte June die Suche nach einer Tätigkeit in diesem Bereich immer wieder hinaus. Schließlich suchte sie mich auf, weil sie an diesen Ängsten arbeiten wollte.

Gerade hatte June vorgehabt, sich um eine Stelle zu bewerben, die perfekt auf sie zugeschnitten schien, da entwickelte sie plötzlich erneut eine Taktik, das Ganze hinauszuzögern. In dieser Zeit rief sie mich eines Tages an, um mir mitzuteilen, dass sie beschlossen habe, ein Zweifamilienhaus zu erwerben, zu renovieren und dann weiterzuverkaufen. Nicht, dass sie die zusätzlichen Einnahmen gebraucht hätte – die Geschäfte ihres Mannes liefen fantastisch. June erzählte mir, wie hinreißend sie die Idee fand, ein Gebäude wiederherzurichten, und dass sie mit Bewerbungen abwarten wolle, bis das Projekt Doppelhaus abgeschlossen sei.

Behutsam konfrontierte ich June mit dem Timing ihrer Entscheidung, ins Immobiliengeschäft einzusteigen. Daraufhin musste sie erst einmal tief durchatmen. Sie hatte gar nicht mitbekommen, wie die Ängste ihres Egos sie da auf einen Um- und Abweg gelenkt hatten. June wurde nun klar, dass ihre Ängste, in einer Beratungsstelle womöglich zu versagen, sie davon abhielten, ihrer Mission gerecht zu werden. Also entschied sie sich gegen den Kauf des Zweifamilienhauses.

Der Schlüssel dazu, Verzögerungstaktiken und andere Fallstricke des Egos zu umgehen, liegt darin, die Unterscheidungsmerkmale zwischen wahrer und falscher Führung zu kennen. Es wäre sinnvoll, sich hierzu eingehender mit der Übersichtstabelle am Ende dieses zweiten Teils zu befassen oder sie sogar zu kopieren, um sich die Unterschiede genau einzuprägen. Sobald Ihnen eine innere Stimme etwas eingibt, werden Sie dann besser erkennen, woher die Eingebung stammt. Trotzdem gilt: Bitten Sie Gott im Zweifelsfall, Ihnen zu sagen, ob Ihre Idee wirklich ein Geschenk des Himmels ist. Er wird Ihnen Zeichen senden, Gefühle, eine Stimme oder ein sicheres Wissen, um Ihre Verwirrung zu lichten.

5. Wahre Führung ist stark und eindringlich. Die Stimme der göttlichen Führung ist so laut, kraftvoll und stark, dass es große Anstrengung kostet, sie zu ignorieren. Schließlich spricht Gott unentwegt mit uns. Ich konnte feststellen: Je größere Dimensionen der Daseinszweck eines Menschen hat, desto größer ist die Angst davor. Natürlich haben wir alle einen großen Daseinszweck. Das Leben einiger

Menschen jedoch ist dazu gedacht, sich auf das vieler anderer auszuwirken – über die Bücher, die sie schreiben, über ihre Erfindungen, Seminare, Firmen oder kreativen Unternehmungen. Das meine ich mit »größere Dimensionen«. Wenn Sie also extreme Angst davor haben, zu hören, was Gott mit Ihnen vorhat, so könnte es daran liegen, dass Ihr Daseinszweck größere Dimensionen hat. Und das ist der Grund, warum Sie sich vielleicht damit schwertun, die Stimme Gottes zu hören: Sie entscheiden sich dafür, sie besser nicht zu hören, und zögern es stattdessen hinaus, sich Ihren Versagensängsten zu stellen und sie zu überwinden.

Manchmal haben wir das Gefühl, Gott und die Engel heften sich uns regelrecht an die Fersen, wenn wir vom Weg unseres wahren Daseinszwecks abweichen. Nachdem ich zum Beispiel meinen College-Abschluss in der Tasche hatte und mich zur Bestsellerautorin mauserte, war ich oft als Expertin bei Talkshows zu Gast. Ich konnte feststellen: Wenn ich Bücher und Artikel über populäre Themen wie Ernährung und Diäten oder romantische Beziehungen schrieb, blieben mein Terminkalender und mein Bankkonto stets prall gefüllt. Durch das Feedback meiner Leserinnen und Leser wusste ich, dass ich anderen mit meinen schriftlich niedergelegten Worten half. Aber emotional und intellektuell erfüllten mich diese Aktivitäten ziemlich wenig. Ich wusste, dass ich meine Arbeit eigentlich auf den Themenkomplex Spiritualität konzentrieren sollte, hatte aber die Befürchtung, davon nicht leben zu können.

Eines Abends – ich saß gerade vor dem Fernseher – verspürte ich eine starke Veränderung des Luftdrucks um meinen Kopf-, Nacken- und Schulterbereich. Mein Gesichtsfeld schrumpfte jäh, und der Fernseher schien Millionen von Meilen entfernt. Es war für mich ein Gefühl, als würde mich eine unsichtbare Schar von Wesen eilig in einen Raum ganz für uns allein befördern, um mir etwas Dringendes mitzuteilen. Unfähig, mich zu rühren oder zu sprechen, hörte ich einfach nur zu.

»Warum verschwendest du so dein Leben?«, sagte eine Stimme ganz klar und deutlich in meinem Kopf. Ich wusste, dass es nicht meine eigene Stimme war, denn ich war ganz in das Fernsehprogramm vertieft gewesen. Die Stimme in mir fuhr fort: »Denke einmal einen Moment darüber nach, wer deine Eltern sind. Und dann frage dich, warum du sie dir für dieses Leben ausgesucht hast.«

Diese Feststellung überraschte mich, denn bis dahin hatte ich meine Geburt immer für ein Produkt des Zufalls gehalten; es war eben eine bestimmte Gensequenz entstanden, die mich hervorgebracht hatte. Mir war nie in den Sinn gekommen, dass ich etwas mit dem Auswahlprozess zu tun gehabt haben könnte.

»Welche Lektionen hast du in dieses Leben eingebaut, indem du dir genau diese Eltern ausgesucht hast?«, fragte die Stimme noch einmal. Ich dachte an die wertvollen Lektionen und die Charakterzüge, die ich von Mom und Dad mitbekommen hatte. Meine Mutter, eine metaphysisch ausgerichtete spirituelle Heilerin, hatte mir beigebracht, welche unglaubliche Heil- und Manifestationskraft unsere Gedanken und Gebete haben. Mein Vater, ein freier Buchautor, der Bücher und Artikel über Modellflugzeuge verfasste, hatte mir gezeigt, wie wichtig es war, bei der Berufswahl dem Ruf seines eigenen Herzens zu folgen. Als ich noch klein war, hatte Dad einen lukrativen Job aufgegeben, um einer Arbeit nachzugehen, für die er sich wirklich interessierte. Der gemeinsame Nenner im Leben meiner Eltern war, dass sie sich weigerten, Geld den Vorrang vor ihren natürlichen Interessen einzuräumen.

Ich war ganz in Gedanken verloren und dachte an die Lektionen und die Stärken, die ich beim Heranwachsen erhalten hatte, als mich die Stimme mit der Frage aufschreckte: »Wirst du diese Lektionen in diesem Leben ungenutzt lassen?« Der Luftdruck um mich herum veränderte sich so sehr, dass ich mich mit dem Rücken flach gegen den Stuhl gedrückt fühlte, auf dem ich mich zurücklehnte, um mich dem Zugriff zu entziehen. Ich hatte das Gefühl, dass eine liebende Kraft mich dort festnagelte und fordernd fragte, warum ich einen mir unbekannten Vertrag, den ich unterzeichnet hatte, nicht einhielt.

Ich geriet in Panik, als würde mich jemand tief unter Wasser halten. Doch die Wahrheit der Botschaft packte mich auch bei meinem Gewissen. Vor dieser Engelsgegenwart gab es kein Entrinnen, sosehr ich auch dem zu entkommen versuchte, was ich tief in meinem Innern wusste: Ich hatte mich darum gedrückt, zu tun, was ich eigentlich tun sollte, und stattdessen füllte ich meine Tage mit Aktivitäten ohne persönliche Bedeutung oder persönlichen Wert.

Die Engelsgegenwart erklärte mir auf dem Weg der in Kapitel 17 beschrieben Gedankenübertragung, die auch »Hellwissen« genannt wird, dass wir uns alle unseren familiären Hintergrund auswählen. Vor unserer jeweiligen Inkarnation wählen wir ein Leben in einer Familie, das uns in unserem Leben Wachstum ermöglicht und dafür sorgt, dass wir im Vorfeld gewählte Lektionen erlernen. Einige suchen sich Familien aus, in denen sie vor besonderen Herausforderungen stehen, damit sie Geduld, innere Stärke und Mitgefühl entwickeln. Andere wählen Familien, in denen Gewalt und Missbrauch an der Tagesordnung sind, um in einem Crashkurs komprimiert die Lektionen gleich mehrerer Leben zu lernen. Ich hatte meine konkrete Familie gewählt, um Lektionen zu lernen, die mir im Hinblick auf meine Mission als spirituelle Lehrerin und Heilerin eine Hilfe sein würden.

Ich sann über die Durchgabe nach. Allmählich normalisierten sich der Luftdruck und mein Sehvermögen. Und doch konnte von »Normalität« nicht die Rede sein, zumindest nicht in dem Sinne, wie ich mich zehn Minuten zuvor gefühlt hatte. Die Stimme und diese Gegenwart hatten meine unterbewussten Gedanken und Gefühle im Hinblick auf meinen beruflichen Werdegang, auf mein Leben, auf mich selbst zutage befördert. Hätte ich bei hellem Tageslicht in einen Spiegel gestarrt, hätte ich mich nicht klarer sehen können.

Wahre göttliche Führung kommt, wie in meinem Fall, manchmal auf eine liebevolle Weise, die einen jedoch mit solcher Macht überrollt, dass ihre Herkunft unverkennbar ist. Öfter jedoch ist die himmlische Führung nicht mit so viel Konfrontation verbunden. Tatsache ist: Selbst wenn Ihre Engel Sie mit Ihren unproduktiven oder ungesunden Verhaltensweisen konfrontieren, spüren Sie, dass das Ganze bedingungsloser Liebe entspringt. Ich glaube auch, dass diese göttlichen »Femegerichte« eine Antwort auf unsere Gebete um Hilfe sind. Mit anderen Worten: Wir selbst haben um diese Konfrontation *gebeten.*

6. *Wahre Führung klingt vertraut.* Wahre Führung klingt oft seltsam vertraut, hat die Qualität von »Hab ich's doch gewusst«. Falsche Führung dagegen scheint nicht mit Ihrer sonstigen Persönlichkeit, Ihren Interessen und Ihrer Lebensweise zu harmonieren. Dennoch können Eingebungen, die durch ein wahres Geführtwerden zustande kommen, Ihnen durchaus abverlangen, sich ein wenig zu fordern und den Versuch zu starten, eine neue Stelle, Beziehung oder Wohnung an Land zu ziehen, die Ihnen vielleicht unerreichbar scheinen. Sie werden wissen, dass es sich um wirkliche Führung handelt, weil ihr die Botschaft zugrunde liegt: »Hab Vertrauen, glaube daran.« Falsche Führung dagegen wird sich gegen Ihre Bestrebungen stellen und sagen: »Probier's erst gar nicht.«

7. *Wahre Führung spricht in der zweiten Person.* Meist wird himmlische Führung in der zweiten Person formuliert. Es klingt dann so, als würde ein anderer Sie ansprechen. Vielleicht werden Sie sogar beim Namen genannt, oder die Sätze beginnen mit dem Wort »Du«. Falsche Führung dagegen beginnt jeden Satz gewöhnlich mit »Ich«, da sie um sich selbst kreist. Das niedere Selbst glaubt, dass *es* – nicht das wahre Selbst – der Mittelpunkt des Universums sei.

8. *Wahre Führung fühlt sich an wie eine herzliche Umarmung.* Wenn Sie gefühlsorientiert sind, werden Sie spüren, dass wahre Führung in Begleitung einer warmen Energie der Liebe auftritt: Diese Liebe mag Sie umgeben oder in Ihrem eigenen Innern aufsteigen. Wir bezeichnen eine Person, die himmlische Führung über emotionale und körperliche Wahrnehmungen erfährt, als »hellfühlend« oder »klarfühlend«. Von jemandem, der über diese Fähigkeit des Hellfühlens verfügt, wird falsche Führung als kalt, reizbar und sogar schmerzhaft empfunden.

9. *Wahre Führung ist unterstützend.* Wahre Führung übermittelt Ihnen zuweilen Neuigkeiten, die anfangs beängstigend klingen. Zum Beispiel mögen die Engel Ihnen etwas von einer anstehenden beruflichen Veränderung erzählen oder Sie warnen, dass eine Beziehung vor dem Aus steht. Gehen die Eingebungen auf tatsächliche himm-

lische Führung zurück, so bleibt dabei hinterher immer ein Gefühl, geliebt und unterstützt zu werden. Falsche Führung dagegen wühlt unangenehme Fantasien über mögliche Zukunftsszenarien auf. Die Botschaften des niederen Selbst hinterlassen in Ihnen ein Gefühl der Hilflosigkeit, ein Gefühl, dass alle es auf Sie abgesehen hätten, oder Sie fühlen sich sogar wie das arme Opfer. Sie können echte von unechter Führung unterscheiden, indem Sie sich fragen: »Fühle ich mich durch diese Botschaft in meinen eigenen Möglichkeiten und meiner eigenen Kraft bestärkt?« Natürlich bedeutet Ermächtigung keinen Vorteil auf Kosten anderer. Wahre, himmlische Führung hat etwas Bestärkendes, das nur Gewinner zurücklässt.

10. Wahre Führung kommt auf den Punkt. Wahre himmlische Führung ist sehr direkt und bringt die Dinge auf den Punkt. Sie macht nicht viele Worte und gibt Ihnen keine schwammigen Botschaften. Gott will schließlich, dass Sie eindeutig verstehen, was sie bedeuten. Falsche Führung schleicht um den heißen Brei herum und liefert mehr »vernünftige Gründe«, etwas abzukaufen, als ein übereifriger Vertreter. Falsche Führung heizt Ihnen mit Worten ein, die Ängste und Sorgen schüren.

11. Die Eingebungen wahrer Führung sind plötzlich und vollständig da. Wahre Führung stellt sich oft als Komplettpaket ein. Aus heiterem Himmel erhalten Sie bestimmte Informationen, meist als eine Reaktion auf Gebete und Meditation. Ein Test, der zeigt, ob Ihre Eingebung wahr oder falsch ist, besteht darin, Ihre Gedankenschritte rückwärts zu verfolgen: War da eine ganze Kette von Gedanken, die Sie im Endeffekt auf die Idee, Ihre Eingebung, brachte? Dann handelt es sich gewöhnlich um eine Führung, die auf Ihr niederes Selbst zurückgeht. Führung durch das höhere Selbst kann sich zwar als Reaktion auf eine Frage einstellen – in der Regel gibt es jedoch keinen nachvollziehbaren Gedankengang, der Sie zu einem bestimmten Schluss kommen ließ. Beispiel: Sie müssen plötzlich an Ihren Exfreund oder Ihre Exfreundin denken, haben ihn oder sie aber seit Jahren nicht mehr gesehen. Ist es wahre himmlische Führung, die Ihnen zu sagen versucht, dass Sie dort anrufen sollen?

Um das herauszufinden, verfolgen Sie Ihre Gedanken einmal zurück. Beginnen Sie an dem Punkt, da sich der Gedanke an die betreffende Person einstellte. Handelt es sich um eine falsche Führung, so werden Sie zum Beispiel merken, dass Sie zuerst an einen Filmstar dachten. Er erinnerte Sie an einen alten Film, in dem er mitgespielt hatte, und der wiederum beschwor in Ihrem Gedächtnis die Erinnerung an das Drive-in-Kino herauf, in dem Sie den Film damals sahen. Und das wiederum beförderte Erinnerungen an Ihren damaligen Schatz zutage. Handelt es sich aber wirklich um göttliche Führung, so denken Sie mit einem Mal aus heiterem Himmel an die Person – ohne nachvollziehbare Aneinanderreihung von Gedanken und Assoziationen.

12. Wahre Führung räumt uns nie einen Platz ein, auf dem wir höher oder tiefer stehen als andere. Falsche Führung liefert fast immer Szenarien, bei denen *Sie* in der Hauptrolle auftreten. *Sie* sind der Held. Das niedere Selbst oder Ego versucht Sie davon zu überzeugen, dass alle Sie anbeten und verehren werden, wenn Sie sich von ihm führen lassen. Falsche Führung macht aus Ihnen einen Star – eine Rolle, die gewöhnlich Konkurrenzdenken, Angriffslust oder Siegeswillen auf Kosten anderer schürt.

Wenn das wahre Selbst Sie führt, werden Sie eine ganz andere Rolle spielen. Wahre Führung zeigt Ihnen Szenarien, in denen Sie mit Ihren naturgegebenen Talenten einen sinnvollen Beitrag leisten. Ihre materiellen Bedürfnisse werden erfüllt, während Sie sich diesem Unterfangen widmen, und andere wissen Ihre Arbeit zu schätzen. Im Gegensatz zu den Szenarien, welche die unechte Führung vor Ihnen entstehen lässt, wird Ihr wahres Selbst Sie nie auf ein Podest stellen. Jeder Rat von dort basiert auf dem Wissen, dass Gott alle gleichermaßen liebt.

Auf beide, die wahre und die falsche Führung, ist zu hundert Prozent Verlass. Wir können uns darauf verlassen, dass die wahre Führung uns konsequent Ratschläge gibt, die uns die eigenen Möglichkeiten verdeutlichen. Von der falschen Führung dagegen stammen konsequent Vorschläge, die auf Angst basieren und zu unbedachten Entscheidungen führen. Unser Ziel muss sein, jene Weisheit zu erkennen und zu wählen, die auf die Führung durch unser wahres Selbst zurückgeht. Die folgende Tabelle skizziert die zentralen Elemente wahrer und falscher Führung:

Kennzeichen wahrer und falscher Führung

Wahre Führung	Falsche Führung
Zufriedener Tonfall und reife Botschaft	Unreifer Tonfall und unausgegorene Vorschläge
Wiederholt beharrlich dasselbe	Springt von einem Thema zum nächsten
Spricht vom Sinn Ihres Lebens oder Ihrer Mission	Spricht davon, wie Sie andere ausstechen können
Will, dass Sie jetzt, in diesem Moment, Freude erleben	Will das Glück bis zu einem zukünftigen Zeitpunkt aufschieben
Stark, kraftvoll; schwer zu ignorieren	Hinterlistig und heimlich
Hat etwas vertraut Klingendes	Scheint sich nicht mit Ihren sonstigen Interessen und Ihrer Lebensweise zu vertragen
Sagt gewöhnlich »du«	Sagt ständig »ich«
Vermittelt Liebe und Energie	Ertränkt Begeisterung und Energie
Umfängt Sie mit einer warmen, liebevollen Energie	Bewirkt, dass Ihnen kalt wird; sie reagieren gereizt, fühlen sich allein oder bekommen Angst
Klingt unterstützend und motivierend	Beschimpft und kritisiert
Redet Ihnen gut zu, dass Sie es schaffen werden	Macht Ihr Selbstwertgefühl zunichte

Bestärkt Sie in dem, was Sie vermögen	*Schwächt Sie*
Direkt und die Dinge auf den Punkt bringend	*Herumschwadronierend und voller Rationalisierungen*
Stellt sich plötzlich als Antwort auf ein Gebet ein	*Stellt sich nach und nach als Reaktion auf sorgenvolle Gedanken ein*
Weiß, dass Sie auf einer Stufe mit anderen stehen und eins mit ihnen sind	*Sagt, dass Sie besser oder schlechter seien als andere*

TEIL DREI

Wie Sie Ihre Kommunikationskanäle mit

der geistigen Welt von Blockaden befreien

6

*Die vier Kanäle: Wie Sie herausfinden, auf welchem
Weg Sie mit der geistigen Welt kommunizieren*

Haben Sie schon einmal ...
- ein Bild oder eine Szene vor Ihrem geistigen Auge gesehen – sei
  es im Wachzustand oder im Traum –, die später tatsächlich
  eintraten?
- unvermittelt eine Stimme gehört, die Sie vor einer drohenden
  Gefahr warnte?
- ein intensives Gefühl im Hinblick auf eine Situation oder Person erlebt, das sich später als zutreffend erwies?
- etwas plötzlich und auf unerklärliche Weise einfach »gewusst«?

Das sind jeweils Beispiele für die vier Wege, die Gott und die geistige Welt wählen, um mit uns zu kommunizieren. In den folgenden
Kapiteln werden Sie lernen, wie Sie Ihren persönlichen Kommunikationsstil mit den himmlischen Mächten ermitteln. Zudem erhalten Sie Informationen, die Sie sofort einsetzen können, um die vier
Kanäle der himmlischen Führung zu stärken.

Die vier Kanäle

Jedem Menschen stehen vier Methoden oder Kanäle zur Verfügung,
um Führung von oben zu erhalten: das Sehen, das Hören, das Fühlen
und das Denken.

1. *Hellsehen* – mit anderen Worten: »klares Sehen«. Hier erfolgt
   die himmlische Führung in Form statischer Bilder oder Mini-

filme, die in Ihrem Kopf oder außerhalb von ihm vor Ihrem geistigen Auge ablaufen.

2. *Hellhören* – oder »klares Hören«. Gemeint ist, durch Hören Führung in einer Sache zu erfahren. Das Gehörte kann entweder von irgendwo außerhalb kommen oder aus Ihrem eigenen Kopf. Es ist die »leise, zarte Stimme« in Ihrem Inneren. Sie mag entweder wie Ihre eigene Stimme klingen oder anders als diese.

3. *Hellfühlen* – also »klares Fühlen«. Dazu gehört, göttliche Führung als Emotion oder körperliche Empfindung wie etwa eine Geruchswahrnehmung, Muskelanspannung oder Berührung zu erhalten.

4. *Hellwissen* – »klares Wissen«. Es bedeutet, etwas plötzlich eindeutig zu wissen, ohne die leiseste Ahnung zu haben, *woher* Sie das wissen.

Wir empfangen himmlische Führung gewöhnlich über den gleichen Kommunikationskanal oder die gleichen Kommunikationskanäle, den oder die wir im alltäglichen Erleben besonders nutzen. Wenn Sie sich zum Beispiel bei Ihren Alltagserfahrungen am meisten mit dem befassen, was Sie *sehen,* sind Sie visuell orientiert und erhalten mit großer Wahrscheinlichkeit auch himmlische Führung über hell*sichtig* Erlebtes. Wenn Sie in der Regel besonders stark auf die Stimme von Menschen achten, auf Musik und Geräusche, reagieren Sie eher auf akustische Reize und dürften himmlische Führung auf dem Weg des Hell*hörens* erfahren. Andere Menschen wiederum erleben die Welt über ihre Emotionen und das, was sie spüren. Diese eher gefühlsbetonten Menschen dürften himmlische Führung über ihre Fähigkeit zum Hell*fühlen* erfahren. Und diejenigen, die sich auf die zugrunde liegenden Botschaften und Bedeutungen ihrer Erlebnisse konzentrieren, dürften eher kognitiv orientiert sein. Ihre himmlische Führung wird sich wahrscheinlich über das Hell*wissen* einstellen.

Alle Kanäle ermöglichen es gleichermaßen effektiv, zutreffende und hilfreiche Informationen zu erhalten. Kein Kanal ist den anderen überlegen, obwohl die Teilnehmer meiner Workshops in der Regel stärker darauf aus sind, Hellsichtigkeit zu entwickeln als andere Kanäle. Die Hellsichtigkeit lässt sich, wie andere Kanäle auch, mithilfe der Methoden öffnen und fördern, von denen Sie in den nachfolgenden Kapiteln lesen werden.

Jeder Mensch ist prinzipiell in der Lage, über alle vier Kanäle göttliche Führung zu empfangen. Bei Neulingen auf dem spirituellen Pfad sind anfangs jedoch in der Regel nur ein bis zwei Kanäle offen. Im Lauf der Zeit und mit entsprechender Übung öffnen sich allmählich dann auch die anderen Kanäle. Anfangs ist es am besten, sich auf die ein oder zwei Kommunikationskanäle zu konzentrieren, die für Sie natürlich sind. Nachdem Sie sich an diese Kanäle gewöhnt haben, kommen ganz von selbst auch die anderen hinzu.

Wie Sie mit dem Göttlichen kommunizieren: Übung 1

Hier eine Checkliste, die Ihnen helfen wird, die Kanäle zu ermitteln, über die Ihre Kommunikation mit dem Göttlichen derzeit abläuft. Nehmen Sie die erste Antwort, die Ihnen spontan in den Sinn kommt, statt zu versuchen, »richtige« Antworten zu geben.

1. *Was mir bei neuen Bekanntschaften zuallererst auffällt:*
   a) das Aussehen, etwa der Gesichtsausdruck, die Frisur oder Kleidung
   b) Klang, Tonfall und Lautstärke der Stimme
   c) ob ich mich in Gegenwart der Person wohlfühle oder nicht
   d) ob der/die Betreffende interessante Informationen und Gesprächsthemen zu bieten hat

2. *Beim letzten Film, den ich so richtig genossen habe, hat mich Folgendes besonders beeindruckt:*
   a) die fantastischen Landschaftsaufnahmen oder attraktiven Schauspieler/innen

103

b) die großartige Filmmusik und die ausdrucksvollen Stimmen
c) eine Geschichte, die mich emotional berührte und nach der ich mich prima fühlte
d) eine wunderbare Botschaft, durch die mir etwas Neues klar geworden ist

3. *Welcher der folgenden Aussprüche könnte am ehesten von Ihnen stammen:*
a) »Ich sehe, was du meinst.«
b) »Ich höre dabei heraus, dass ...«
c) »Für mein Gefühl ist es bei der Situation so, dass ...«
d) »Lass mich mal darüber nachdenken.«

4. *Wenn ich ein Problem zu lösen habe, gehe ich aller Wahrscheinlichkeit nach so vor:*
a) Ich stelle mir verschiedene Lösungsmöglichkeiten bildlich vor.
b) Ich führe Selbstgespräche, bis mir eine Lösung einfällt.
c) Ich lasse die Situation einfach so lange auf mich wirken, bis ein Gefühl des Friedens entsteht.
d) Ich warte darauf, dass mir eine Antwort einfällt.

5. *Mein Idealberuf hat etwas zu tun mit:*
a) künstlerischer Betätigung wie etwa Malen, Zeichnen, Bildhauerei, Fotografie, Architektur oder Filmemachen
b) Komponieren, Musikmachen oder eigenen Vorträgen
c) Beraten, Heilen, Tanzen oder Dichten
d) Forschung, Wissenschaft, Verfassen von Sachbüchern und Artikeln, Medizin oder Erfindungen

6. *Was ich an der Natur am meisten liebe:*
a) die Schönheit der Blumen, der Bäume oder anderer landschaftlicher Reize
b) die Vogelstimmen, die Tierlaute, die Brandung und den Wind
c) die Gerüche und die frische Luft

d) ich bin nicht oft in der Natur, würde mich aber gerne öfter alleine zurückziehen und draußen sein

7. *Was ich an mir selbst besonders gerne verbessern würde:*
a) meine körperliche Erscheinung
b) meine Stimme
c) meine Gefühle mir selbst gegenüber
d) meinen Wissensstand über mein Lieblingsthema

8. *Wenn ich unerwartet Geld bekäme, würde ich zuerst:*
a) etwas Schönes kaufen, etwa ein Bild, Schmuck oder ein neues Möbelstück
b) Eintrittskarten für Parkettsitze bei einem Auftritt meiner Lieblingsmusiker kaufen
c) eine Wellnesskur buchen
d) meinen Computer auf Vordermann bringen

9. *Wenn ich die Möglichkeit hätte, einer noch lebenden oder auch einer bereits verstorbenen berühmten Persönlichkeit zu begegnen, würde ich am ehesten folgende Person wählen:*
a) meinen Lieblingsfilmstar
b) meine/n Lieblingsmusiker/in
c) eine/n Autor/in, dessen/deren Werk für mich im positiven Sinne eine Offenbarung im Hinblick auf mich selbst war
d) eine/n berühmte/n Erfinder/in, der/die den Gang der Weltgeschichte verändert hat

10. *Es nervt mich am meisten, wenn Restaurants:*
a) zu dunkel sind, sodass ich die Speisekarte und die anderen am Tisch nicht richtig sehen kann
b) zu laut sind, sodass ich kaum dem Tischgespräch folgen kann
c) zu voll sind
d) zu teuer sind, weil ich mich dann schwertue, nachzuvollziehen, warum ich zum Essen ausgehen statt zu Hause essen sollte

11. *Ich entspanne mich gern mit:*
a) Fernsehen oder Kino
b) Musikhören
c) einem ausgiebigen heißen Bad
d) einem guten Buch

12. *Wenn ich im Urlaub bin, verbringe ich viel Zeit mit:*
a) Fotografieren oder Filmen
b) Gesprächen mit Einheimischen
c) dem Probieren der lokalen kulinarischen Köstlichkeiten
d) der Geschichte der Gegend

13. *Meine wichtigste Überlegung beim Kauf eines neuen Wagens:*
a) sein Aussehen: Fahrzeugtyp, Farbe und Design
b) der Sound des Motors, die Qualität seiner Stereoanlage oder ein geräuscharmes Interieur
c) Fahrkomfort und Fahrspaß
d) die Bewertung, die das Modell von Stiftung Warentest und Autofachzeitschriften erhalten hat

14. *Grundlegende Voraussetzung für mein Arbeitsumfeld ist für mich, dass es:*
a) ausreichend beleuchtet sein muss
b) ruhig ist
c) gemütlich ist
d) einen Internetzugang hat

15. *Woran ich mich im Rahmen von Zirkusbesuchen in meiner Kindheit am deutlichsten erinnere:*
a) Anblick der Clowns und des Zirkuszelts
b) Klänge der Zirkusorgel, Kinderlachen und die Stimme des Ansagers
c) Geruch nach Popcorn und nach Tieren
d) mein Staunen darüber, wie die Seiltänzer und Akrobaten ihr Gleichgewicht hielten

Zählen Sie jetzt einmal nach, wie viele Male Sie Antwort »a« angekreuzt haben, wie oft »b« und so weiter. Wenn Sie überwiegend »a« angekreuzt haben, sind Sie visuell ausgerichtet; mehrheitliche »b«-Antworten weisen auf eine Ausrichtung auf auditive Kanäle; bei vielen »c«-Antworten zeigt sich eine Ausrichtung auf das sensorische Element, während »d« auf eine kognitive Orientierung hindeutet. Keine dieser Ausrichtungen ist den anderen über- oder unterlegen – sie zeigen lediglich unsere natürliche Art, mit der Welt in Beziehung zu treten.

Sollten Sie zum Beispiel ungefähr oder genauso oft »b« und »c« angekreuzt haben, so bedeutet das, dass bei Ihnen zwei Kanäle weit offen stehen für die Kommunikation mit der himmlischen Führung. In diesem Fall würden Ihre Antworten zeigen, dass Sie sowohl auf Akustisches als auch auf Empfindungen ausgerichtet sind. Die meisten werden ermitteln, dass es bei ihnen eine primäre und eine sekundäre Grundrichtung gibt und dass nur ein paar der Antworten in die beiden anderen Richtungen gehen. Vielleicht haben Sie zum Beispiel siebenmal »a«, viermal »b«, zweimal »c« und zweimal »d« angegeben: Das würde auf einen Menschen verweisen, der stark visuell orientiert ist, teilweise auch auditiv und ein wenig auf Gefühle und Gedanken.

Wie Sie mit dem Göttlichen kommunizieren: Übung 2

Um mehr über Ihren natürlichen Kommunikationsstil herauszufinden, achten Sie einmal eingehend darauf, wie Sie beim Lesen des folgenden Szenariums reagieren:

Beim Verlassen eines kleinen Flugzeugs, das auf der winzigen Rollbahn einer Tropeninsel gelandet ist, werden Sie regelrecht bombardiert mit sinnlichen Genüssen. Eine attraktive Insulanerin, in Kleidung mit leuchtend buntem Blumendruck gehüllt, begrüßt sie mit einem Blütenkranz aus violetten Orchideen und legt ihn Ihnen um den Hals. Sie bedanken sich und hören dabei mit einem Mal eine wunderschöne hawaiianische Ukulele in weiter Ferne »Hona Hona

Lei« spielen. Eine feuchtwarme Tropenbrise streichelt Ihre Haut und lässt Ihnen den süßlichen Duft hawaiianischer Orchideen in die Nase steigen. Sie fühlen sich wie im Paradies. Für einen Moment überlegen Sie sich schon, was Sie beruflich auf dieser Insel tun könnten, um sich dort für immer niederzulassen.

Nun nehmen Sie sich einen Moment Zeit, um sich an die Szene mit der Tropeninsel zu erinnern. Was ist Ihnen besonders im Gedächtnis haften geblieben?

a) Der Anblick der attraktiven Insulanerin mit der bunt bedruckten Kleidung und der Blumengirlande?
b) Der Klang der hawaiianischen Ukulele?
c) Wie sich die feuchte Luft anfühlt; der Duft der Blumen und die friedliche paradiesische Atmosphäre?
d) Die Gedanken an Jobmöglichkeiten dort, damit Sie die Insel nie wieder verlassen müssen?

Wie schon zuvor, steht »a« mit einer visuellen Orientierung in Verbindung, »b« mit einer auditiven, »c« mit einer Orientierung, die mit dem Fühlen zusammenhängt, und »d« mit einer Ausrichtung auf Gedankliches.

Die Variante, die bei Ihnen am deutlichsten heraussticht, bildet einen weiteren Hinweis auf Ihre natürliche Art und Weise, mit der Welt in Beziehung zu treten. Auf die gleiche Weise, wie Sie mit der physischen Welt in Verbindung stehen, stehen Sie auch mit der geistigen Welt in Verbindung. Gott und die Engel nutzen alle vier Kommunikationskanäle, doch achten wir gewöhnlich nur auf jene, für die wir von Natur aus besonders empfänglich sind.

Wie Sie mit dem Göttlichen kommunizieren: Übung 3

Probieren wir doch einmal eine andere Methode, Ihren Kommunikationsstil mit der geistigen Welt genauer festzustellen:

1. *Finden Sie eine bequeme Haltung.*

2. *Nehmen Sie zwei tiefe Atemzüge.*

3. *Richten Sie Ihre Aufmerksamkeit auf das Innere Ihres Brustkorbs.* Sie nehmen dabei vielleicht Wärme oder ein Gefühl der Ausdehnung um Ihr Herz wahr.

4. *Werden Sie sich mental der Engel um Sie herum bewusst.* Sie sind von zwei oder mehr Schutzengeln umgeben, die seit Ihrer Geburt um Sie sind und die bis zu Ihrem physischen Tod bei Ihnen bleiben. Sie erleben ihre Gegenwart vielleicht als einen abweichenden Luftdruck oder eine andere Temperatur neben Ihrer linken oder rechten Schulter. Vielleicht sehen Sie ihre Gegenwart als funkelndes oder aufblitzendes Licht. Sie hören im Geist vielleicht eine liebliche Musik oder eine ganz leise, liebevolle Stimme. Oder Sie *wissen* einfach, dass die Engel bei Ihnen sind, ohne zu wissen, woher Sie das wissen.

5. *Bitten Sie die Engel: »Bitte sagt mir doch den Namen des Schutzengels an meiner linken Schulter.«*

6. *Achten Sie darauf, wie sich die Antwort einstellt.* Haben Sie ein Bild mit dem Namen *gesehen*? Haben Sie die Antwort *gehört*? Haben Sie *gespürt*, wie die Antwort lautete? Oder war es ein inneres *Wissen*?

7. *Wiederholen Sie Schritt 5 und sagen Sie: »Bitte sagt mir den Namen des Schutzengels an meiner rechten Schulter.«*

Sollten Sie gar keine Antwort erhalten haben, probieren Sie die Übung am besten etwas später noch einmal. Der häufigste Grund, warum sich bei dieser Übung keine Antworten einstellen, liegt darin, dass Sie sich allzu angestrengt darum bemühen, eine Antwort zu bekommen. Der Akt, irgendetwas erzwingen zu wollen, versetzt Sie in Ihren vom niederen Selbst oder Ego regierten Zustand, der keine rechte Kommunikation mit himmlischen Mächten erlaubt. Statt also der himmlischen Führung hinterherzujagen, ist es wichtig, sich zu entspannen und zu erlauben, dass sie sich einstellt.

Wie Sie mit dem Göttlichen kommunizieren: Übung 4

1. *Probieren wir es einmal mit einer anderen Frage.* Nehmen Sie wie zuvor eine bequeme Haltung ein und atmen Sie ein paarmal tief durch. Nachdem Sie Ihre Aufmerksamkeit nach innen gelenkt haben, fragen Sie Ihre Engel: »Welche Veränderungen in meinem Leben würdet ihr mir mit eurer Führung anraten?«

2. *Atmen Sie, wenn Sie möchten, noch einmal tief durch und achten Sie dann darauf, was kommt.* Hatten Sie eine Vision, etwa ein Bild oder einen Film von sich selbst, wie Sie eine Veränderung vornahmen? Hörten Sie eine von Wahrheit erfüllte und liebevolle Stimme, die Ihnen den Rat gab, bestimmte Schritte zu unternehmen, um etwas an Ihrem Leben zu verbessern? Stellte sich bei Ihnen ein gewisses Bauchgefühl ein, das Ihnen sagte, ein bestimmter Bereich Ihres Lebens könnte Heilung gebrauchen? Oder stellte sich ein Wissen oder eine Idee ein, und Sie erhielten auf diesem Weg Anweisungen, wie Sie aus Ihrem Leben ein sinnvolleres und erfüllteres Leben machen könnten?

Auch hier sei noch einmal betont, dass es uns gegeben ist, über alle vier Kanäle himmlische Führung zu erfahren. Sie mögen also, sagen wir, eine Vision gemischt mit einem Gefühl erhalten. *Wie* Sie von Gott und Ihren Schutzengeln geführt werden, spielt keine Rolle. Es kommt nur darauf an, dass Sie die Führung bemerken, dass Sie Ihren göttlichen Ursprung überprüfen können und dementsprechend handeln. Wir werden in späteren Kapiteln noch auf Möglichkeiten eingehen, die Ängste, die Zweifel und das Misstrauen zu überwinden, die Sie davon abhalten, der himmlischen Führung zu folgen.

Wie Sie um himmlische Führung bitten können

Falls Sie sich schon gewundert haben, warum ich »tiefe Atemzüge« betone: Der Grund liegt darin, dass der Atem einen zentralen Faktor bei der Herstellung einer Verbindung mit der Führung von oben bildet. Das Wort »atmen« (lat. *spirare*[10]) ist verwandt mit »Inspiration«, das heißt, den göttlichen Geist (engl. *spirit;* lat. *spiritus*) in sich aufzunehmen. Sie nehmen mit Ihren tiefen Atemzügen buchstäblich die geistige Welt in Ihren Körper auf.

Als ich Dannion Brinkley kennenlernte, den Mann, der Nahtoderfahrungen gemacht hatte, nachdem er vom Blitz getroffen worden war, und der mit seinem Buch *Zurück ins Leben: Die wahre Geschichte des Mannes, der zweimal starb* zum Bestseller-Autor wurde, erzählte er mir sogar noch mehr über die Kraft des Atems: Unser Atem sei das Medium, über das wir von der geistigen Welt Führung und Anweisungen erhielten. Er verglich das Atmen damit, »zu Hause anzurufen«. Vielleicht wird deshalb in vielen spirituellen Disziplinen die Wichtigkeit des tiefen Atmens beim Gebet und bei der Meditation so sehr betont.

Der erste Schritt, den es beim bewussten Bitten um himmlische Führung zu tun gilt, besteht darin, sein Tempo ein wenig zu drosseln und einige Male durchzuatmen. Viele von uns halten die Luft an oder atmen nur flach, vor allem in angespannten Situationen. Dabei würden uns tiefe Atemzüge genau in solchen Situationen am allermeisten helfen. Je mehr Sie Hilfe brauchen, desto tiefer sollte Ihr Atem sein.

Nehmen Sie in den nächsten Stunden immer wieder nach dem Zufallsprinzip eine Bestandsaufnahme vor, wie Sie gerade atmen. Achten Sie einfach ab und zu auf die Tiefe und das Tempo Ihrer Atemzüge. Fragen Sie sich: »Halte ich die Luft an oder trinke ich geradezu die köstliche Luft?«

Nehmen Sie sich nun fest vor, sich etwas anzugewöhnen, das Ihrer Gesundheit sehr förderlich ist: tief aus Ihrem Zwerchfell (an der Basis

111

Ihrer Lunge) zu atmen. Nehmen Sie durch Ihre Nase möglichst viel Atemluft auf, ohne zu hyperventilieren. Leeren Sie dann langsam Ihre Lunge, indem Sie durch den Mund ausatmen.

Wenn Sie so weit sind, besteht der zweite Schritt darin, eine Frage zu stellen, die Sie von Gott beantwortet haben möchten. Sie können die Frage laut oder im Geist stellen oder sie handschriftlich oder per Computertastatur notieren. In späteren Kapiteln werden wir noch auf gezielte Wege eingehen, Fragen an Gott so zu formulieren, dass Sie möglichst hilfreiche Antworten erhalten. Fürs Erste sorgen Sie am besten dafür, dass Ihre Fragen vollkommen aufrichtig sind. Ansonsten stellen Sie im Geist vielleicht eine Frage, von der Sie glauben, sie sei die »richtige« Art von Frage an Gott, während Sie jedoch eine ganz andere, ehrlichere Frage in Ihrem Herzen hegen. Gott antwortet immer auf die Fragen, Bitten und Gebete, die wir in unserem Herzen tragen. Da Gott alles über uns weiß, können wir bei der Bitte um himmlische Führung sowieso völlig offen und ehrlich sein.

Schritt drei: Probieren Sie jetzt nicht, auf Biegen und Brechen eine Antwort zu bekommen. Versuchen Sie loszulassen und überlassen Sie die Arbeit Gott. Das mag jenen unter uns, die es gewohnt sind, alles selbst zu managen, erst einmal ziemlich fremd vorkommen. Vielen von uns fällt es schwer, andere um Hilfe zu bitten und von ihnen Hilfe anzunehmen – sogar von Gott selbst! Wie in Kapitel 2 angesprochen: Falls Sie im tiefsten Innern das Gefühl mit sich herumschleppen, Gottes Hilfe nicht zu verdienen oder ihrer nicht würdig zu sein, ist es recht wahrscheinlich, dass Ihnen unwohl dabei ist, um himmlische Führung zu bitten. Gott und die Engel sind problemlos imstande, uns von diesen – auf dem Ego basierenden – Ängsten zu heilen.

Ein guter vierter Schritt besteht also darin, Gott zu bitten, Sie von Ihren Ängsten vor der himmlischen Führung zu kurieren. Wenden Sie sich nach innen, nehmen Sie ein paar tiefe Atemzüge und sprechen Sie die folgende Affirmation:

Gebet zur Heilung von Ängsten

Gütiger, liebender Gott,
ich bin bereit, mich von allen Ängsten zu lösen und heilen
zu lassen – von Ängsten, die mich davon abhalten, deine
Führung, Hilfe und Liebe zu empfangen. Bitte hilf mir
bei der Heilung von Blockaden in mir, die mich hindern,
deine Freude zu erfahren. Hab Dank! Amen.

Nachdem Sie Ihre Frage gestellt und eventuelle Angstblockaden aufgelöst haben, besteht Ihr nächster Schritt darin, besonders aufmerksam auf Antworten zu achten, die sich bei Ihnen einstellen. Da Ihnen Ihre Art der himmlischen Kommunikation ja jetzt bewusst geworden ist, werden Sie nach einem geistigen Bild Ausschau halten, wenn Sie einen Hang zum Visuellen haben; Sie werden auf eine innere oder äußere Stimme lauschen, wenn Sie stärker auditiv orientiert sind; Sie werden nachspüren, ob Sie einen bestimmten Sinneseindruck haben, eine Ahnung oder auch nur eine intuitive Eingebung, wenn Sie auf Empfindungen ausgerichtet sind; und Ihnen werden plötzlich Ideen und neu gewonnene Formen des Verstehens auffallen, wenn Sie intellektuelle Neigungen haben.

In den folgenden Kapiteln soll es um spezifische Schritte gehen, um jeden der vier Kanäle himmlischer Kommunikation voll und ganz zu öffnen. Sie werden zudem erfahren, wie einige meiner Klienten Wege entdeckten, um wahre himmlische Führung von der Stimme ihres niederen Selbst zu unterscheiden.

7

Die Entscheidung für die Öffnung
der himmlischen Kommunikationskanäle

Nun, da Ihnen Ihr natürlicher Stil der Kommunikation mit dem Göttlichen bewusst geworden ist, wird es Zeit, diesen Kanal oder die Kanäle sogar noch weiter zu öffnen. Zudem können Sie sich die übrigen himmlischen Kommunikationskanäle erschließen. Es entspricht durchaus unserer Natur, in vollem Umfang hellsichtig, hellhörend, hellfühlend und hellwissend zu sein. Indem Sie die Schritte unternehmen, die in den folgenden Kapiteln beschrieben werden, können Sie alle vier Kanäle, über welche die himmlische Führung erfolgt, noch weiter öffnen. Dann wird es Ihnen nicht schwerfallen, Führung durch Gott und die Engel wahrzunehmen, zu verstehen und zu befolgen.

Der erste Schritt bei der Öffnung unserer himmlischen Kommunikationskanäle besteht darin, die Entscheidung zu treffen, dass sie offen sein sollen. Hierbei handelt es sich um einen mentalen Prozess. Er bedeutet, dass Sie gewillt sind, die Eingebungen, die Gott Ihnen schenkt, zu sehen, zu hören, zu spüren und plötzlich zu wissen. Ist diese Absicht erst einmal klar, werden Sie auch sehr bald erleben können, wie es ist, eindeutig und klar von himmlischen Mächten geführt zu werden.

Es ist deshalb so wichtig, zu dieser Entscheidung zu gelangen, weil Sie irgendwann auf Ihrem Weg entschieden haben, die Kanäle zu schließen, über die Sie himmlische Führung erfahren könnten. Wie alle Kinder kamen auch Sie mit der Fähigkeit auf die Welt, über alle vier Kanäle Informationen des Himmels zu erhalten. Der einzige Grund, weshalb wir Erwachsene keine klare himmlische Führung empfangen, liegt darin, dass wir beschlossen haben, uns von ihr abzuschneiden. Zum Glück können wir uns aber auch dafür entscheiden, unsere Verbindung mit Gott und der geistigen Welt wiederherzustellen.

Die ersten Schritte zur Kommunikation mit der geistigen Welt

1. *Vergewissern Sie sich, dass Sie wirklich himmlische Führung möchten.*
2. *Falls Sie Ängste oder Zweifel haben, bitten Sie um Unterstützung aus der geistigen Welt, um sie zu heilen.*
3. *Kommen Sie zur Ruhe.*
3. *Atmen Sie ein paarmal tief durch.*
5. *Stellen Sie die Frage, die Sie ehrlich beantwortet haben möchten.*
6. *Lassen Sie los; versuchen Sie nicht, eine Antwort (oder die Antwort, die Sie gerne hören würden) zu erzwingen.*
7. *Bringen Sie sich Ihre Form der Kommunikation mit dem Göttlichen ins Bewusstsein – Sehen, Hören, Fühlen oder Wissen – und achten Sie ganz genau auf plötzliche Bilder, Botschaften, Ahnungen oder Ideen, die sich bei Ihnen einstellen.*

In unserer Kindheit sind unsere Kanäle von Natur aus offen

Vielleicht erinnern Sie sich noch daran, wie Sie als Kind Erlebnisse von Hellsichtigkeit hatten. Viele Kinder berichten von Engeln und Geistführern, die sie sehen und die sie oder ihre Eltern »unsichtbare Freunde« nennen. So kam Dr. William MacDonald von der Ohio State University aufgrund einer 1995 durchgeführten Untersuchung zu dem Schluss, dass bei Kindern nachweislich mehr Erfahrungen mit Hellsichtigkeit auftreten als bei Erwachsenen.[11]

Wenn wir alle über eine gewisse angeborene Hellsichtigkeit verfügen, warum haben dann scheinbar so viele von uns Schwierigkeiten damit, Engel oder unsere Zukunft zu sehen? Ich habe festgestellt, dass die Blockade unserer Hellsichtigkeit von unserer Entscheidung herrührt, uns unserem spirituellen Sehvermögen zu verschließen. Hier ein Fallbeispiel aus meiner eigenen Praxis, das zeigt, wie es zu diesem Prozess kommt:

Libby

Als Libby sieben Jahre alt war, hatte sie vor ihrem geistigen Auge spontan eine Vision, bei der sie sah, dass ihre Eltern geschieden wurden: Libby sah, wie sie selbst und ihre Mutter aus ihrem bisherigen Heim in eine kleine, dunkle Wohnung umzogen. Die Vision zeigte dem Mädchen, wie sich ihr Vater von ihr und der Familie entfremdete.

Libby schüttelte daraufhin wild den Kopf und schrie nur noch: »Neeiin!« Die Vision machte ihr Angst. Als sie später wahr wurde und sich Libbys Eltern tatsächlich scheiden ließen, plagte Libby insgeheim die Sorge, dass sie das Ganze womöglich mit ihrer Vision ausgelöst hätte. Sie traf daraufhin ganz bewusst die Entscheidung, nie wieder eine Vision zu haben. Von jenem Tag an hatte Libby keine Erlebnisse in Richtung Hellsichtigkeit mehr.

Als Libby mich wegen einer spirituellen Beratung aufsuchte, war sie dreißig Jahre älter und hatte den ganzen Vorfall vergessen. Die Erinnerung tauchte erst wieder auf, als Libby mich um Hilfe dabei bat, ihre Fähigkeit der spirituellen Heilung und der Kommunikation mit der himmlischen Führung zu wecken. Ich bat Libbys Engel um Hilfe, und sie zeigten mir daraufhin die beschriebene Szene. Als sich Libby an ihr Kindheitserlebnis erinnerte, staunte sie, dass ihre Entscheidung als kleines Mädchen sie noch bis ins Erwachsenendasein hinein begleitete. Wir arbeiteten daraufhin daran, die heftigen Gefühle aufzulösen, die sich in Libby aufgestaut hatten.

Viele junge Menschen schneiden sich ganz bewusst von ihrem spirituellen Sehvermögen ab. Die Zukunft, die sie sehen, macht einigen Angst, wie es auch bei Libby der Fall war. Andere ängstigen sich, wenn sie Engel oder liebe Verstorbene sehen. Mitunter sagen auch die Eltern ihren Kindern, dass spirituelle Visionen etwas Schlechtes oder Falsches seien.

Bei mir persönlich verhielt es sich so, dass meine geliebte Mutter eine talentierte spirituelle Heilerin war, die Hellfühlen und Hellhören als Kanäle nutzte, um mit Gott in Kontakt zu treten. Da Hellsichtigkeit ein Kanal war, der bei ihr nicht offen war, sah Mom keine Geistwesen oder Engel. Als ich ihr in meiner Kindheit erzählte, dass ich überall durchsichtige Gestalten sah, bekam ich von Mom zu hören, die Geistwesen, die ich da sähe, gebe es nur in meiner Fantasie. Ich dachte mir: »Na ja, Mom hat immer recht.« Also blendete ich die Wahrnehmung, dass ich die geistige Welt sehen könne, fortan aus, bis ich als Erwachsene beschloss, mir mein spirituelles Sehvermögen wieder zu erschließen.

Um diesen Kindheitsentscheidungen entgegenzuwirken, müssen wir uns von uneingestandenen Emotionen rund um unseren ursprünglichen Entschluss, uns von unserem spirituellen Sehvermögen abzuschneiden, endlich lösen. Ich meine damit keine Katharsis etwa in dem Sinne, dass man laut herumschreien und auf Gegenstände einprügeln soll. Vielmehr bedeutet es, uns ehrlich den Gefühlen zu stellen, vor denen wir uns ursprünglich gedrückt haben.

In Libbys Fall hieß das, dass sie sich eingestehen musste, wie verängstigt und schuldig sie sich gefühlt hatte, als sich ihre Eltern scheiden ließen. Darüber hinaus musste sich Libby von ihrer Unfähigkeit lösen, ihrem Vater zu verzeihen. Nachdem sie sich ihren Gefühlen gestellt hatte, konnte Libby sie problemlos loslassen. Als sie ein reines Gewissen hatte, öffnete sich unweigerlich auch Libbys spirituelles Sehvermögen.

Marco

Ein anderer Klient, Marco, wurde als Kind ausgeschimpft, als er zutreffend den Tod seiner Tante vorhersagte. Marcos Mutter nannte das Wissen ihres Kindes »ein Werk des Teufels« und schloss ihn am Tag nach der Beerdigung der Tante in sein Zimmer ein. Am nächsten Tag stattete der Prediger aus der Kirchengemeinde von Marcos Familie dem Jungen einen Besuch ab. Der Priester ermahnte Marco, nicht mehr mit dem Teufel zu sprechen, sonst würde seine Seele für immer verloren sein.

Verwirrt und verängstigt verschwieg Marco daraufhin, was er wusste. Sooft er eine vom Himmel inspirierte Idee oder ein entsprechendes Wissen hatte, ignorierte Marco das Ganze bewusst, selbst wenn es um etwas Freudiges ging. Schließlich verlor er jedes Bewusstsein dafür, dass er überhaupt über dieses Wissen verfügte.

Als Marco später ins Erwerbsleben einstieg, erwachte in ihm sein Interesse, das Hellwissen aus seinen Kindertagen wieder zum Leben zu erwecken. Schließlich hatte sich, so Marcos Überlegung, jedes Wissen dieser Art aus seiner Kindheit als wahr und vertrauenswürdig erwiesen. Solche Erkenntnisse könnte er bei seinen geschäftlichen Meetings doch gut gebrauchen. Die religiösen Überzeugungen des erwachsenen Marco basierten nicht mehr auf Angst. Er glaubte oder fürchtete nicht mehr, dass seine Visionen Einflüsterungen des Teufels waren. »Außerdem«, bemerkte Marco mir gegenüber, »wenn es einen Teufel gibt, so werde ich es wissen, falls er jemals mit mir spricht, denn es heißt doch, dass er immer Lügen erzählt. Meine Erkenntnisse stimmten aber doch immer. Von daher können sie ja unmöglich von der dunklen Seite gekommen sein.«

Ich hatte den Verdacht, dass Marco eine Menge Verachtung für die Religion und den Prediger seiner Kindheit mit sich herumtrug und beide vehement verurteilte. Bei unseren spirituellen Beratungen bestätigte sich mein Verdacht. Als ich Marco erklärte, die Wiedererweckung seines Hellwissens setze voraus, dass er sich von allen Verurteilungen frei mache – so frei wie er es als Kind gewesen war – und er zeigte sich bereit, von seiner unversöhnlichen Haltung gegenüber seiner Kirche, seiner Mutter und dem Prediger von damals abzulassen. Innerhalb einer Woche, nachdem er seine Gedanken von vernichtenden Urteilen dieser Art gereinigt hatte, berichtete Marco schon von hilfreichen spirituellen Erkenntnissen und Ideen, die ihm gekommen waren.

Wenn wir uns im Erwachsenenalter gegenüber der himmlischen Führung verschließen

Natürlich fällt die Entscheidung, jene Kanäle stillzulegen, über welche die himmlische Führung erfolgt, nicht immer in der Kindheit.

Viele meiner Klientinnen und Klienten haben sich diesbezüglich willentlich als Erwachsene abgeschottet. Hier zwei Beispiele:

Lenore

Lenore war eine gut bezahlte Vorstandsassistentin, die fünf Managern bei einem Gesundheitsversorger zuarbeitete. Die Stelle schien alles zu bieten, was das Herz begehrte, viele Extras inbegriffen: Kranken- und Zahnversicherung, bezahlter Urlaub und eine Betriebsrente. Die Manager waren sehr flexibel, wenn Lenore sich frei nehmen musste, um ihre Kinder irgendwohin zu bringen oder sie von der Schule abzuholen. Das Problem war nur: Lenore konnte den Job nicht ausstehen.

Sie träumte davon, sich selbstständig zu machen und zu Hause zu arbeiten. Im Lauf der Jahre hatte sie einen Geschäftsplan entwickelt, sich tüchtige Ersparnisse zugelegt und offenbar solide Ideen für die Bearbeitung ihres Marktes entwickelt. Und dennoch hatte sie so große Angst davor, ihren sicheren Gehaltsscheck gegen die Unwägbarkeiten einer selbstständigen Tätigkeit einzutauschen, dass es sie buchstäblich lähmte.

Lenore suchte mich auf, weil sie meine Hilfe wollte. Sie wollte wissen, was ihre Engel zu den Erfolgsaussichten ihrer Geschäftsidee zu sagen hatten. Als ich Lenore während der Sitzung positive Kommentare von ihren Engeln übermittelte, nickte sie zustimmend. Die Engel ließen keinen Zweifel daran, dass sie, ihre Kunden und ihre Kinder davon profitieren würden, wenn sie diese neue Firma gründete. Lenore nickte erneut. Sie hatte gewusst, dass die Engel mir das sagen würden.

Und dennoch war sie nicht so weit, den Sprung zu wagen. Im weiteren Gespräch mit Lenore stieß ich auf einen der Gründe für ihre Ängste: Lenore hatte bisher bei allen wesentlichen Entscheidungen in ihrem Leben die Möglichkeit gehabt, die einzelnen Optionen erst einmal durchzuspielen und innerlich »auszuprobieren«, wie sie sich anfühlten. Sie bekam dann immer ein klares Gespür dafür, wie die jeweilige Entscheidung wohl ausginge, und konnte sich für das entscheiden, was sich am besten anfühlte.

»Aber diesmal habe ich dabei gar kein Gefühl«, klagte sie mir gegenüber. Lenore hatte eigentlich schon die letzten fünf oder sechs Jahre keine Ahnungen dieser Art mehr gehabt. Ich fragte sie, ob sie es für einen Zufall hielte, dass das genau dem Zeitraum entsprach, währenddessen sie diese Stelle innegehabt hatte.

Wir fanden heraus, dass es ein Schutzmechanismus gewesen war, der Lenore dazu gebracht hatte, ihr Hellfühlen abzustellen. Da sie sich der Tatsache, dass sie die Stelle verzweifelt aufgeben wollte, nicht stellen mochte, war es für sie leichter, sich überhaupt nicht mehr mit ihren Empfindungen zu konfrontieren. Unbewusst hatte sie sich dazu gebracht, sich hellfühlend Wahrgenommenem zu verschließen, damit sie sich weiterhin im Hinblick auf Ihre unglücklichen Gefühle etwas vormachen konnte.

Den Kanal zu ihrer himmlischen Führung wieder zu öffnen, verlangte Mut. Instinktiv wusste sie: Wenn sie sich eingestehen würde, wie weit ihre Unzufriedenheit mit dem Job ging, liefe es auf eine Kündigung hinaus. Lenore musste bereit sein, sich diesen Umständen zu stellen, bevor sie bereit war, ihre Fähigkeit des Hellfühlens wiederzuerwecken. Als sie hierzu erneut in der Lage war und die Angst vor dem Kontrollverlust abgelegt hatte, traten Lenores spirituelle Gefühle fast sofort wieder zutage.

Eine andere Klientin von mir, Catherine, schaltete ihr spirituelles Gehör ab, damit sie weiter Tätigkeiten nachgehen konnte, die sie ethisch fragwürdig und ungesund fand:

Catherine

Als Catherine ihrem Chiropraktiker Dr. Ron nach einem Autounfall erstmals begegnete, fand sie ihn spontan außerordentlich attraktiv. Bei ihren zweimal wöchentlich stattfindenden Behandlungen fühlte sie sich immer mehr zu ihm hingezogen. Vielleicht war es seine sanfte Berührung, die Art, wie er sie von ihren Rückenschmerzen entlastete, vielleicht war es auch die Freundlichkeit in seinen Augen. Von Termin zu Termin verwandte Dr. Ron mehr Zeit darauf, sich mit ihr zu unterhalten. Bald besprach er schon seine Eheprobleme mit ihr.

Bislang hatte Catherine um verheiratete Männer einen großen Bogen gemacht. Schließlich war ihre eigene Ehe durch eine Affäre ihres Mannes in die Brüche gegangen. Das könnte Catherine einer anderen Frau doch nicht antun! Es kämpfte in ihr. Einerseits fühlte sie sich wie ein schwer verliebter Teenager, der jedem Termin bei Dr. Ron freudig entgegenfieberte. Andererseits weigerte sich Catherine, der Tatsache ins Gesicht zu sehen, dass Dr. Ron und sie auf dem besten Weg waren, in eine Affäre hineinzuschlittern.

Als Catherine während dieser Zeit einen Termin bei mir hatte, wollte sie eigentlich spirituelle Beratung zu einigen geschäftlichen Dingen. Catherine kam schon seit mehreren Monaten zu mir, und ich hatte sie als hochgradig spirituell und als einen Menschen kennengelernt, der eine tiefe Verbindung zu seiner himmlischen Führung hatte. Bei dieser Sitzung jedoch waren Catherines spirituelle Verbindungskanäle offenbar versperrt. Als ich Catherine bat, mir zu sagen, welche göttlichen Eingebungen sie im Hinblick auf ihre Geschäfte bekommen hatte, berichtete sie, wie frustrierend wenig sich da gerührt habe.

Die Engel gaben mir den kleinen Tipp, Catherine doch einmal nach ihren Behandlungen beim Chiropraktiker zu fragen. Ich wusste zwar nicht, warum ich in die Richtung gelenkt wurde, aber ich vertraute den Engeln und fand bald heraus, dass das Thema durchaus eine Menge mit Catherines Blockade zu tun hatte, wenn es darum ging, über ihre Geschäfte zu reden.

Da ich durch meinen bisherigen Umgang mit Catherine bereits herausgefunden hatte, dass sie vor allem hellhörend war, fragte ich sie: »Welche Eingebung haben Sie beim Chiropraktiker gehört, die Ihnen nicht gefiel und die dann bewirkte, dass Sie dicht machten?«

Catherine schnappte entgeistert nach Luft. Dann ein Seufzer, und einige Minuten später erzählte sie mir, dass sie ganz klar die Warnung gehört habe, eine Liebesaffäre mit diesem verheirateten Mann wäre mit emotionalem Schmerz verbunden. Unbewusst hatte sie dafür gesorgt, dass diese Worte aus ihrem Bewusstsein gelöscht wurden. Auf diese Weise konnte sie sich vormachen, nichts davon zu wissen, während sie immer weiter in die Affäre hineingeriet. Wenn sie sich von ihrer Fähigkeit des Hellhörens abschnitt, würde sie taub sein für die Wahrheit, die sie ihr offenbarte.

Indem sie sich ihren wesentlichen Kommunikationskanal mit der geistigen Welt in einem bestimmten Lebensbereich verschloss, schloss sie diesen Kanal auch für alles andere. Während dieser Zeit war sie geschäftlich zunehmend erfolgreich und insofern sehr auf ihre himmlische Führung angewiesen. Also beschloss Catherine, sich mit ihren zwiespältigen Gefühlen für Dr. Ron auseinanderzusetzen. Nachdem sie ihre Empfindungen in unserer Sitzung verarbeitet hatte, beschloss Catherine aus eigenen Stücken, mit den chiropraktischen Behandlungen aufzuhören. »Ich will wieder in der Lage sein, die Wahrheit zu hören!«, sagte sie während unserer Sitzung zu Gott und ihren Engeln. Als ich im folgenden Monat noch einmal mit Catherine sprach, konnte sie berichten, dass ihr Gehör für die geistige Welt vollkommen wiederhergestellt worden war.

Ich hoffe, dass niemand aus Catherines Geschichte folgert, sie sei bestraft worden oder die Fähigkeit des Hellhörens sei ihr aus moralischen Gründen vorübergehend entzogen worden. Catherine hatte diese Fähigkeit einfach abgestellt, da sie sich nicht der Wahrheit stellen wollte, dass sie gegen ihre eigenen Prinzipien verstieß. Auf diese Weise konnte sie immer näher auf die Flamme einer Affäre zusteuern, ohne Verantwortung für ihre Handlungen zu übernehmen. Sie verleugnete sich selbst wirkungsvoll, indem sie das Gehörte verdrängte.

Wie sich unsere himmlischen Kommunikationskanäle wieder öffnen lassen

Viele von uns haben bewusst oder unbewusst die Kommunikationskanäle blockiert, über die ansonsten ihre himmlische Führung stattfindet. Da wir alle im gleichen Maße fähig sind, himmlische Führung wahrzunehmen und zu verstehen, können Sie selbst ermitteln, ob Sie Ihre eigenen Kanäle blockiert haben. Stellen Sie sich hierzu folgende Fragen:

1. *Habe ich als Kind ...*
• *Engel, Geistwesen oder Visionen vor mir gesehen?*

- *die liebevolle Stimme Gottes oder jene von spirituellen Weggefährten gehört?*
- *ein Gespür dafür gehabt, wenn etwas nicht stimmte oder wenn etwas Wunderbares bevorstand?*
- *Dinge gewusst, die scheinbar nur Erwachsene wissen können?*

2. *Falls ja, und falls ich diese Formen von himmlischer Führung nicht mehr erhalte: Wann habe ich mich ihnen versperrt?*
3. *Welcher Vorfall oder welche Vorfälle gab es ungefähr zu der Zeit, in der die himmlische Führung plötzlich nicht mehr bei mir ankam?*
4. *Verspüre ich heute den Wunsch, in vollem Umfang mit der himmlischen Führung zu kommunizieren, selbst wenn ich mich nicht erinnern kann, es in der Vergangenheit je erlebt zu haben?*
5. *Bin ich bereit, die Blockaden aufzulösen, die meine Kommunikation mit der himmlischen Führung verhindern?*

Die Fragen 1 bis 3 werden helfen, Erinnerungen an Fälle zu mobilisieren, in denen die himmlische Führung ganz natürlich für Sie verfügbar war. Wenn Sie auf die Fragen 4 und 5 mit Ja geantwortet haben, haben Sie die Motivation, Ihre latenten spirituellen Kommunikationsfähigkeiten zu neuem Leben zu erwecken. Das Verlangen nach himmlischer Führung ist der maßgebliche Faktor, um sicherzustellen, dass Sie diese Führung auch erhalten. Wenn Sie jedoch unsicher sind, ob Sie Engel, Geistwesen oder die Wahrheit über Ihr gegenwärtiges Leben oder die Zukunft sehen, hören, fühlen oder erkennen wollen, werden Ihre Kommunikationskanäle mit der geistigen Welt weiter schlummern. Es liegt ganz an Ihnen.

Es kann hilfreich sein, spirituelle Kommunikation »wollen zu wollen«. Marty, ein Teilnehmer einer meiner spirituellen Workshops, war nicht sicher, ob er wirklich gut damit fertig werden würde, Engel zu sehen. Sie erinnerten ihn an Gespenster und anderen Spuk. Und doch verspürte Marty wirklich den Wunsch nach spirituellen Visionen. Schließlich hörte er von den anderen im Kurs ständig die Ohs und Ahs, wenn von den überwältigend schönen Engeln die Rede war, die sie sahen.

Wir begannen an Martys sehnsüchtigem Wunsch zu arbeiten, spirituelle Visionen zu wollen. Mehr brauchte er gar nicht, da seine Bereitschaft zur Offenheit dazu führte, dass er voll und ganz von der Angst geheilt wurde, er könne Engel sehen. »Alle Engel und Geistwesen sind ja eins mit Gott und mit mir«, erkannte Marty. Er tat einen tiefen Atemzug und strahlte übers ganze Gesicht. Mit einem Mal war ihm klar, dass er Engel als etwas gesehen hatte, das getrennt von ihm selbst und von Gott war.

Durch seine Beschäftigung mit spirituellen Fragen wusste Marty: Immer wenn wir jemanden als ein von uns getrenntes Wesen sehen, und sei es ein Engel, lassen wir uns zwangsläufig von der Angst einwickeln. Als Marty seine Wahrnehmung veränderte, verlor er seine Angst davor, Engel zu sehen, und bald stimmte er mit den anderen Teilnehmern im Chor darin ein, sich an den wunderschönen Lichtwesen zu erfreuen, die unseren Seminarraum umringten.

Wie diese Geschichten zeigen, haben wir voll und ganz die Kontrolle darüber, ob wir unsere himmlische Führung bemerken oder nicht. Gott und die Engel sprechen zwar den ganzen Tag über immer wieder mit uns, aber sie zwingen uns nie, sie wahrzunehmen oder uns nach ihren Eingebungen zu richten. Wir sind in der Lage, die himmlische Führung so leicht an- und abzustellen wie einen Lichtschalter.

Genauso wie dem Betätigen des Lichtschalters die Entscheidung vorausgehen muss, uns zu ihm zu begeben und ihn zu drücken, müssen wir wirklich die Initiative ergreifen, um unsere himmlische Führung wahrzunehmen. Es muss eine klare Entscheidung sein, kein Wischiwaschi – wir müssen die himmlische Führung *unbedingt wollen.*

Das bedeutet, voll und ganz offen zu sein für das, was wir vielleicht sehen, hören, fühlen oder plötzlich wissen könnten; gewillt zu sein, uns unseren Ängsten zu stellen; bereit zu sein, zu vertrauen, dass es eine höhere Macht im Universum gibt, die mehr weiß als wir. Und das bedeutet auch, offen zu sein für die Freude, Sicherheit und Harmonie, die damit verbunden ist, sich nach den Eingebungen der himmlischen Führung zu richten.

Verspüren Sie noch immer Widerstände dagegen, die himmlische Führung anzunehmen, obwohl da etwas ist, das Sie antreibt, diese

Führung von oben zu empfangen, dann sollten Sie bitte wissen, dass das eine ganz normale Reaktion ist. Sich für die himmlische Führung zu öffnen, erfordert Zeit, Übung und eine gewisse Anpassungsperiode – wie die Veränderung jeder anderen Gewohnheit im Rahmen Ihres Lebensstils. Bitte werten Sie sich also nicht ab, falls Sie das Gefühl haben, hin- und hergerissen zu sein bei der Frage, ob Sie Ihre Kommunikationskanäle für das Göttliche öffnen wollen oder nicht.

Fühlen Sie sich jedoch dazu hingezogen, sich weiter mit den Informationen über himmlische Führung auseinanderzusetzen, ist das ein Zeichen dafür, dass Ihr wahres Selbst nach der Wiederherstellung Ihrer Verbindung mit Gott und den Engeln hungert. Folgen Sie diesem Hunger; er wird Sie nach Hause führen.

Chakren und unsere spirituellen Sinnesorgane

Die Fenster, durch die wir die himmlische Führung in unser Bewusstsein hineinlassen, öffnen und schließen sich je nach unserer Entscheidung. Wir bezeichnen diese Fenster als »Chakren«, und in den folgenden Kapiteln werden wir uns mit Übungen befassen, wie wir sie reinigen und öffnen können.

Zu jedem unserer körperlichen Sinnesorgane existiert ein spirituelles Pendant. Genauso wie Sie die materielle Welt sehen, hören, berühren, schmecken und riechen können, können Sie auch die geistige Welt sehen, hören, berühren, schmecken und riechen. Die spirituellen Sinne vermitteln Ihnen Erkenntnisse und Führung zur materiellen Welt. Ihre spirituellen und körperlichen Sinne stimmen sich wunderbar aufeinander ab.

Schon vom Säuglingsalter an bringen wir in Erfahrung, was es mit unseren physischen Sinnen auf sich hat. Man sagt uns: »Das sind deine Augen, damit kannst du sehen. Das sind deine Ohren ...«, und so weiter. Was man uns im westlichen Kulturkreis gewöhnlich nicht beibringt, das ist der Ursprung und der Gebrauch unseres geistigen Auges, unserer inneren Ohren sowie unserer sonstigen spirituellen Sinne. Kein Wunder also, dass sie schlummern und oft missverstanden werden.

Die spirituellen Sinne bilden unser unmittelbares Band zum himmlischen und allmächtigen Geist Gottes. Die Energie Gottes ist dieselbe Energie innerhalb unserer spirituellen Sinne. Und ganz genauso wie wir unsere physischen Augen dazu einsetzen, physisch sehen zu können, so setzen wir unser geistiges Auge dazu ein, spirituell zu sehen. Wir nennen dieses spirituelle Auge auch das »dritte Auge« oder »Stirnchakra«. Zudem verfügen wir über Chakren am linken und rechten Ohr, die beim Hellhören aktiv sind, ein Herzchakra, das für das Hellfühlen entscheidend ist, und ein Kronenchakra, welches das Hellwissen steuert.

Das Wort »Chakra« stammt aus dem Sanskrit, der Sprache des alten Indien, und bedeutet »Rad«. Wir verfügen über Dutzende von Chakren in uns und um uns herum. Sie sehen aus wie sich drehende Räder und erinnern mich an wirbelnde Ventilatoren, deren Rotorblätter einander überlappen.

Jedes Chakra hat eine bestimmte Funktion bei der energetischen Regulierung. Jeder Ihrer spirituellen Sinne ist mit entsprechenden Chakren verbunden. Die Chakren leuchten in verschiedenen Farben, je nach der Geschwindigkeit, mit der sie sich drehen. Die sich schnell drehenden Chakren haben kühle Farben: Blau-, Grün- und Violetttöne. Die langsameren Chakren zeichnen sich durch warme Farben aus: Rot, Orange und Gelb.

Gereinigte Chakren leuchten in reinen und strahlenden Farben, werden aber gedämpft und schlammig, wenn wir verdüsternde Gedanken wie etwa solche des Ärgers, der Wut oder der Angst in uns tragen. Deshalb gehört zu einer Wiedererweckung Ihrer spirituellen Kommunikationskanäle in der Regel eine Reinigung der Chakren. Sie können Ihre Chakren auf viele verschiedene Weisen klären. In meinen Workshops leite ich Gruppenmeditationen, um Rückstände aus Chakren zu beseitigen. Im Buchhandel sind entsprechende CDs erhältlich.[12] In einigen späteren Kapiteln dieses Buches werden Sie auch etwas über wirkungsvolle Verfahren lesen, die ich und meine Studierenden benutzt haben, um die Chakren zu öffnen, damit unsere himmlischen Eingebungen laut und deutlich vernehmbar sind.

126

Ein Tagebuch für himmlische Eingebungen

Wenn Sie dieses Buch lesen, wird es Sie anregen, verstärkt Visionen, Töne, Gefühle und Gedanken wahrzunehmen, aus denen himmlische Führung spricht. Ich empfehle, ein Tagebuch über himmlische Eingebungen zu führen, in dem Sie sämtliche Vorkommnisse dieser Art aufzeichnen. Sie können ein beliebiges Blanko-Notizbuch verwenden, um Tag für Tag Einträge zu dem Erlebten zu machen, unter anderem zu himmlischen Eingebungen.

Der Wert dieses Tagebuchs besteht darin, Ihr Zutrauen in die korrekte Wahrnehmung Ihrer himmlischen Führung auszubauen. Wenn Sie merken, dass Sie ein zukünftiges Ereignis korrekt vorhergesehen haben, erhöht dies – da Sie es sich in Ihrem Tagebuch notiert haben – die Wahrscheinlichkeit, dass Sie Ihre himmlische Führung wahrnehmen und sich nach ihr richten.

Die meisten Menschen stellen auch fest, dass die Zahl ihrer spirituellen oder mystischen Erfahrungen dramatisch steigt, wenn Sie ein Tagebuch über Eingebungen von oben führen. Es ist, als würden Sie weitere solcher Gelegenheiten schaffen, indem Sie dem Prozess mehr Beachtung schenken.

Stellen Sie sicher, dass Sie in Ihrem Tagebuch himmlischer Eingebungen Erfahrungen der folgenden Art verzeichnen:

- *Vorahnungen:* Sooft Sie eine Vision haben, etwas hören, fühlen oder denken, das sich auf die Zukunft bezieht, machen Sie sich Notizen in Ihrem Tagebuch. Schreiben Sie später auf, inwiefern sich die Vorahnung für Sie später manifestiert hat. Auf diese Weise finden Sie Zutrauen zu Ihren Visionen und lernen, Ihre persönliche visuelle Symbolik zu entschlüsseln. Zu den Vorahnungen gehört auch, im Vorfeld zu wissen, wer am Telefon ist, bevor Sie den Hörer abnehmen, oder an jemanden zu denken und noch am selben Tag von genau dieser Person zu hören.

- *Synchronizitäten:* Wenn Dinge »zufällig« aufeinandertreffen, ist das ein Zeichen dafür, dass der Himmel mit uns zu kommunizieren versucht. Notieren Sie alle Ereignisse, die unter diese Rubrik fallen, in Ihrem Tagebuch.

- *Lebhafte Träume:* Einige Träume sind so eindrucksvoll, das sie uns den ganzen Tag durch den Kopf gehen. Oft handelt es sich dabei um Träume, die von den himmlischen Kräften gelenkt sind. Wenn Sie den Traum in Ihrem Tagebuch notieren, werden Sie wahrscheinlich später herausfinden, dass er absolut sinnvoll war. Oft werden Sie feststellen, dass der Traum Sie vor etwas warnte oder die Zukunft vorhersagte.

- *Antworten und Informationen:* Wenn Sie etwas verlieren und Gott um Hilfe bitten, es wiederzufinden, schreiben Sie diese Erfahrung in Ihrem Tagebuch auf. Stöbern Sie den Gegenstand dann später wieder auf, achten Sie auf die Ähnlichkeiten zwischen dem Ort, an dem das Objekt tatsächlich gefunden wurde, und den Eindrücken, die sich durch die himmlische Führung eingestellt haben. Führen Sie Buch über himmlische Informationen, die sich bei Ihnen spontan auf die Fragen an Gott und die Engel einstellen.

- *Mystische Erlebnisse:* Hierzu gehören Wunderheilungen; einen Engel oder einen lieben Verstorbenen zu hören; mitzubekommen, wie sich ein Gegenstand von selbst bewegt (etwa ein Buch, das genau in dem Moment aus dem Regal fällt, wo Sie dort vorbeigehen); oder zu erkennen, wie sich etwas spontan materialisiert.

8

Hellsichtigkeit –
innere Führung durch Bilder

Mittlerweile haben Sie ein klareres Verständnis Ihres persönlichen Kommunikationsstils mit der himmlischen Führung gewonnen, und wahrscheinlich sind Sie zu dem Entschluss gekommen, dass Sie so weit sind, klar himmlische Führung zu empfangen.

In diesem und den beiden folgenden Kapiteln werden wir uns eingehender mit der ersten Form von himmlischer Führung befassen: dem Hellsehen. Wenn Sie wissen, dass Sie primär visuell orientiert sind oder ein Stück weit visuell, erfahren Sie hier, wie Sie die Bilder in Ihrem Kopf zunehmend besser wahrnehmen. Falls Sie gerne visueller werden möchten, finden Sie in diesen Kapiteln die Erklärung, wie Sie diesen Kommunikationskanal wecken können. Zudem werden Sie lernen, buntere, größere und klarere mentale Bilder zu empfangen.

Mit einem klaren spirituellen Sehvermögen können Sie problemlos Informationen zu jeder Frage ermitteln, die für Sie wichtig ist. Sie können die Zukunft Ihrer Beziehungen und Ihres beruflichen Werdegangs vor sich sehen. Sie können vor dem Antritt einer Reise die Straßen- und Witterungsverhältnisse sehen. Sie können auch Ihren göttlichen Lebenssinn sehen sowie die Schritte, die Sie unternehmen können, um diesen zu erfüllen. Die Vorzüge eines geöffneten Potenzials an Hellsicht sind zahllos.

Bitte lassen Sie sich von dem Wort »Hellsichtigkeit« in keiner Weise einschüchtern oder ängstigen. Mir ist klar, dass der Begriff Bilder von einer Frau mit klirrenden Creolen wachruft, die in eine Kristallkugel starrt. In eine Kristallkugel starren ist gewiss auch eine Form der Hellsichtigkeit. Und dennoch gibt es viele weitere Formen von Hellsicht, die Sie wahrscheinlich schon erfahren haben, darunter

Träume, mentale Bilder und Filme, Farben oder Auren, Engelslicht, Visionen und Symbole.

Träume

Meine Mutter hatte einen lebhaften Traum, in dem sie Geige spielte. In Wirklichkeit hatte sie seit rund fünfzehn Jahren keine Violine angerührt, und als sie das Instrument zum letzten Mal anschaute, waren die Saiten gerissen und der Bogen reparaturbedürftig. In ihrem Traum waren Geige und Bogen perfekt in Ordnung und sie spielte mühelos Melodien, die das Herz erfreuten.

Nach dem Aufwachen begab sie sich auf den Dachboden und öffnete ihren verstaubten Geigenkasten. Da lagen sie – Geige und Geigenbogen – in perfektem Zustand, obwohl sie hätte schwören können, dass die Saiten beim letzten Nachsehen ein wirres Knäuel gewesen waren! Mom nahm dies als Eingebung ihrer himmlischen Führung, die besagte, dass es ihr guttun würde, erneut mit dem Musizieren zu beginnen. Sofort nahm sie sich fest vor, wieder regelmäßig Geige zu spielen. Sie ist glücklich über das Resultat, das aus dem Befolgen der himmlischen Eingebung entstand: Es bereitet ihr großes Vergnügen, im Orchester ihrer Gemeinde mitzuwirken und schöne Musik zu spielen.

Mentale Schnappschüsse

Vor etlichen Jahren hatte ich vor dem Schlafengehen ein Gebet gesprochen. Mehrere Firmen, die mir Geld schuldeten, waren nämlich ziemlich dubios. Ich hatte Gott gebeten, mir bei der Lösung des Problems zu helfen und mich dabei zu unterstützen, den Schuldnern zu verzeihen. Ich bat ihn um Führung, wie ich an das Geld herankäme.

Am anderen Morgen blitzte beim Aufwachen plötzlich ganz klar ein Bild vor meinem geistigen Auge auf: Es handelte sich um einen großen hellblauen Scheck, auf dem mit Schreibmaschine getippt mein Name stand. Am anderen Tag lag der hellblaue Scheck in meiner Post – genau so, wie mein mentaler Schnappschuss ihn gezeigt hatte.

130

Mentale Filme

Als meine Freundin Robin ihr erstes Buch herausbrachte, sah sie im Geist einen Film vor sich ablaufen, wie sie in einer wichtigen nationalen Talkshow auftrat. Es sei keine bewusste Visualisierung gewesen, um ein Ziel zu manifestieren. Bei diesem spontanen mentalen Film hatte sie das Gefühl, sich in einem extrem realistischen Traum zu befinden. Sie sah sich in einem zartgelben Kostüm, wie sie lächelnd kurze und präzise Antworten auf die Fragen des Moderators gab. Obwohl Robins Verlag noch gar nicht mit der Werbung für ihr Buch angefangen hatte, war sie sicher, dass sie bei dieser Fernsehsendung auftreten würde. Also erstand sie schon im Vorfeld ein besonders bedachtsam ausgewähltes zartgelbes Kostüm, das sie bei der Sendung tragen würde. Acht Monate später trug Robin ihr neues Kostüm dann auch tatsächlich zu diesem Anlass, genau so, wie sie es in dem mentalen Film gesehen hatte.

Farben oder Auren sehen

Alain, aufgewachsen in Montreal, erinnerte sich, dass er schon als kleiner Junge Farben um Menschen herum sah. Intuitiv wusste er, dass klare, leuchtende Farben Gesundheit signalisierten, während gedämpfte, dunkle Farben bedeuteten, dass sich jemand in einem Übergangsstadium oder in einer Krise befand. Zuerst nahm Alain an, dass jeder das Aurafeld sehen könne. Erst als er es einmal beiläufig gegenüber seiner Mutter und seinem besten Freund erwähnte, wurde Alain klar, dass andere nicht hellsichtig waren.

Heute, als Erwachsener, benutzt Alain seine Fähigkeit, die Aura anderer zu sehen, um etwas über die Integrität und den Charakter seiner Geschäftskunden zu erfahren. Immer wenn er Rot, Schwarz oder ein kränkliches Grün um einen Kunden herum sieht, weiß er, dass er sich vor dessen cholerischem Temperament, Drogen- und Medikamentenmissbrauch oder Arglist in Acht nehmen muss.

Engelslicht

Als Robert zum ersten Mal einen großen weißen Lichtblitz vor Augen hatte, dachte er, er habe Halluzinationen. Hatte jemand gerade ein Blitzlichtfoto gemacht? War draußen gerade ein Gewitter? War eine Glühbirne durchgebrannt? In der Nähe gab es keine Lichter, also tat er das Ganze als Hirngespinst ab. Als er zwei Monate später erneut weiße Lichter sah, verwirrten sie Robert nur noch mehr. Dieses Mal waren die Lichter gedämpfter. Sie erinnerten ihn an die Wunderkerzen, die er als kleiner Junge immer am 4. Juli, dem Unabhängigkeitstag in Amerika, in der Hand gehalten hatte. Als ich Robert erklärte, dass diese Lichter ganz normale visuelle Signale für die Gegenwart von Engeln sind, war er erleichtert. »Ich dachte schon, ich werde verrückt!«, gestand er mir.

Engelslichter stellen sich in verschiedenen Variationen ein: als große, helle Lichtblitze; als sanfte, glimmende Spur wie von Wunderkerzen und als winzige Blitze aus weißem Licht. Gewöhnlich sind die Lichter weiß, grün oder blau. Weiße Lichter gehen auf Engel zurück, farbige auf Erzengel. Erzengel Michael hat zum Beispiel einen bläulich-violetten Schein, Raphael gibt ein smaragdgrünes Licht ab, Gabriel hat einen kupferfarbenen Schein und Uriel lässt ein sehr blasses Gelb in Erscheinung treten.

Engelslichter sind eine Form göttlicher Führung, die uns versichert, dass wir nicht allein sind, sondern von liebevollen Engeln umgeben. Der Friede, der aus dieser Erkenntnis resultiert, hilft uns dabei, noch offener dafür zu sein, himmlische Führung zu empfangen.

Visionen aus dem Augenwinkel

Solange sich Janie erinnern kann, fallen ihr unentwegt Personen auf, die am Rande ihres Gesichtsfelds stehen oder sich dort bewegen. Dreht sie dann den Kopf, um dorthin zu blicken, verschwinden die Gestalten einfach. »Neulich zogen mein Mann und ich in das Haus seiner Mutter ein. Sie war letzten April gestorben. Ich schwöre, dass ich sie fast jeden Tag aus dem Augenwinkel heraus sehe«, erzählte mir Janie. Sie erklärte, dass ihre Schwiegermutter zu ihren Lebzeiten ein wunderbar liebenswürdiger Mensch gewesen sei. »Ich habe das Gefühl, dass sie als Engel unter uns lebt, also macht es mir gar keine Angst, wenn ich meine Schwiegermama sehe«, fügte Janie hinzu. »Ich finde es sogar tröstlich, dass sie über uns und ihr Heim wacht.«

Sichtbare Zeichen des Himmels

Rachel war nach dem unerwarteten Tod ihrer Mutter am Boden zerstört. Sie fühlte sich alleingelassen und einsam, und es brach ihr das Herz. »Wie konnte Gott das zulassen?«, dachte sie bei sich voller Wut. Schließlich hatte ihre Mutter doch alles richtig gemacht. Sie hatte sich ehrenamtlich für andere eingesetzt, war jede Woche in die Kirche gegangen und hatte für alle ein gütiges Wort. Jetzt war sie fort. Das Leben schien so bedeutungslos. In den nachfolgenden Wochen spürte Rachel, wie ihr Glaube an das Erbarmen Gottes schwand. Und doch war sie nicht so weit, Atheistin oder Agnostikerin zu werden. In ihrer Verzweiflung bat Rachel Gott um ein Zeichen. »Lass mich einfach erfahren, dass du mich hörst und dass du hier bist«, betete sie.

Noch im selben Moment sah Rachel einen wunderschönen Falken auf ihrem Fenstersims landen. Sein Gefieder schimmerte im Sonnenlicht, und Rachel bebte, während ihr ein starker Kälteschauer eine Gänsehaut verursachte. Dann jedoch kam sie zu dem Entschluss: »Das war zu einfach. Der Vogel ist natürlich kein Zeichen.« Mit diesem Gedanken brach sie zu einem Spaziergang auf.

Zweimal jedoch, so hätte Rachel schwören können, entdeckte sie den Falken hinter sich, der ihr folgte. Als sie ihn zum dritten Mal erblickte, saß er auf einem Ast und schaute sie – da war sich Rachel sicher – unverwandt an. Als sie nach Hause zurückkehrte und eine große braune Schwanzfeder auf ihrem Fußabtreter vorfand, war Rachel überzeugt: Der Vogel war ihr Zeichen des Himmels, das anzeigte, dass Gott über sie wachte und sie liebte. Mit dieser Bestätigung fühlte sich Rachel in der Lage, ihr Herz von Kummer und mangelndem Vertrauen auf die Liebe Gottes zu heilen.

Da Rachel visuell orientiert ist, war es nur natürlich, dass sie die Zusicherung von Gottes Liebe in Form eines Vogels und einer Feder erhielt. Tatsache ist, dass Vögel und Federn häufig als visuelle Bestätigung himmlischer Führung dienen.

Symbole

Als ich mit meiner neuen Klientin Trisha arbeitete, sah ich vor meinem geistigen Auge eine Schwesternhaube über ihrem Kopf. »Sie arbeiten im Heilbereich, oder?«, fragte ich. Es überraschte mich nicht, als Trisha bejahte. Ich konnte immer wieder feststellen, dass die himmlische Führung mir bei meinen Klienten hilft, indem sie mir symbolische Bilder zeigt. Wenn ich mit Klientinnen und Klienten arbeite, die im Gesundheitswesen tätig sind, also mit Krankenschwestern, Pflegern, ärztlichem und therapeutischem Personal oder mit Medizinstudenten, sehe ich normalerweise immer diese Schwesternhaube. Ich weiß, dass sie symbolisch zu verstehen ist, da nicht alle Klienten dieser Art Krankenschwestern sind – abgesehen davon, dass Krankenschwestern heutzutage gar keine Haube mehr tragen.

Gängige sichtbare Symbole
und ihre übliche Bedeutung

Visuelle Symbole sind eine Sprache für sich, und genau wie Traumsymbole haben sie viele Bedeutungen. Oft sind sie zutiefst persönlicher Natur. Tatsache ist, dass sie womöglich nur für Sie etwas bedeuten, wie eine Geheimsprache zwischen Ihnen und Ihren Engeln. Manchmal jedoch verstehen wir vielleicht nicht die symbolische Bedeutung einer mentalen Vision. Wenn Sie ein Bild sehen, dessen Bedeutung Sie nicht durchschauen, bitten Sie Ihre Engel um Hilfe. Sagen Sie: »Bitte helft mir doch, den Sinn zu verstehen«, und sie werden Ihnen mit Freuden die benötigten Informationen geben. Gott und die Engel wollen auf jeden Fall, dass wir unsere himmlische Führung verstehen. Wenn wir ihnen Rückmeldungen geben wie: »Ich verstehe nicht ganz, was ihr meint«, können sie uns besser helfen, ihre himmlischen Mitteilungen zu verstehen.

Obwohl jedes Symbol hochgradig persönlich ist, gibt es unter den hellsichtig erkannten Symbolen einige universelle Themen. Im Folgenden finden Sie eine Auflistung symbolisch zu verstehender mentaler Bilder, die Sie mit einiger Wahrscheinlichkeit sehen werden. Ich gebe ihre gängige Bedeutung an:

Auto	*Kauf eines neuen Autos oder Mahnung zur Vorsicht beim Autofahren*
Baby	*Schwangerschaft; genehmigte Adoption; positive neue Situation zeichnet sich am Horizont ab*
Buch	*Hinweis der himmlischen Führung, ein bestimmtes Buch zu lesen*
Daumen hoch	*Signal zum Loslegen*
Engel (um eine Person)	*Diese Person ruft aktiv Engel an, ihr zur Seite zu stehen*
Essen, ein Teller oder eine Schale voll	*Himmlische Anweisung, nicht zu viel zu essen*
Feuer	*Nicht zum Ausdruck gebrachte Wut oder Ärger*
Flugzeug	*Eine Reise ist geplant (in der Regel eine weite Reise)*
Geburtstagskuchen mit vielen brennenden Kerzen	*Ein wichtiger Geburtstag steht bevor*
Gemüse	*Himmlische Anweisung, mehr Gemüse zu essen*
Gewässer	*Sich selbst kennenlernen; das Unbewusste; ehrlich zu sein gegenüber sich selbst*

Großstadt-Skyline	*Person wird geschäftlich/beruflich eine neue Tätigkeit in einer Großstadt aufnehmen oder dorthin ziehen (versuchen Sie, die Skyline in Ihrer Vision zu identifizieren, oder bitten Sie Ihre Engel um zusätzliche Informationen, die sich eventuell durch die sonstigen Kanäle einstellen, über die für Sie die Kommunikation mit oben erfolgt)*
Kaffee	*Himmlische Anweisung, den Koffeinkonsum einzuschränken*
Kerze, kurz und brennend	*Sich übernehmen; Ruhebedürftigkeit*
Maria, die Muttergottes (hinter jemandem stehend)	*Diese Person liebt Kinder oder geht besonders geschickt mit ihnen um*
Naturszenen (etwa eine Blumenwiese, Bäume oder ein Laubdach)	*Göttliche Eingebung, öfter in die Natur hinauszugehen; bevorstehende glückliche, sorgenfreie Zeiten*
Pferd	*Freiheit; vor etwas weglaufen*
Rosen	*Glückwunsch; es sind gute Nachrichten zu erwarten*
Schlitten	*Etwas Bevorstehendes wird glattgehen oder ein Übergang wird leichtfallen*
Schreibmaschine	*Jemand mit ausgeprägtem schriftstellerischem Talent oder entsprechenden Ambitionen*
Schwangerschaft	*Neugeburt oder neues Unterfangen*
Straße, holprig	*Bevorstehende Herausforderungen*
Straße, sich gabelnd	*Bevorstehende Entscheidungen (Anzahl der Gabelungen = Anzahl der zu treffenden Entscheidungen)*
Trophäe	*Erfolg wurde entweder erzielt oder steht unmittelbar bevor*

Wasser, in Glas oder Flasche	*Himmlische Anweisung, mehr Wasser zu trinken*
Zimmerpflanzen	*Neues Wachstum in Ihrem Leben*

Sie werden aller Wahrscheinlichkeit nach viele Symbole zu Gesicht bekommen, die Ihre ureigenen sind. Die Engel verwenden Symbole, so wie wir bei einer Scharade Körpersprache benutzen. Stellen Sie sich vor, Sie spielen Scharade und wissen, dass eine bestimmte Körperbewegung für jemanden aus Ihrem Team eine besondere Bedeutung hat. Wenn die Engel ein spezielles Symbol benutzen (statt eines universell verständlichen), also ein Symbol, das nur für Sie und eine Handvoll weiterer Menschen eine Bedeutung hat, so tun sie das aus dem Wunsch heraus, Ihnen zu helfen. So zum Beispiel sehen Sie vielleicht Szenen aus Ihrem Lieblingsfilm, da die Engel wissen, dass Sie das Gemeinte auf diese Weise eindeutiger verstehen werden.

Natürlich ist ein visuelles Bild oft auch als das zu verstehen, was es eben ist, und nicht symbolisch zu nehmen. So zum Beispiel weiß ich immer dann, wenn ich einen Hund über der Schulter eines Klienten oder einer Klientin sehe, dass dies für bare Münze zu nehmen ist. Es bedeutet immer, dass ich das Haustier dieser Person sehe, an dem sie sehr hängt. Ich muss dann einen sekundären Kanal der Kommunikation mit der himmlischen Führung hinzuziehen, um in Erfahrung zu bringen, ob dieser Hund noch lebt oder schon gestorben ist.

Im Zweifelsfall immer um Hilfe bitten

Bitten Sie Ihre Engel im Zweifelsfall immer um nähere Klärung. Ich hatte zum Beispiel immer wieder das Bild von einem Teller voller Spaghetti vor meinem geistigen Auge, und zwar in Sitzungen mit vielen verschiedenen Klienten. Über den auditiven Kanal hörte ich zu diesem Bild den Ausdruck »Spaghetti-Western«. Der Begriff war mir nur vage bekannt, da Cowboyfilme nicht unbedingt mein Fall sind.

Von daher war ich nicht sicher, was die Engel mir mit diesem Symbol zu vermitteln versuchten.

Indem ich die Engel um Hilfe bei der Klärung der Bedeutung bat, wurde mir schließlich klar, dass das Symbol einen zweitklassigen Film mit einem an den Haaren herbeigezogenen Handlungsfaden meinte. Wenn ich jetzt Spaghetti sehe und das Wort »Spaghetti-Western« höre, weiß ich, dass ich es mit Klienten oder Klientinnen zu tun habe, die sich in selbst geschaffene Krisen stürzen.

Menschen dieser Art, die süchtig nach ihren eigenen, sich unablässig reproduzierenden Dramen sind, haben Angst, es würde ihnen langweilig, wenn sie ihren Geist und ihr Leben heilen. Sosehr sie es auch als schmerzhaft erleben, zum Beispiel ein ungesundes Liebesleben oder chronische Finanzprobleme zu haben, so kommt ihnen dieser Schmerz doch normal und aufregend vor. Niemand kann Heilung finden, wenn er Angst vor den Konsequenzen hat. Sobald die Betreffenden verstehen, dass geistiger Frieden ein reiches und befriedigendes Leben erlaubt, sind sie bereit, von der ständigen Achterbahnfahrt abzulassen.

In meinen Workshops zum Thema »Himmlische Führung« fällt mir immer auf, dass die Teilnehmer unweigerlich mehr Erfahrungen der Hellsicht machen, sobald ihnen klar wird, wie viele verschiedene Formen von Hellsichtigkeit es gibt. Es ist, als erteilte ihnen dieses Wissen auf der unterbewussten Ebene die Erlaubnis, ihr Sehvermögen im Hinblick auf die geistige Welt mehr fließen zu lassen.

Genießen Sie die zunehmend häufigen Visionen, die sich wahrscheinlich nach der Lektüre dieses Kapitels einstellen werden. Vielleicht erfahren Sie sogar Formen der Hellsicht, die ich hier gar nicht erwähnt habe. Das trägt zum Spaß und zur Freude bei, himmlische Führung zu bekommen! Gott ist ewig schöpferisch, und seine Führung präsentiert sich auf stets neue kreative Weisen.

9

Klar sehen –
Wege zur Verbesserung Ihrer Hellsichtigkeit

Ich habe schon viele klagen gehört, dass sie nicht visuell veranlagt seien. Sie sagen zu mir: »Ich versuche, etwas zu visualisieren – doch ich sehe einfach nichts!« Zwar sind einige nicht primär visuell orientiert, aber ich glaube dennoch, dass wir alle über die Fähigkeit verfügen, die Schärfe unseres spirituellen Sehvermögens zu erhöhen. Es ist wie ein Muskelaufbau und erfordert ein wenig Übung und Praxis.

Wie erwähnt, existiert zu jedem unserer physischen Sinne ein entsprechender Sinn in spiritueller Hinsicht. Diese spirituellen Sinne werden durch die Energiezentren – die sogenannten Chakren – in und um unseren Körper gesteuert. Jedes Chakra dreht sich in einer anderen Geschwindigkeit und ist anders gefärbt. Das Chakra am dritten Auge, das für das spirituelle Sehvermögen zuständig ist, ist dunkelblau mit Funken in Violett und Weiß.

Zur Reinigung und Öffnung Ihres Chakras am dritten Auge können Sie eine einfache Meditation durchführen. Sie ist außerordentlich wirkungsvoll und führt in der Regel dazu, dass sich das dritte Auge sofort entweder ganz oder teilweise öffnet. Sie können diese Meditation wiederholen, sooft Sie möchten. Mit jeder Meditation wird Ihr spirituelles Sehvermögen merklich klarer. Vielleicht überlegen Sie sich sogar, diese und die nachfolgenden Chakra-Meditationen auf Band zu sprechen, damit Sie die Augen schließen und sie sich anhören können, während Sie Ihre Chakren reinigen.

Meditation zur Öffnung
Ihres spirituellen Sehvermögens

1. *Suchen Sie sich ein bequemes Plätzchen in einem Raum, wo Sie nicht gestört werden.* Stellen Sie das Telefon ab und hängen Sie ein »Bitte nicht stören«-Schild an die Türklinke.

2. *Stellen Sie sich vor, dass der Raum von einem wunderbaren, goldenen, metallischen Licht erfüllt ist.* Es stammt von den Engeln, die ein Leuchten mit dieser wunderbaren, lichtvollen, goldenen Aura ausstrahlen. Nehmen Sie zwei, drei tiefe Atemzüge von diesem goldenen Licht und füllen Sie damit Ihre Lunge. Achten Sie darauf, wie sich Ihr Körper beim Einatmen des Lichts verjüngt und entspannt zu fühlen scheint. Atmen Sie so viel Licht ein, wie Sie können, und atmen Sie es dann langsam aus.

3. *Richten Sie Ihre Aufmerksamkeit auf die Region zwischen Ihren physischen Augen.* Sehen oder fühlen Sie ein ovales Objekt vor sich, zwischen Ihren beiden Augen. Das Objekt liegt auf der Seite, und Sie stellen fest, dass es sich um ein Auge handelt – Ihr drittes Auge! Es ist das Auge Ihres wahren Selbst, das Auge, das Ihre gesamte Lebensgeschichte aufzeichnet und Ihnen einst einen Lebensrückblick zeigen wird, wenn Sie auf die andere Seite hinüberwechseln.
Sehen oder spüren Sie, ob das Augenlid über Ihrem dritten Auge offen ist, teilweise offen oder komplett geschlossen. Falls das Augenlid nicht offen ist, atmen Sie ganz tief das goldene Licht ein. Bringen Sie das Licht in Ihren Kopf. Lassen Sie nun mithilfe Ihres Atems und Ihrer Intention das Licht durch Ihr drittes Auge in den Raum hinausstrahlen. Spüren Sie einen leichten Druck in der Region um Ihr drittes Auge, während dieses auf das reinigende Licht reagiert, von dem es durchströmt wird. Schicken Sie weiter goldenes Licht durch Ihr drittes Auge, während Sie ein- und ausatmen.

4. *Während Sie Ihr drittes Auge klären, können Sie sich auch von Gedanken lösen, die Ihr spirituelles Sehvermögen blockieren könnten.* Die Engel sind zur Stelle, bereit, Ihnen beim Ausräumen einschränkender Glaubenssätze zu helfen. Alles, was Sie dazu brauchen, ist die Bereitschaft, diese Glaubenssätze auszuräumen. Die Engel übernehmen dann die ganze Arbeit für Sie. Schaffen Sie mit ein paar tiefen Atemzügen in sich die Bereitschaft, Ihren Engeln alle Ängste zu übergeben, die vielleicht da sein mögen, wenn es darum geht, die Wahrheit oder Ihre Zukunft zu sehen. Entwickeln Sie die Bereitschaft, Ihren Engeln alle Ängste zu übergeben, die für Sie vielleicht damit verbunden sind, sie zu sehen. Lassen Sie in sich die Bereitschaft entstehen, Ihren Engeln alle eventuellen Ängste vor Verfolgung, Kritik oder sonstigen Schädigungen zu übergeben – Ängste, die daher rühren könnten, dass Sie Ihr spirituelles Sehvermögen zu neuem Leben erwecken. Werden Sie bereit, denen zu verzeihen (Sie selbst inbegriffen), die Ihnen scheinbar irgendwann oder irgendwo einmal Schaden zugefügt haben, weil Sie spirituelle Visionen hatten.

5. *Öffnen Sie mit Ihrem festen Entschluss und Ihrer Intention das Lid über Ihrem dritten Auge.* Bitte versuchen Sie es nicht auf Biegen und Brechen, mit Kampf oder Anstrengung. Entscheiden Sie sich dafür, Ihr drittes Auge zu öffnen, und geben Sie ihm den Raum dafür, sich völlig natürlich und einfach zu öffnen, wie es ansonsten bei bewusst herbeigeführten körperlichen Bewegungen ja auch der Fall ist. Wenn Sie mitbekommen, wie es sich öffnet, fassen Sie den Entschluss, diesen geöffneten Zustand zu verankern. Sie wissen, dass Sie das dritte Auge auch jederzeit wieder schließen können.

6. *Bedanken Sie sich bei den Engeln für ihre Hilfe bei der Klärung Ihres spirituellen Sehvermögens bis hin zur Wiedererlangung seines wahren und natürlichen Zustands.*

Öffnung des dritten Auges durch Tönen

»Tönen«, zuweilen auch als »Chanten« oder als Singen von Mantren umschrieben, ist eine weitere Methode, die schnell Hellsichtigkeit erzeugt. Im alten Ägypten sprachen Menschen den Namen »Amun« (»Amon«, »Amen«) aus, den Namen des Sonnengottes von Theben, um ihn anzurufen. Amun sagte man nach, dass er allen, die ihn erblickten, Visionen der Zukunft brächte. Also wurde der Name manchmal zur Anrufung verwendet, um die Gabe der Hellsicht heraufzubeschwören.

Die altägyptischen Hohepriester und Hohepriesterinnen jedoch wussten, dass Hellsichtigkeit keine Gabe ist, die von einem heidnischen Gott verliehen wird, sondern eine von Geburt an gegebene Qualität, die dem dritten Auge entspringt. Die Ägypter kamen zu dem Schluss, dass die wiederholte Nennung des Wortes aufgrund seiner Schwingungen das dritte Auge öffnete. Sie fanden jedoch auch heraus, dass das Wort »Aum« noch wirkungsvoller war, wenn es um die Öffnung des dritten Auges ging.[13]

Die Hohepriester und Hohepriesterinnen lehrten ihre Adepten, alle drei »Silben« von »Aum« sorgfältig als Aaa–Uuu–Mmm auszusprechen. Durch mantraartige Wiederholung dieser uralten Klangbilder werden auch Sie die Schwingungen in dem Bereich um Ihr drittes Auge spüren. Versuchen Sie es am besten gleich einmal, sei es im Stillen oder energetisch. Achten Sie darauf, wie jede Silbe die Region zwischen Ihren beiden physischen Augen zum Vibrieren bringt. Vielleicht spüren Sie sogar einen Druck oder eine schmerzhafte Empfindung wie einen dumpfen Kopfschmerz. Machen Sie sich deshalb jedoch keine Sorgen. Diese Empfindungen zeigen lediglich an, dass das Lid über Ihrem dritten Auge wie eine rostige Tür ist, die eine Zeit lang nicht mehr betätigt wurde.

Wenn Sie »Aum« jeden Morgen sieben Mal und jeden Abend vor dem Schlafengehen sieben Mal wiederholen, werden sich innerhalb einer Woche klare visuelle Bilder einstellen, die Ihnen himmlische Führung bieten. Nur wenn Sie noch Ängste vor Bildern aus der geistigen Welt hätten, würde die Hellsichtigkeit ausbleiben. In einem solchen Fall ist es ratsam, Kapitel 7 noch einmal zu lesen, um Ihre Blockaden zu lösen.

Spirituelles Sehvermögen: Übung 1

Hier eine ideale Übung zur Erhöhung der Stärke und Klarheit Ihrer Visionen:

1. *Beginnen Sie damit, dass Sie den Blick auf einen Gegenstand in Ihrer Nähe richten.* Studieren Sie dieses Objekt etwa dreißig Sekunden lang bis in alle Einzelheiten.

2. *Schließen Sie dann die Augen und betrachten Sie den Gegenstand eingehend vor Ihrem geistigen Auge.* Bitten Sie Ihren Geist, die Leuchtkraft, den Detailreichtum und die Größe des geistigen Bildes zu steigern, das Sie von diesem Objekt vor sich haben. Versuchen Sie, das Objekt in Ihrer Vorstellung zu drehen und aus verschiedenen Blickwinkeln zu betrachten. Praktizieren Sie diese Übung zweimal täglich, und Ihre Visionen werden beträchtlich an Schärfe gewinnen.

3. *Beginnen Sie, die physische Umgebung von Orten, die Sie besuchen, bewusst wahrzunehmen.* Seien Sie darauf bedacht, alltägliche Anblicke aufmerksam wahrzunehmen, und bald wird Ihnen die Fülle und Vielfalt der visuellen Herrlichkeit um Sie herum auffallen. Tun Sie so, als würden Sie einen Roman schreiben und im Geist die Einzelheiten einer jeden Szene Ihres Buches katalogisieren. Durch Achtsamkeit im Kleinen – den Gesichtsausdruck der Verkäuferin im Lebensmittelladen, die Farbe und Textur des Sofas in der Hotellobby, das Gelb des Sonnenblumengestecks beim Blumenladen in der Nähe – werden Sie auch leichter Zugang zu Details finden, die Ihnen Ihre himmlische Führung eingibt.

Der Himmel wird Ihnen helfen

Gott und die Engel wollen uns dabei helfen, unser spirituelles Sehvermögen zu öffnen. Vor allem Erzengel Raphael hilft uns gerne bei
der Wiedererweckung unseres göttlichen Auges, wenn wir ihn um
Unterstützung bitten. Raphael beaufsichtigt die gesamte Heilarbeit
der Engel und ist unter ihnen der höchste Heiler. Er kann tief sitzende emotionale oder körperliche Übel jeder Art heilen, und wie alle
Engel und Erzengel kann er vielen gleichzeitig helfen. Die Engel und
Erzengel dürfen sich jedoch ohne unsere Einladung nicht in unser
Leben einmischen, es sei denn in Situationen, die für uns lebens-
bedrohlich sind. Das Gesetz des freien Willens besagt, dass wir das
Recht haben, Dinge – selbst solche, die mit Schmerz verbunden sind
– alleine zu tun, und dass sich kein Engel in unsere Entscheidungen
einmischen darf.

Die Engel lieben es, uns zu helfen, doch sorgt dieses universelle
Gesetz dafür, dass sie gewöhnlich hinter der Seitenlinie bleiben und
von dort aus zusehen, wie wir uns in Probleme hinein- und wieder
aus ihnen herausmanövrieren. Sie warten auf einen Hinweis, dass wir
für himmlische Hilfe offen sind: Ein Gedanke, ein Gebet, ein Hil-
feruf reichen aus. Immer wenn wir uns offen für ihre Unterstützung
zeigen, stehen uns die Engel unverzüglich zur Seite. Unsere einzige
Aufgabe besteht darin, uns daran zu *erinnern,* um Hilfe zu bitten.
Viele von uns warten bis zum allerletzten Moment, bevor sie sich an
Gott und die Engel wenden, um von dort Hilfe zu erfahren.

Spirituelles Sehvermögen: Übung 2

Hier eine sehr effektive Weise, die Hilfe des Erzengels Raphael bei
der Öffnung des spirituellen Auges zu erfahren:

1. *Atmen Sie ein paarmal tief durch und sagen Sie im Geist: »Erzengel Raphael, bitte komme nun zu mir.«* Und noch bevor Sie den
   Satz auch nur zu Ende gesprochen haben, ist er bei Ihnen. En-

gel können vielen Menschen gleichzeitig zur Seite stehen, und Raphael kann alle unterstützen, die ihn um Hilfe anrufen.

2. *Bitten Sie Raphael im Geist, seine rechte Hand auf die Region zwischen Ihren beiden Augen zu legen.* Er wird ein wunderschönes, smaragdgrünes, heilendes Licht übertragen, das wie ein leuchtender Wasserfall von seiner Hand zu Ihrem dritten Auge gelangt. Sie spüren vielleicht ein Kribbeln, wenn er diese heilende Energie aussendet, um hartnäckig fortbestehende Ängste zu beseitigen, die Sie davon abhalten, spirituelle Visionen zu haben. Trinken Sie so viel von diesem Licht, wie Sie möchten.

3. *Denken Sie danach bitte daran, sich bei Raphael für seine Hilfe zu bedanken.* Ihre Freude und Dankbarkeit werden die einzige Belohnung sein, die er dafür haben möchte.

In den hierauf folgenden Tagen werden Sie wahrscheinlich viele spontane Visionen erleben. Wie schon in einem früheren Kapitel erwähnt, ist es sinnvoll, sie in einem Tagebuch zu notieren. Auf diese Weise können Sie sehen, wie genau sie sind, und halten auch Ausschau nach Mustern, die Ihnen helfen, Ihre persönliche Symbolik zu entschlüsseln.

Die Engel bitten mich, Ihnen noch einen letzten Vorschlag zu unterbreiten: Bitte bemühen Sie sich nicht zu sehr, Visionen zu erleben. Immer wenn wir etwas erzwingen wollen, darum kämpfen oder uns anstrengen, setzen wir unser Ego, die niederen Anteile unseres Ichs, ein. Und Sie werden sich ja erinnern, dass das Ego Gift für jede wirkliche himmlische Führung ist. Es locker angehen zu lassen – das ist die Regel für die Herstellung eines stetigen Kommunikationsflusses zu Gott und Ihren Engeln. Wir brauchen nicht Druck zu machen, um himmlische Hilfe zu erfahren. Dieser Stress wurzelt in dem Glauben, dass Gott keine Zeit für uns habe. Zum Glück sieht es in Wahrheit so aus, dass sich Gott und die Engel um uns alle gleichzeitig kümmern. Wir müssen lediglich um Hilfe bitten und dann die Visionen wahrnehmen, wenn sie sich einstellen.

145

10

Hellsichtigkeit selbst erleben

Hellsichtigkeit lässt sich trainieren. Mit etwas Übung und der festen Entschlossenheit, in Ihre Zukunft zu blicken, werden Sie so häufig, wie Sie möchten, oder auch nur ab und zu (wenn das Ihr Wunsch ist) Visionen erhalten, die Ihnen Einblicke in die Zukunft vermitteln, und diese Visionen werden klar verständlich und zutreffend sein. Sie haben in hohem Maße die Kontrolle über Ihre hellsichtigen Erfahrungen.

Wenn ich »Kontrolle« sage, meine ich natürlich nicht, dass Sie versuchen sollen, Visionen zu erzwingen. Wie Sie sich vom letzten Kapitel her erinnern, blockiert jede Anstrengung die himmlische Kommunikation. Sich zu *bemühen,* hellsichtig zu sein, unterscheidet sich in hohem Maße davon, sich zu *entscheiden,* dass Sie himmlische Führung gerne in Form geistiger Bilder erfahren würden. Im ersten Fall drängeln Sie, da Sie nicht wirklich die Erwartung haben, so etwas zu erleben. Im zweiten erfreuen Sie sich einfach an Ihren gottgegebenen Gaben. Alles steht und fällt mit der Einstellung, die hinter Ihrem Verlangen nach Visionen steht.

Übung und Erfahrung sind die besten Lehrmeister

Falls Sie Meisterschaft im Tennisspiel erlangen wollten, würden Sie ganz ähnlich vorgehen. Sie würden die Grundlagen erlernen und dann weiterüben. Würden Sie allerdings versuchen, sich den Erwerb der grundlegenden Fähigkeiten zu ersparen, oder das Gelernte nie üben, dürften Sie den Ball wohl meistens verfehlen. Einigen mag es wohl in die Wiege gelegt worden sein, gute Tennisspieler oder gut im Hellsehen zu sein, aber prinzipiell kann *jeder,* der es wünscht, ein Meister auf diesem Gebiet werden.

In meinen Kursen zum Thema »Himmlische Führung« stellt sich immer wieder heraus, dass die Erfahrung der beste Lehrer ist. Ich kann stundenlang Vorträge halten, wie man es anstellt, himmlische Führung zu erhalten, und ich kann endlos über die ganzen wissenschaftlichen Untersuchungen reden, die beweisen, dass jeder über die Fähigkeit der spirituellen Kommunikation verfügt. Aber solange ich meine Kursteilnehmerinnen und -teilnehmer nicht bitte, es selbst auszuprobieren, glauben sie mir nicht, dass sie dazu in der Lage sind. Als Hellhörende kann ich hören, wie sie denken: »Alle anderen in diesem Workshop können offenbar himmlische Führung erleben – nur ich nicht. Ich bin da eine Ausnahme.«

Richard

Als der klinische Hypnotherapeut Dr. Richard Neves einen meiner Kurse über himmlische Führung besuchte, erwähnte er, dass er beim besten Willen nicht an Engel glaube. Ihm gefiel die Vorstellung, dass es so etwas wie Engel geben solle, und er sah sich gerne Bilder und dreidimensionale Kunstwerke von Engeln an. Aber da er seines Wissens nie Engel gesehen, gehört oder sonst wie mit ihnen zu tun gehabt hatte, hatte er keinen Grund, zu glauben, dass sie wirklich existierten.

Dann bat ich die Leute im Kurs, ihn inbegriffen, sich mit jemand anderem im Workshop zusammenzutun. »Bitte setzen Sie sich jeweils gegenüber«, wies ich alle an. »Und jetzt rufen Sie bitte mit offenen oder auch mit geschlossenen Augen die Engel an und bitten Sie sie, sich um Ihr Gegenüber zu scharen. Sie brauchen es nicht laut zu sagen, um die Engel anzurufen. Lassen Sie einfach den Gedanken im Raum stehen, dass Sie gerne möchten, dass die Engel einen Kreis um Ihren Partner oder Ihre Partnerin bilden.«

Ich sah, wie Engel in großer Zahl im Raum erschienen und um die Teilnehmer herumschwebten, was mir sagte, dass alle meine einfache Anweisung befolgt hatten. Dann sagte ich: »Entscheiden Sie sich jetzt, wer beginnt. Die Person, die anfängt, bittet die Engel, ihr eine Botschaft zu geben, die sie gerne bei dieser Übung an die Partnerin oder den Partner übermittelt haben möchte. Fragen Sie die Engel im Geist: ›Was soll ich meinem Gegenüber von euch mitteilen?‹ Wiederholen Sie die Botschaft dann genau so, wie Sie sie von den Engeln empfangen haben. Vielleicht kommt die Engelsbotschaft bei Ihnen als Gefühl an, als Gedanke, als Idee, als Vision oder in Form gesprochener Worte. Wie auch immer Sie die Botschaft erhalten: Geben Sie sie bitte einfach nur weiter, ohne an ihr zu feilen oder sie zu interpretieren. Und danach folgt der andere Partner und macht es ebenso.«

Der Raum füllte sich mit Stimmengewirr. Ich beobachtete das Aufleuchten der lebhaft-interessierten Gesichter, über die sich so manches wunderschöne Lächeln legte. Offenbar machte es ihnen Freude, zum Kanal für die Engel zu werden. Richard konnte ich nicht sehen, da er und sein Übungspartner ganz hinten im Raum saßen. Aber die strahlende Schönheit der Teilnehmer, die ihre Freude an der Energie der Engel auskosteten, zog mich in ihren Bann.

Nachdem alle ihre Engelsbotschaften empfangen und weitergegeben hatten, bat ich den Kurs um ein Feedback. Einer nach dem anderen trat nach vorne ans Mikrofon. Aufgekratzt schilderten sie, wie sehr ihnen dieser Teil des Workshops gefallen hatte. Die meisten gestanden, dass sie zunächst skeptisch gewesen seien hinsichtlich ihrer eigenen Aussichten, in Kontakt mit den Engeln zu gelangen. Viele sagten auch, da sie sich beim Gespräch mit den Engeln in einem höheren Bewusstseinszustand befunden hätten, könnten sie sich an den Inhalt der Botschaften gar nicht erinnern.

Dann sah ich Richard von ganz hinten an das von mir hingehaltene Mikrofon kommen. Seine Augen waren groß vor Staunen, er wirkte erschüttert, und sein Gesicht hatte alle Farbe verloren. »Ich habe Engel gesehen«, sagte er langsam und tonlos ins Mikrofon. Er erklärte, dass er an die Übung mit der Haltung herangegangen sei, es handle sich einfach nur wieder einmal um eine Meditationsübung; dann öffnete er die Augen.

»Neben meinem Partner waren zwei riesige Engel«, erklärte Richard, dem das Erlebnis offenbar sehr naheging. »Die Engel sahen mich an und sagten: ›Glaube an uns. Glaube an uns.‹ Sie sagten es gleich zweimal, wie ich eben, und es lag etwas sehr Bestimmtes und viel Liebe in ihrer Stimme und ihrem Verhalten. Ich hatte die Engel zwar um eine Botschaft gebeten, die ich an meinen Partner weitergeben könnte, aber ich weiß, dass ihre Botschaft eigentlich für mich bestimmt war.«

Wir glauben etwas eben oft erst, wenn wir es mit eigenen Augen gesehen haben. Nachdem Richard dieses Erlebnis gehabt hatte, veränderte er sich in zweifacher Hinsicht: Zum einen gewann er Zutrauen in seine spirituelle Sicht. Die Transzendenz, welche Erlebnisse von Hellsichtigkeit begleitet, übersteigt jede verbale Beschreibung. Im günstigsten Fall wird man durch Worte instruiert, wie man besser sehen kann, und angespornt, es selbst einmal auszuprobieren. Solange Sie es jedoch nicht selbst versucht haben, bleibt Hellsichtigkeit eine bloße Möglichkeit.

Hellsichtigkeit: Übung 1

Sie können jetzt, in diesem Moment, beim Lesen dieses Buches Einblicke in die geistige Welt erfahren.

1. *Atmen Sie bitte zwei- oder dreimal ganz tief und langsam durch.* Auf einer Seite im Anhang steht eine einstellige Zahl in großer Schrift. Erlauben Sie Ihrem Geist mit einem weiteren tiefen Atemzug, diese Zahl vor sich zu sehen.

2. *Vielleicht hilft es Ihnen, das Buch zu halten und Ihre Engel zu fragen: »Welche einstellige Zahl ist in großer Schrift im Anhang abgedruckt?«* Denken Sie daran, sich nicht zu heftig zu bemühen oder sich nicht zu zwingen, die Zahl zu sehen. Vielleicht hilft es, sich vorzustellen, dass Ihr geistiges Auge ein Fernseher ist, den Sie gerade angeschaltet haben. Sehen Sie vor sich, wie die Zahl allmählich auf dem Bildschirm erscheint. Wenn sie verschwommen wirkt, versuchen Sie, darauf zu achten, ob die Zahl eckige oder runde Konturen zu haben scheint.

Nutzen Sie Ihre sonstigen himmlischen Kommunikationskanäle, um Ihre Hellsichtigkeit zu fördern. Handelt es sich zum Beispiel bei der Zahl vom *Gefühl* her um eine gerade oder ungerade? Stellt sich ein plötzliches Wissen ein? Hören Sie, um welche Zahl es sich handelt?

3. *Lösen Sie sich von allem selbst auferlegten Druck, von Zweifeln und von der Angst, womöglich einen Fehler zu machen.* Es gibt nichts zu befürchten. Atmen Sie noch einmal tief ein und bitten Sie dann erneut: »Bitte zeigt mir die Zahl.« Notieren Sie die gesehene Zahl, oder falls Sie nicht sicher sind, notieren Sie sich zwei Zahlen, von denen Sie den Eindruck haben, eine davon könnte die richtige sein.

4. Schlagen Sie dann behutsam Seite 288 dieses Buches auf und achten Sie darauf, dass Ihnen nicht die anderen großen Darstellungen in den Blick fallen, die Sie bei anderen Übungen zur Hellsichtigkeit in diesem Kapitel noch heranziehen werden. Nachdem Sie die Zahl gefunden haben, vergleichen Sie sie mit der von Ihnen aufgeschriebenen Zahl. Falls Sie genau die Zahl gesehen haben, die auch im Buch erscheint: Herzlichen Glückwunsch! Sollten Sie eine andere notiert haben, ist auch das kein Grund, zu verzweifeln. Es bedeutet einfach nur, dass sie sich zu verkrampft darum bemüht haben – was sehr weit verbreitet ist. De facto hat die Zahl oder haben die Zahlen, die Sie sich aufgeschrieben haben, wahrscheinlich ähnliche Merkmale wie die »richtige« Zahl. Überlegen Sie einmal, inwiefern Ihre Zahl Ähnlichkeiten mit der Zahl im Buch aufweist. Vielleicht handelt es sich bei beiden um gerade Zahlen, beide haben eine gerundete, ähnlich wirkende Form, sie stehen sich numerisch nahe und so weiter.

Hellsichtigkeit: Übung 2

Ein weiterer Versuch zur Hellsicht. Nehmen Sie sich für jede Vision Zeit, und vergessen Sie nicht das Atmen! Menschen, für die die Beschäftigung mit Hellsichtigkeit Neuland ist, halten oft die Luft an, während sie sich bemühen, Visionen zu empfangen. Hierdurch schneiden sie sich jedoch von der Quelle der Inspiration ab, die erst dank tiefer Atemzüge zugänglich ist. Atmen Sie also ganz tief ein und aus, und stellen Sie Gott und den Engeln dabei die folgenden Fragen. Die Engel *wollen* Ihnen beim Lernen helfen. Warten Sie ab, bis Sie auf jede Frage eine visuelle Antwort erhalten haben, bevor Sie zur nächsten Frage übergehen.

Vermeiden Sie es, die Antworten auf die anderen Fragen zu Gesicht zu bekommen, und warten Sie, bis Sie alle fünf Antworten niedergeschrieben haben, bevor Sie die Seiten hinten im Buch aufschlagen, um die »Lösungen« mit Ihren Antworten zu vergleichen.

1. *Worum handelt es sich bei dem großen Buchstaben aus dem Alphabet auf Seite 289 im Anhang dieses Buches?*
2. *Worum handelt es sich bei der großen Form, die auf Seite 290 dieses Buches erscheint?*
3. *Welches Wort steht auf Seite 291 dieses Buches?*
4. *Bitte zeigt mir das Tier, das auf Seite 292 dieses Buches erscheint.*
5. *Bitte zeigt mir die Szene, die auf Seite 293 dieses Buches beschrieben wird.*

Hellsichtigkeit: Übung 3

Üben Sie im Lauf des Tages immer wieder das Empfangen von Visionen, um Ihre hellsichtige Wahrnehmung zu fördern.

1. *Wählen Sie im Fernsehen eine Ihnen unbekannte Sendung.*
2. *Schließen Sie dann entweder die Augen oder drehen Sie dem Fernseh-*

gerät den Rücken zu. Lauschen Sie den Stimmen und sagen Sie Ihren Engeln: »Ich würde gerne vor meinem geistigen Auge sehen, wie die Person aussieht, die gerade spricht.« Das ist eine andere Sache, als wenn Sie mithilfe Ihrer Fantasie zu raten versuchen, wie groß der oder die Betreffende ist, wie viel er oder sie ungefähr wiegt und welchen Körperbau er oder sie hat. Erlauben Sie den Visionen, in Ihr Bewusstsein einzuströmen, und öffnen Sie dann die Augen, um das innerlich Geschaute mit dem Bild auf dem Monitor zu vergleichen.

Genau auf dieses Verfahren können Sie auch zurückgreifen, um im Vorfeld eine visuelle Vorstellung von jemandem zu bekommen, mit dem Sie verabredet sind. Mich bat zum Beispiel einmal eine hochrangige Geschäftsfrau um einen Termin, um an einem Punkt zu arbeiten, der ihre Firma betraf. Da ich dem Treffen mit einer gewissen Nervosität entgegenblickte, bat ich Gott und die Engel, mir im Vorfeld ein paar Informationen über die Dame zu geben. Ich atmete ein paarmal tief durch, entspannte mich und fragte Gott und die Engel: »Was soll ich über diese Frau wissen?« Sofort sah ich vor meinem geistigen Auge eine freundlich aussehende Frau mit kurzem schwarzgrauem Haar. Sobald ich dieses Bild gesehen hatte, fiel es mir leichter, dem bevorstehenden Treffen mit innerem Frieden entgegenzublicken. Schließlich sah meine Gesprächspartnerin sehr freundlich, nett und verständnisvoll aus. Als ich sie dann persönlich kennenlernte, war ich erfreut, aber nicht überrascht, festzustellen, dass ich in ihr sofort die Frau wiedererkannte, die ich vor meinem geistigen Auge gesehen hatte. Ich fühlte mich im Umgang mit ihr sehr entspannt, und sowohl die Atmosphäre bei unserem Treffen als auch dessen Ausgang waren sehr positiv.

3. Wenn Sie das nächste Mal eine Zeitschrift zur Hand nehmen, halten Sie sie und schließen Sie die Augen. Atmen Sie tief durch und bitten Sie darum, im Geist ein Bild von der Anzeige auf der Innenseite des Covers zu sehen. Erzwingen Sie es auch hier nicht, dass sich die Bilder einstellen sollen, und machen Sie sich nicht die Mühe, zu raten, welche Anzeige wohl typisch für die Zeitschrift wäre. Lassen Sie es einfach geschehen.

Sehr oft werden Sie, wie schon zuvor konstatiert, mentale Vorstellungen in Verbindung mit der tatsächlichen Abbildung erhalten, auf die Sie sich konzentrieren. In einem meiner Kurse zum Thema »Himmlische Führung« bat ich die Teilnehmer, sich darauf zu konzentrieren, im Geist ein Bild einer Anzeige zu empfangen, die ich auf dem Podium liegen hatte. Während die Anwesenden tief durchatmeten und die Engel baten, Ihnen das Bild zu zeigen, sah ich unverwandt die Anzeige an und sendete das Bild ganz bewusst an den Kurs.

Auf der Anzeige war ein übergroßer Elefant dargestellt, der auf ein Auto trat. Ich erinnere mich nicht an das Produkt, das man mit dieser Annonce zu verkaufen versuchte; ich wählte es nur wegen ihrer unverwechselbaren Bildkraft.

Viele Kursteilnehmerinnen und -teilnehmer erhielten exakte Informationen zu der Anzeige. Andere sahen von der Symbolik her verwandte mentale Bilder vor sich. So zum Beispiel hatte jemand in einer Vision Indien vor Augen, also etwas, das mit dem indischen Elefanten der Anzeige verwandt war. Jemand anders sah ein schickes Automobil – ähnlich jenem, das unter dem Gewicht des Elefanten zusammengepresst wurde. Zwar stellten sich nicht bei allen detaillierte Bilder ein, die mit der Anzeige identisch waren, aber alle erhielten Visionen, die eine gewisse Relevanz für sie hatten.

Mit etwas Praxis kann man unterscheiden lernen, welche Visionen für bare Münze zu nehmen sind und welche eher symbolisch zu verstehen sind. Sie fühlen sich unterschiedlich an. Die symbolischen Visionen sind nützlich: Sie führen einen sachte zu wichtigen Botschaften, die man vielleicht abblocken würde, wenn man sie als das sähe, was sie im buchstäblichen Sinne sind. Manchmal kann unser Geist statt der rauen Wirklichkeit nur Symbole akzeptieren.

Formulierung und Intention

Vielleicht bilden die Formulierung und die Intention der Fragen, die Sie beantwortet haben möchten, den wichtigsten Bestandteil, um bildliche himmlische Führung zu empfangen. Mit anderen Worten: Was möchten Sie sehen? Gott und die Engel reagieren mehr auf die zugrunde liegende Absicht unserer Bitten um himmlische Führung als auf unsere Worte. Sie sehen, was wir wirklich meinen, nicht nur, was wir sagen. Wie heißt es doch in *Ein Kurs in Wundern* so schön: »*Worum du bittest, das empfängst du. Aber das bezieht sich auf das Gebet des Herzens, nicht auf die Worte, die du beim Beten benutzt.*«[14]

Wenn Sie also um himmlische Führung bitten, richten Sie den Fokus auf das, was wirklich in Ihrem Herzen ist. Sollten Sie zwiespältige Gefühle hegen oder verwirrt sein, gestehen Sie es sich und Gott offen ein. Solche Gefühle werden nur größer und dunkler, wenn Sie sie ignorieren oder leugnen. Sagen Sie Gott genau, was Sie wünschen, und beschreiben Sie die verschiedenen Gefühle, die mit Ihren Wünschen verbunden sind. Da Gott bereits weiß, was in Ihrem Herzen ist, dient es Ihrem Wohl, alles zu klären und sich Luft zu machen. Sie öffnen sich für das Licht, sodass es eventuelle Schatten in Ihnen vertreiben kann.

Nachdem Zwiespalt, Verwirrung und Angst freigesetzt worden sind, werden Ihre Fragen an Gott und die Engel fokussiert und klar. Auf klare Fragen kommen kristallklare Antworten. Die Klarheit Ihrer Kommunikation mit der göttlichen spirituellen Dimension hängt also davon ab, wie klar Sie sich selbst gegenüber sind.

Schritte bei der Formulierung Ihrer Frage

1. *Denken Sie an eine Frage, die Sie von Gott gerne beantwortet haben möchten.* Wählen Sie einen Bereich Ihres Lebens, der von einer göttlichen Lenkung profitieren würde.

2. *Entscheiden Sie, welche Art von Führung Sie gerne hätten, und versuchen Sie, Ihre Bitte oder Anfrage in eine einzige Frage zu kleiden.*

3. *Achten Sie auf Ihre physiologischen Reaktionen, während Sie nach einer Formulierung für die Frage suchen.* Verspüren Sie eine Anspannung im Brustkorb, Magen, Kiefer oder auch in der Stirn? Oder ballen Sie die Hände zur Faust? Hat Ihr Herz angefangen, schneller zu schlagen, oder haben Sie schneller zu

atmen begonnen? Wollten Sie dieses Buch plötzlich aus der Hand legen und etwas anderes tun? Alle diese Anzeichen von Ängsten weisen auf eine Gespaltenheit oder Verwirrung in Verbindung mit Ihrer Frage hin.

Nehmen Sie sich einen Moment Zeit, um tief durchzuatmen, und sagen Sie sich selbst und Gott, wie Sie sich bei ehrlicher Betrachtung fühlen. Sie brauchen Ihre Ängste oder Sorgen nicht zu analysieren – und es ist wahrscheinlich auch gar nicht ratsam, das zu tun. Gestehen Sie sich die Emotionen einfach ein und spüren Sie, wie sie nicht mehr länger auf Ihnen lasten, wenn Sie sie Gott übergeben. Weder *wollen* noch *brauchen* Sie diese Ängste. Überlassen Sie sie also ohne Vorbehalte Ihren Engeln und Gott. Sie sind in Ihrem Leben wie die Zeitung von gestern: nichts als Makulatur.

Nachdem Sie sich eine Angst eingestanden haben, werden Sie feststellen, dass sich dahinter gewöhnlich eine andere Angst verbirgt. Lösen Sie sich von den Gefühlen – von einem nach dem anderen –, dann werden Sie bald zu der Kernfrage vordringen, bei der Sie himmlische Führung wünschen. Sie werden vielleicht beim Vorstoß zu diesem Kern auch feststellen, dass Ihre Antwort auf der Hand liegt.

Da alle Kanäle, über die die Kommunikation mit der himmlischen Führung erfolgt, mit »hell« beginnen – Hellsehen, Hellhören, Hellfühlen und Hellwissen –, gilt: Je mehr sich die Ängste gelichtet haben, desto heller und klarer treten unsere Fragen in Erscheinung und desto klarer sind die Botschaften, die wir erhalten.

Eine der tiefsten und eindrucksvollsten Visionen, die ich je erhielt, stellte sich als Reaktion auf meine klare Frage an Gott ein: »Wie kann ich dir näherkommen?« Ich stellte die Frage, begleitet von der vollen Kraft meiner Gefühle, während ich auf einen Zug wartete. Ich hatte gerade ein spirituelles Buch zu Ende gelesen; es war für mich zum zündenden Funken geworden, zu merken, dass ich mich Gott nicht so nahe fühlte, wie ich es mir wünschte. Diese Erkenntnis rief Schmerz in meinem Herzen hervor. Ich wollte, dass der Schmerz wegging; ich wollte, dass Gott mich hielt, mich tröstete, mir nahe war. Vom Verstand her war mir klar, dass Gott und ich eins waren; ich war Gott für immer und ewig in jeder Hinsicht nahe. Und doch hungerte ich nach einer emotionalen Gewissheit, dass Gott bei mir war.

In dem Moment, in dem ich die Frage stellte, hörte ich die Lautsprecheransage für meinen Zug. Ich drückte die Tür des Warteraums auf, um zum Zug zu gehen. Und in diesem Moment erhielt ich die visuelle Antwort des Himmels. Ich blinzelte ungläubig, als ich mir die Menschen anschaute, die am Zug entlanggingen: Überall erblickte ich Menschen, aus denen das hellste, weißeste Licht erstrahlte, das ich je gesehen hatte! Ich konnte ihr Gesicht oder ihren Körper kaum erkennen. Das Licht überstrahlte alles andere. Obwohl es ein düsterer, dämmriger Nachmittag war, leuchtete jede Person in meinen Augen wie eine Tausend-Watt-Glühbirne.

Ich wusste, dass diese Vision die Antwort auf die Frage darstellte, die mein Geist und mein Herz gestellt hatten. Das Bild vermittelte diese Wahrheit: Wir fühlen uns Gott nahe, indem wir den Funken göttlichen Lichts in allen sehen. Da ich inneren Abstand von Gott empfunden hatte, hatte ich an mir selbst und an anderen nur Dunkelheit wahrgenommen. Gott zeigte mir eine neue Art des Sehens, und damit half er mir, ein Gefühl der Nähe zu seiner himmlischen Liebe wiederzuerlangen.

Den göttlichen Funken sehen

Sie können Ihr neu gewonnenes spirituelles Sehvermögen dazu einsetzen, den göttlichen Lichtfunken zu sehen. Halten Sie mit Ihrem inneren Auge Ausschau nach einem kleinen weißen Lichtfunken in der Magengegend, sei es bei Ihnen selbst oder bei einem anderen. Er erinnert an die Lampe, die anzeigt, dass ein Herd oder Ofen an ist, wobei der Funke jedoch auch springen kann wie eine Sternschnuppe.

Menschen, denen ein liebevolles Verhalten zu eigen ist, haben größere »Anzeigelampen« als solche, die lieblose Gedanken nähren. Und doch tragen alle dieses Licht des Schöpfers in sich. Indem wir das Licht in anderen wahrnehmen, erinnern wir uns immer wieder an das göttliche Licht in uns selbst.

Die Engel sehen

Sie können auch lernen, die Engel um jeden Menschen zu sehen, dem Sie begegnen. Selbst die am wenigsten spirituell Eingestellten unter uns haben zwei Schutzengel an ihrer Seite. Eine einfache Möglichkeit, Engel sehen zu lernen, besteht darin, mit einer anderen Person zusammenzuarbeiten:

1. Bitten Sie diese Person, sich vor eine einfarbige Wand zu stellen. Es spielt keine Rolle, welchen Farbton die Wand hat, solange die Farbgebung nicht durch Muster oder Bilder unterbrochen wird. Auch die Raumbeleuchtung ist belanglos.

2. Hören Sie auf, mit Ihren physischen Augen etwas zu fokussieren, und konzentrieren Sie sich auf das, was Sie vor Ihrem geistigen Auge sehen.

3. Richten Sie Ihre Konzentration jetzt auf einen Punkt etwa fünf Zentimeter oberhalb des Kopfes dieser Person. Lassen Sie diesen Fokuspunkt um den Kopf herum und über die Schultern wandern.

4. Achten Sie auf ein auftretendes weißes Leuchten. Lassen Sie nicht zu, dass Ihr niederes Selbst Ihnen sagt, das Ganze finde nur in Ihrer Fantasie statt. Suchen Sie einfach eine weißliche Aura um Kopf, Hals und Schultern dieser Person. Die reinweiße Farbe ist der leuchtende Schein der Schutzengel.

Je mehr Engel neben einer Person erscheinen, desto stärker und heller wird dieses Leuchten in Erscheinung treten. Bitten Sie die Person, im Geist noch weitere Engel an ihre Seite zu rufen. Achten Sie darauf, wie das weiße Licht hinsichtlich seiner Größe und Intensität zunimmt. Vielleicht fallen Ihnen auch weiß, blau oder grün funkelnde »Engelslichter« auf, während sich weitere Engel zu dem oder der Betreffenden gesellen.

Indem Sie Ihren Fokus weiter verlagern, können Sie regelrecht Einzelheiten des ätherischen Körpers der Engel, ihrer Kleidung und ihrer Gesichter erkennen. Dieser Prozess erinnert daran, in einen dunklen, dicht an dicht mit Menschen gefüllten Raum zu kommen. Zuerst spüren Sie die Gegenwart anderer. Als Nächstes sehen Sie einen schwachen Umriss. Nachdem sich Ihre Augen an die Lichtverhältnisse gewöhnt haben, erkennen Sie die anderen zunehmend scharf im Detail.

Engel ähneln ziemlich den traditionellen Engelsdarstellungen auf Weihnachtskarten und Renaissance-Gemälden. Engel können sich in jeder Gestalt zeigen, aber sie wählen die Erscheinung in überlieferten Formen, damit wir ihre Gegenwart leichter erkennen. Hätten wir eine andere Vorstellung davon, wie ein Engel aussieht, so würden sich die Engel auch in dieser Gestalt zeigen. Ihre einzige Motivation ist die, uns zu helfen. Sie können also sicher sein, dass Ihnen die Engel helfen werden, während Sie mit den Augen noch eine gewisse Anpassung vollziehen müssen, um sie sehen zu können.

Achten Sie zunächst einmal auf das weiße Leuchten, wenn Sie Ihr Gegenüber bei dieser Übung oder andere Menschen ansehen. Und dann halten Sie mit Ihrem inneren Auge Ausschau nach dem schwachen Umriss eines Engels. Hier gilt, was auch auf andere Hellsichtigkeitsübungen zutrifft: Strengen Sie sich nicht an, etwas zu sehen. Geben Sie den Raum dafür, dass sich die Visionen einstellen, dann erkennen Sie zu Ihrer Überraschung vielleicht gleich mehrere Engel bei der Person. Die Engel werden wahrscheinlich diverse Gestalten und Größen aufweisen. Einige sind eventuell winzige Cherubim, während andere imposante Erzengel sind. Männliche, weibliche und androgyne Engel werden Ihnen auffallen. Viele Engel haben kleine Flügel, und andere haben eine riesige Flügelspannweite, fast wie ein Adler.

In den nächsten Kapiteln liegt der Schwerpunkt darauf, wie wir die Engel und die Stimme Gottes *hören* können.

11

Hellhören – Lauschen auf die Stimme der himmlischen Führung

Vielleicht haben Sie schon einmal eine der folgenden Erfahrungen in Richtung Hellhören gemacht:

- Sie hören einen Song im Radio, der Ihnen eine Botschaft zu übermitteln scheint oder Ihnen etwas bestätigt.
- Eine leise innere Stimme hilft Ihnen, eine Entscheidung zu treffen.
- Sie schnappen Gesprächsfetzen aus einer Unterhaltung auf, und die Worte sind genau das, was Sie hören müssen.
- Es ertönt eine donnernde Stimme aus dem Nichts, die Sie vor einer bevorstehenden Gefahr warnt.

In der Bibel wird des Öfteren eine »Stimme« erwähnt, die durch Hellhören wahrzunehmen ist, und oft ist dies eine perfekte Beschreibung der Stimme Gottes. Die Stimme klingt nicht immer leise, und sie ist nicht immer im Inneren angesiedelt. »Hellhörigkeit« oder »Klarhören« stellt sich aus vielen Richtungen und Lautstärken über das Netz der himmlischen Sendestationen ein.

Hellhören kann von einer physischen Stimme, die von einem Ort außerhalb von Ihnen zu kommen scheint, bis zu einer Stimme reichen, die Sie in Ihrem Herzen oder Kopf hören. Sofern wir nicht in Gefahr sind, kann die Stimme als ein Flüstern beginnen. Wenn wir die göttliche Führung lange genug ignorieren, kann es sogar passieren, dass Gott uns ins Ohr ruft. Immer werden wir durch das Hellhören auf eine positive Weise geführt.

159

Wenn uns die himmlische Führung etwas zuruft

In Krisenzeiten oder wenn Gefahr im Verzug ist, posaunen Gott und die Engel uns durchaus schon einmal lauthals etwas zu, um auf sich aufmerksam zu machen.

Jim

Im Januar 1996 fuhr Jim Clark mit fast hundert Stundenkilometern einen Highway in der Gegend von Palm Springs entlang, als er auf einen Lincoln Continental aufmerksam wurde, der unmittelbar vor ihm quer auf der Fahrbahn stand. Die Fahrerin des Fahrzeugs, eine alte Dame, die darauf wartete, nach links abzubiegen, um auf die gegenüberliegende Seite des Highways zu gelangen, sah überhaupt nicht, dass Jim auf sie zuschoss. Jims Frontalaufprall auf die Fahrerseite ihres Wagens schien unvermeidbar.

Er machte eine Vollbremsung, worauf der Wagen ins Schleudern geriet und ausbrach. Plötzlich ertönte eine laute Stimme, die Jim zubrüllte: »Lass das Lenkrad los. Sofort!« Er gehorchte und nahm die Hände vom Lenker und den Fuß von der Bremse.

Jim, der sich vor diesem Ereignis noch nie sonderlich Gedanken über Engel oder Spiritualität gemacht hatte, beobachtete zu seinem Erstaunen, dass sich sein Lenkrad wie von Geisterhand gesteuert drehte. Er wurde Zeuge, dass sich das Bremspedal, von einer unbekannten Kraft betätigt, auf und ab bewegte wie die Tasten eines elektrischen Klaviers. Wie durch ein Wunder schlitterte der Wagen, ohne Schaden anzurichten, um das Heck des Lincoln. Zu allem Überfluss war der Fahrbahnrand auch noch von einem rund drei Meter tiefen Graben gesäumt, aber Jims Fahrer aus dem Reich der Engel schaffte es, auch um einen Sturz in diesen Graben herumzukommen.

Während Jim um das Heck des Lincoln kurvte, fiel sein Blick in den Rückspiegel. Er sah eine riesige Staubwolke, die aufgewirbelt worden war, als sein Fahrzeug vom Highway herunterfuhr und mit quietschenden Reifen knapp den anderen Wagen verfehlte. Das Schauspiel hatte fast den gesamten Verkehr auf dem Highway zum

Erliegen gebracht, da alles davon in Anspruch genommen wurde, den Beinahe-Unfall zu beobachten. Doch Jim und der Lincoln kamen ungeschoren davon, da Jim dem lauten Kommando des Engels gehorcht hatte, die Hände vom Lenkrad zu nehmen.

Die Stimme des Engels, der mich warnte, jemand wolle meinen Wagen stehlen, war ebenso laut und kam ohne Umschweife auf den Punkt. Seitdem ich die Geschichte von meinem Autodiebstahl weitererzähle, hat man mir von vielen Seiten ähnliche Geschichten berichtet. Eine Frau namens Mary erledigte zum Beispiel gerade ihre Einkäufe in einem Lebensmittelladen, als eine laute Stimme sie anwies, den Laden sofort zu verlassen und nach ihrem Wagen zu sehen. Mary beachtete die Stimme nicht weiter. Als sie schließlich mit ihrem Einkauf fertig war, merkte sie, dass jemand ihren Wagen gestohlen hatte.

Die himmlische Führung erfolgt lautstark und deutlich, wenn wir sie hören müssen. Mitunter wird die Stimme Gottes auch laut, nachdem man da oben bemerkt hat, dass dezentere Hinweise schlichtweg nicht ankommen. In einem solchen Fall verschaffen sich die Engel dann durchaus recht vehement Gehör.

Nachdem ich meiner himmlischen Führung gefolgt war, die mir eingab, Heilerin und Buchautorin zu werden, war ich sehr zufrieden mit mir. Aus irgendeinem Grund dachte ich, damit habe sich die Sache mit der himmlischen Führung erledigt, denn schließlich hatte ich jeden Teil meiner Vision erfüllt. Also hörte ich auf, mich bei Gott weiter zu vergewissern, wie die Dinge standen. Doch das war ein riesiger Fehler. Ohne himmlische Führung war ich wie ein Flugzeugpilot ohne die Flugsicherung, durch die er mitbekommt, was sich vor, hinter und neben ihm abspielt. Ich versuchte zu handeln, ohne den vollständigen Plan zu kennen, den Gott und mein höheres Selbst für mich im Sinn hatten.

Angesichts dieses Vakuums in Sachen Informationen von oben gab ich mich zusehends mit Jobs ab, die eher meiner Brieftasche und meinem Ego dienten als dass sie mein eigentlicher Auftrag gewesen wären. Ich wurde zur Protagonistin einer Art »Fragen Sie Frau Irene«-Kolumne, eine Expertin in Beziehungsfragen, die auch oft zu Talkshows eingeladen wurde. Ich redete mir ein, dass das eine hilfreiche Betätigung sei, da die Liebe so manchem wirklich übel mitspielte. Und doch wusste ich im tiefsten Innern, dass ich mir etwas vormachte. Ich wusste, dass die Rolle von »Frau Irene« nicht meinem gottgewollten Daseinszweck entsprach, denn *es machte mir keine Freude.* Ich sah meinen Namen in Hochglanz-Frauenzeitschriften über Artikeln wie »So erkennen Sie Ihren Märchenprinzen« und »Woran Sie erkennen, dass er Sie betrügt«. Aber es schenkte mir keine Befriedigung, machte mich nicht glücklich, diese Artikel oder mich selbst in Nachmittags-Talkshows zu sehen.

Dennoch verdiente ich als »Liebesratgeberin« eine Menge Geld. Von daher zögerte ich, diese feste Einnahmequelle aufzugeben. Die Zeitschriftenredaktionen und Talkshow-Produzenten rannten mir förmlich hinterher, also brauchte ich mir nicht selbst Gedanken zu machen, wie ich an Jobs als »Kummerkastentante« in Sachen Liebe käme. Angefragt wurde ich von allen Seiten.

Die Engel hatten mich, wie in Kapitel 5 beschrieben, mit dem Gang der Dinge konfrontiert, indem sie mich fragten, ob ich denn vorhätte, das Leben, das ich für mich gewählt hatte, zu verschwenden. Die Erklärung der Engel, dass ich meine Familie wegen der Lektionen ausgewählt hatte, die ich mit ihrer Hilfe lernen würde, hatte mich enorm beeindruckt – doch offenbar nicht tief genug, als dass ich meine Lebensweise geändert hätte. Ich reiste weiterhin zwei-, dreimal im Monat nach New York oder Hollywood, um mich auf überregionalen Sendern als Kummerkastentante zu präsentieren. Und da mein Herz nicht bei der Sache war, fühlte ich mich dabei über weite Strecken ziemlich k.o. Also trank ich über den Tag verteilt Unmengen von Kaffee, um meinen Energiepegel künstlich heraufzufahren. Und um die ganze Stimulierung nachts wieder abzusenken, trank ich abends Wein, um überhaupt schlafen zu können.

Als mich die Engel damit konfrontierten, dass ich mein Leben vergeudete, hörte ich ihre sanfte und behutsame Stimme, die in Begleitung einer sehr starken, geradezu greifbaren Präsenz auftrat. Ich fühlte, wie sie sich um mich scharten und meine Aufmerksamkeit gebannt hielten, während sie mich leise hinsichtlich meiner Lebensentscheidungen berieten.

Da ich diese leise Führung nicht weiter beachtete, gelangte Gott offenbar zu dem Entschluss, dass bei mir eine wirklich laute Stimme angesagt wäre. Nur so würde es gelingen, mich zum Zuhören zu bringen. Ich hörte die gleiche Stimme, die mich später vor dem Autodiebstahl warnte; dröhnend und im Stakkatostil sagte sie: »Hör auf zu trinken und befasse dich mit dem *Kurs in Wundern!*« Es war eher ein energischer, wenngleich liebevoller Befehl als ein Tipp, den ich mit Engeln in Verbindung gebracht hätte. Dieses Mal hatte sich Gott meine Aufmerksamkeit gesichert. Ich forschte nach, was es mit *Ein Kurs in Wundern* auf sich hatte. Ich dachte, es müsse wohl ein Kurs sein, in dem man etwas Bestimmtes lernen würde, fand jedoch heraus, dass es sich um ein Buch handelte, das Jesus Christus als Gegengewicht zu den falschen Vorstellungen von seinen biblischen Lehren diktiert hatte.

Es dauerte noch sechs weitere Monate, bis ich so weit war, mich nach dem himmlischen Kommando zu richten. Als die Zeit schließlich reif war, gab ich am gleichen Tag das Rauchen auf und begann mit dem Studium von *Ein Kurs in Wundern*. Während meiner ernsthaften Meditationen über den *Kurs* begann mein Leben zunehmend heiler zu werden. Das einjährige Meditationsprogramm, »Übungsbuch« genannt, half mir, mich auf die leise, stille Stimme in mir einzuschwingen.

Meine Engel machten mich auf viele Lebenslektionen aufmerksam, die ich jetzt hören und denen ich nun stärker vertrauen konnte. Bald nachdem ich mit dem Trinken aufgehört und mit dem *Kurs* begonnen hatte, brachten sie mir die Lektion bei, ein Leben der Integrität zu führen. Ich hörte diese Weisheit tief in meinem Geist und meinem Herzen. Die Engel erklärten mit sanfter Stimme, begleitet von liebevollen Gefühlen, dass ich alle Verhaltensweisen einstellen müsse, die nicht meinem höchsten Bild von mir selbst entsprächen.

Ich wusste, das würde bedeuteten, auf die Frauenzeitschriften und Talkshows als feste Verdienstquelle zu verzichten. Sosehr ich den Engeln zustimmte, stellte ich mir dennoch die Frage, ob sie wohl den Kontakt mit der realen Welt verloren hätten. »Kunststück«, dachte ich bei mir, »die Engel brauchen sich keine Gedanken zu machen, wovon sie ihre Rechnungen bezahlen sollen. Für sie ist es also kein

Problem, gutes Geld abzulehnen.« Doch in meinem Inneren wusste ich, dass an mich der Aufruf erging, in gläubigem Vertrauen meinen Weg zu beschreiten. Ich musste den Mut aufbringen, die falschen Jobs aufzugeben, damit ein Vakuum für etwas Besseres entstehen konnte, das an ihre Stelle treten würde.

Als ich das erste Mal den hoch dotierten Auftrag eines Zeitschriftenverlages ablehnte, eine »Frau Irene«-Kolumne zu verfassen, war ich völlig aus dem Häuschen. Mein Gefühl bestätigte mir, dass die Engel recht hatten: Ich musste alle Verhaltensweisen ablegen, die meinem göttlichen Auftrag nicht dienlich waren. Bei einer der Zeitschriften verhielt es sich so, dass ich den Vertrag als Verfasserin der Liebesratgeber-Kolumnen beenden musste, und der Chefredakteur deutete an, mich gegebenenfalls wegen Vertragsbruch zu verklagen. Ich betete viel – wie auch viele aus meinem Freundeskreis und aus der Familie. Schließlich ersetzte man mich durch eine andere Kolumnistin, ohne dass das Thema eventueller Prozesse überhaupt noch einmal angeschnitten wurde, und man sagte mir, dass ich aus dem Team ausscheiden dürfe. Und just in dieser Zeit wuchsen mit einem Mal meine Einkünfte aus spirituell orientierten Seminaren, Artikeln und Büchern. Als schließlich der Zeitpunkt gekommen war, an dem ich mich von jeder Tätigkeit als Kummerkastentante gelöst hatte, war mein Konto praller gefüllt als je zuvor.

Wahre himmlische Führung wiederholt ihre Inhalte und ist monoton, wie bereits weiter vorne angesprochen. Wenn Sie nicht auf die himmlischen Einflüsterungen hören oder reagieren, werden die Engel und Gott sie so lange wiederholen, bis Sie es doch noch tun. Wenn Sie ihre Hilfe dann immer noch nicht verstehen oder sich dafür entscheiden, sie zu ignorieren, können Gott und die Engel reichlich laut werden. Das gilt vor allem dann, wenn Sie sich mit Bittgebeten nach oben wenden, dann aber taube Ohren für die Antworten haben.

Genau das machte ich auch selbst: Ich setzte mich über die Weisheit Gottes ganz stumpf hinweg. Seine einzige Möglichkeit, das Getöse in meinem Kopf zu übertönen, bestand darin, mir zuzubrüllen: »Hör auf zu trinken und befasse dich mit dem *Kurs in Wundern!*«

Ich staunte allenfalls darüber, dass Gott nicht noch hinzufügte: »... um Himmels willen!«

In Krisenzeiten können wir es Gott schon schwer machen, zu uns durchzudringen. Da will er uns trösten und uns helfen, eine Lösung für eine Situation zu finden. Doch wenn wir ohnehin schon in hellem Aufruhr sind, nehmen wir die Hilfe, die der Himmel uns anbietet, gar nicht wahr. Also brüllen Gott und die Engel uns an, um den Lärm in unserem Kopf zu übertönen.

Brian

Als sich Brian in aller Hast anzog, um zur Arbeit zu gehen, merkte er, dass seine Brieftasche fehlte. Er suchte die Stellen ab, an denen er sie vermutete: die Schreibtischschublade, die am Vortag getragene Hose, das Badezimmer, den Küchentisch ... Fehlanzeige. Brian geriet in Panik.

Er raste durch seine Wohnung, hob Kissen, Unterlagen und anderes hoch. Wo war die Brieftasche geblieben? Bald musste er den Dienst antreten und er brauchte an diesem Tag sein Geld und seine Kreditkarten. Genau in dem Moment, da Brian in sein Schlafzimmer zurückging, ertönte oberhalb seines rechten Ohrs lautstark eine Stimme: »Sie ist im Schrank, unter deinem Mantel!« Brian schüttelte den Kopf. Noch nie zuvor hatte er eine körperlose Stimme gehört. Aber da er ohnehin mit seinem Latein am Ende war, hob er tatsächlich seinen Mantel an, der auf dem Schrankboden lag. Und siehe da, dort befand sich seine Brieftasche, genau wie die Stimme gesagt hatte.

Die zarte, leise Stimme kann Leben retten

Oft stellt sich die himmlische Führung als eine schwache Stimme ein, die sich als lebensverändernd oder sogar lebensrettend erweisen kann, wenn wir ihr lauschen und uns nach ihr richten. Das gilt vor allen Dingen dann, wenn wir uns in einer schwierigen Situation befinden und zu Gott um Hilfe beten. Kann sein, dass er uns mit ruhiger, gemäßigter Stimme antwortet, da er aus seiner Warte sieht, dass am Ende alles bestens ausgehen wird. Aus unserer Perspektive jedoch sieht es vielleicht gar nicht so rosig aus und wir tun uns schwer damit, Vertrauen aufzubringen. Reagieren wir in Krisenzeiten allzu angespannt, verpassen wir womöglich die himmlische Eingebung, die den Schlüssel dafür bereithält, uns aus unangenehmen Situationen und Krisen zu befreien.

Ron

Ausgerechnet um zwei Uhr früh, in einer Gegend von Los Angeles, die – besonders nach Einbruch der Dunkelheit – als sehr gefährlich gilt, gab Ron Pauls Wagen den Geist auf. Da ihm nichts anderes übrig blieb, stellte er sich daraufhin an den Straßenrand und hielt per Handzeichen ein vorbeifahrendes Fahrzeug an. Die beiden Männer fanden sich bereit, Ron nach Hause zu bringen.

Kaum jedoch hatte er sich auf den Rücksitz des Zweitürers gezwängt, da dämmerte Ron schon, dass er in Schwierigkeiten war. Die Männer übertrumpften sich in abfälligen Bemerkungen über ihn und kündigten an, mit Ron zu einem Park zu fahren. In dem Moment wusste Ron, dass für ihn die Gefahr bestand, zusammengeschlagen oder gar umgebracht zu werden, aber er saß in der Falle, denn neben dem Rücksitz gab es keine Tür. Er bat die Männer, ihn aussteigen zu lassen, aber sie weigerten sich.

Daraufhin begann Ron, inständig zu beten. Er sagte zu Gott: »Du hast mir bislang noch immer geholfen. Ich brauche jetzt deine Hilfe – sofort!« In diesem Moment hielt der Wagen vor einer roten Ampel. Plötzlich hörte Ron eine innere Stimme, die zu ihm sagte: »Schiebe den Vordersitz mit Wucht nach vorne und quetsche dich schleunigst durch die Beifahrertür.« Ron gehorchte und stellte zu seinem Erstaunen fest, dass es ihm gelang, den Sitz nach vorne zu drücken und zu entkommen.

Die Männer im Wagen veranstalteten ein wildes Geschrei und nahmen die Verfolgung auf. Plötzlich fuhr ein Stadtbus vorbei. Ron hielt den Bus per Handzeichen an und erklärte dem Fahrer, dass er in Gefahr sei, worauf dieser ihm anbot, ihn nach Hause zu fahren. Die

166

beiden Männer im Wagen verfolgten den Bus noch eine Weile und brüllten dem Fahrer zu, er solle Ron aussteigen lassen. Schließlich jedoch gaben es die Verfolger auf, hinter dem Bus herzujagen, und bald konnte der Busfahrer Ron an seinem Zuhause absetzen. Er war in Sicherheit.

Am nächsten Tag rief Ron das Busunternehmen an, um sich bei seinem Retter zu bedanken. Doch als er den Namen des Fahrers nannte und mit ihm sprechen wollte, sagte man ihm, es gebe in der Firma gar niemanden, der so heiße und auf den die Beschreibung passe. Ron schilderte dem Disponenten noch weitere Einzelheiten zu dem Fahrer, vor allem die Uhrzeit und die Straße, in welcher ihn der Bus aufgesammelt hatte. Daraufhin versicherte man ihm nachdrücklich, dass auf dieser Route gar keine Busse führen, und in den frühen Morgenstunden schon gar nicht.

Da wurde Ron klar: Seine Hellhörigkeit hatte dafür gesorgt, dass er von einem Engel gerettet wurde. Der wundersame Helfer hatte sich in Gestalt eines Busfahrers samt Bus manifestiert, um Ron das Leben zu retten.

Ein Ohr für die zarte, leise Stimme

Wir können uns bewusst dafür entscheiden, die stille Weisheit zu hören, die sich vonseiten des Himmels als Antwort auf unsere Fragen einstellt. Genau das beschloss meine Freundin Virginia, die landein, landaus New-Age-Produkte an Buchhandlungen verkauft.

Virginia

Von Virginia geht ein glückliches Strahlen aus, weil sie auf einem Gebiet tätig ist, das ihrem göttlichen Lebenssinn entgegenkommt. Virginia liebt ihre Arbeit und ist dementsprechend erfolgreich.

Neulich jedoch begegnete sie einer Herausforderung. Sooft Virginia nämlich den Einkäufer für den landesweit größten Esoterikladen anrief, war er nicht im Büro. Auch die Nachrichten, die Virginia auf seinem Anrufbeantworter hinterließ, blieben unbeantwortet. Als metaphysisch denkender Mensch verschwendete Virginia keine Zeit damit, auf den Mann wütend zu werden. Vielmehr stellte sie sich die Frage: »Wodurch löse ich diese Situation aus?«

Virginia erhielt daraufhin von der Weisheit ihres höheren Selbst die Antwort: »Du erwartest von ihm nicht wirklich, dass er deine Produkte kauft, also rufst du ihn zu den falschen Zeiten an.« Angesichts dieser Antwort musste Virginia erst einmal schlucken. Sie erkannte nur zu gut, wie sehr das zutraf. Tief in ihrem Innern glaubt sie, dass der Zuständige sie abwimmeln würde. Ihre negativen Erwartungen erzeugten ein Klima, das eine erfolgreiche Interaktion mit ihm unmöglich machte.

Zunächst war also Heilung von Virginias Denkweise im Hinblick auf die Situation gefragt. Da Virginia Affirmationen mag, sprach sie die bekräftigenden positiven Sätze jeden Tag und visualisierte, wie ihre Produkte in der esoterischen Buchhandlung verkauft würden, für die der Einkäufer tätig war. Virginia ersetzte ihre negativen so lange durch positive Gedanken, bis sie sicher war, dass ihre Bemühungen erfolgreich sein würden.

Mit neu gewonnener Zuversicht bat Virginia die Engel, ihr zu sagen, wann sie den Mann in seinem Büro anrufen sollte. Jeden Tag fragte sie ihre Engel: »Wie wäre es jetzt? Soll ich ihn anrufen?« Und drei Tage hintereinander hörte sie als Antwort eine leise Stimme: »Jetzt ist nicht der richtige Zeitpunkt. Warte noch ein bisschen.« Die Stimme war wie ein leises und zartes Echo, das in Virginias Kopf widerhallte, kaum hörbar, wenn ihre eigenen Gedanken nicht zur Ruhe kamen.

Am vierten Tag erkundigte sich Virginia erneut bei den Engeln: »Sollte ich ihn jetzt anrufen?« Und dieses Mal entgegneten sie: »Ja, rufe ihn sofort an.« Ohne zu zögern, wählte Virginia die Telefonnummer des Mannes. Er nahm sofort ab und lud sie überaus freundlich zu sich ins Büro ein. Bei ihrem Treffen gab der Mann eine noch größere Bestellung für Virginias Produkte auf, als sie erhofft hatte. Sie sagte zu mir: »Jetzt weiß ich, göttliches Timing bedeutet, dass ich gewillt sein muss, zu fragen, wann der richtige Zeitpunkt für etwas gekommen ist.«

Virginias Geschichte unterstreicht, wie wichtig es ist, für die

Stimme der himmlischen Führung empfänglich zu sein. Wäre sie in Abwehrhaltung gegangen, dann hätte sie den himmlischen Rat, ihre Erwartungen hinsichtlich des Erfolgs mit dem Mann zu ändern, überhört. Viele meiner Klienten und Seminarteilnehmer sagen: »Ich kann meine innere Stimme nicht hören«, oder: »Ich weiß nicht, was Gott und die Engel mir zu sagen versuchen«, oder sogar: »Gott spricht nie zu mir.« In der Regel jedoch *wollen* sie die himmlische Führung gar nicht hören.

Virginia war auch gewillt, die Gedanken in ihrem Kopf zur Ruhe zu bringen, damit sie wie eine empfangsbereite Satellitenschüssel sein würde, die auf die himmlische Führung ausgerichtet war. Schließlich erzeugt geistiges Geplapper Störgeräusche und Interferenzen, die um unsere Aufmerksamkeit wetteifern, wenn Gott spricht. Mutter Teresa sagte einmal: »Bevor du sprichst, musst du erst einmal zuhören, denn Gott spricht in der Stille des Herzens.« Virginia gelang es, eine klare Führung zu erfahren, da sie alle anderen Gedanken aus ihrem Sinn verbannte. Und auch Sie können das – vor allem, wenn Sie Gott und die Engel um Hilfe bitten, damit Sie den Kopf dafür frei bekommen. Denken Sie daran: Der Himmel kann Ihnen bei *allem* helfen, aber zunächst einmal müssen Sie um Hilfe bitten.

Manchmal haben wir aber auch Angst davor, die göttliche Führung zu hören, da wir nicht auf ihre Stichhaltigkeit vertrauen.

Martha

Meine Klientin Martha Naravette war in der Verwaltung einer Highschool angestellt und suchte mich in der Hoffnung auf, auf spirituellem Weg von ihren Rückenschmerzen geheilt zu werden. Ihren Berichten zufolge hatte sie schon alles probiert – Physiotherapie, Chiropraktik, Reiki und Heilkräuter –, doch nichts schien zu wirken. Sie war aus gesundheitlichen Gründen vom Dienst freigestellt und die Krankenversicherung hatte es ihr zur Auflage gemacht, einen Rückenspezialisten aufzusuchen. Der orthopädische Chirurg hatte daraufhin eine sofortige Rücken-OP empfohlen. Und das war der Punkt, an dem Martha zu mir kam, um dem Problem mit spiritueller Heilung beizukommen.

Ihre Verzweiflung war unverkennbar. Zwar wollte Martha keine Operation, aber sie fragte sich schlichtweg, ob ihr womöglich nichts anderes übrig bliebe, da bisher nichts die Beschwerden gelindert hatte. Ich glaube, es ist eine Verzögerungstaktik, wenn wir uns scheinbar reale Erfahrungen in Form körperlicher Erkrankungen und Schmerzen zulegen: Im Grunde sperren wir uns gegen das, was uns die himmlische Führung mitteilen will. Solange wir krank sind, sind wir zu sehr mit den Beschwerden beschäftigt, um die Stimme Gottes zu hören. Von daher eröffne ich spirituelle Heilsitzungen oft mit der Frage: »Was hat Gott Ihnen zu sagen versucht, das Sie aus lauter Angst nicht hören wollten?«

Gewöhnlich reagieren Klienten überrascht, aber die Frage provoziert auch eine ehrliche Antwort. Martha tat einen tiefen Atemzug. Dabei hörte ich ihre Engel sagen, ihre Rückenschmerzen kämen daher, dass sie an der falschen Highschool arbeitete. Die Engel taten kund, dass Martha eigentlich in einen anderen Teil des Landes umziehen wollte, um näher bei ihrer Familie zu sein. Zudem ließen sie durchblicken, dass Martha und ihr Vorgesetzter wegen ihrer unterschiedlichen Persönlichkeiten ständig aneinandergerieten. Sie wollten, dass sich Martha bei dem Highschool-Bezirk bewerben sollte, der sich nicht weit vom Haus ihrer Familie befand. Allerdings sollte Martha ihre derzeitige Stelle nicht aufgeben, ohne zuvor Frieden mit ihrem Chef geschlossen zu haben.

Zwar hatte ich die Stimme der himmlischen Führung gehört, die Martha so ungern zur Kenntnis nehmen wollte, aber ich wusste auch, dass es am besten für sie wäre, wenn sie mir selbst von ihr berichten könnte. Würde ich ihr die Aussagen übermitteln, so würde sie das alles womöglich nicht glauben. Würde ich Martha aber helfen, die Stimme Gottes und der Engel zu hören, so würde sie eher geneigt sein, sich nach ihrer Weisheit zu richten.

»Ich …, ich weiß nicht«, stammelte Martha. »Ich versuche, Gottes Antworten auf meine Gebete zu hören, bin aber nie wirklich sicher, ob das meine Fantasie ist oder nicht.«

Das ist eine gängige Antwort auf meine einleitende Frage. Doch alle wissen tief in ihrem Innern, was Gott zu ihnen sagt. Von daher helfe ich immer ein wenig nach, bis meine Klienten sich selbst und mir gegenüber ihre himmlischen Eingebungen eingestehen. Also versuchte ich es auf einem anderen Weg: »Was versucht Ihr Rücken Ihnen mit seinen Schmerzen zu sagen?« Marthas Stimme war nur ein schwaches Wispern, als sie zurückgab: »Er sagt: ›Ich habe Angst.‹«

»Und wovor hast du Angst?«, fragte ich Marthas Rücken.

Auf diese Frage hin *channelte* Martha buchstäblich die himmlische Eingebung, die ich von ihren Engeln wenige Augenblicke zuvor gehört hatte. Hektisch und flach atmend erklärte sie, wie sehr ihr der Gedanke Angst mache, ihren derzeitigen Job aufzugeben. Was, wenn sie keinen anderen finden würde? Was, wenn sie gezwungen wäre, eine schlechter bezahlte oder weniger prestigeträchtige Stelle anzunehmen? Nachdem sie zwanzig Minuten lang geredet hatte, fragte ich Martha, wie es ihrem Rücken ginge. Zu ihrem Erstaunen stellte sie fest, dass sie schon während unserer gesamten Sitzung schmerzfrei gewesen war.

Ich brachte Martha dieselben Methoden bei, die auch in diesem Buch beschrieben werden, damit sie ihre himmlische Führung leichter hörte und erkannte. Sie ließ sich Schritt für Schritt von Gott führen, um sich auf eine Stelle in einem Schulbezirk nahe dem Wohnsitz ihrer Familie zu bewerben. Innerhalb von drei Monaten erhielt sie eine Stelle, die noch prestigeträchtiger und besser bezahlt war als ihre frühere. Heute ist ihr Rücken schmerzfrei und Martha hat keine Angst mehr davor, die Eingebungen ihrer himmlischen Führung zu hören.

Himmlische Führung kann uns bei Problemen jeden Ausmaßes helfen, ob groß oder klein. Es ist ein Fehler, zu glauben, dass Gott uns nur bei wesentlichen Konflikten in unserem Leben hilft. Gott und die Engel möchten uns alle auch nur vorstellbaren Fallstricke ersparen.

Richard, ein guter Bekannter von mir, war Ingenieur und ist jetzt im Ruhestand. Eine Nahtoderfahrung mit Anfang zwanzig machte Richard ganz stark auf das Licht und die Liebe des Himmels aufmerksam. Dennoch erschuf sich sein logisch denkender Verstand Zweifel im Hinblick auf Gott und die Engel – bis er sein Diktiergerät in die Toilette fallen ließ …

Richard

Richard wollte ein Traumtagebuch führen und legte deshalb Stift und Notizblock auf seinem Nachttisch bereit. Allerdings vergaß er morgens ständig, seine Träume aufzuschreiben. Also kaufte seine Frau Cathy ihm als Geschenk ein Mini-Diktiergerät. Es war die perfekte Lösung. Unmittelbar nach dem Aufwachen steckte sich Richard das Diktiergerät in die Brusttasche und sprach alles, was ihm zu seinen Träumen einfiel, ins Mikrofon.

Zwei Wochen nachdem er das Diktiergerät erhalten hatte, war Richard damit beschäftigt, sich um einiges im Haushalt zu kümmern. Er putzte gerade das Badezimmer und beugte sich über die Toilette, als das Diktiergerät aus seiner Brusttasche herausrutschte und zu seinem Schrecken in die WC-Schüssel fiel. Er fischte es heraus und stellte es an. Aber es kam nicht mehr in Gang, nur ein Quietschen war zu hören. Es dauerte nicht lange, bis auch der Motor nicht mehr lief. Das Diktiergerät war Schrott.

Richards technischer Verstand sagte ihm, dass das Wasser einen Kurzschluss im Gerät ausgelöst und es irreparabel beschädigt hatte. Er war außer sich und machte sich Sorgen, wie wohl seine Frau reagieren würde, wenn sie von ihrem kaputten Geschenk erfuhr. Während Richard dasaß und sich ratlos das Diktiergerät besah, sagte eine innere Stimme: »Richard, nimm es mit nach draußen und lass es in der Sonne braten.« Richard lächelte unwillkürlich, da ihn die Stimme an den Engel erinnerte, der ihm bei seiner Nahtoderfahrung begegnet war. Er hakte nach, ob es die Stimme seines Schutzengels sei. Die Stimme meldete sich sofort zurück und antwortete mit einem »Ja!«

Immer noch skeptisch, gehorchte Richard der Eingebung des Engels und brachte das Diktiergerät nach draußen. Dabei dachte er die ganze Zeit: »Das Diktiergerät ist ruiniert, was ich auch tue. Es spielt keine Rolle, ob es wieder trocknet oder nicht. Funktionieren wird es ohnehin nicht wieder.« Zum Glück hatten Richards Zweifel keine Auswirkungen auf das kleine Wunder, das sein Engel daraufhin arrangierte. Nachdem Richard das Diktiergerät in der Sonne gelassen hatte, begab er sich nach drinnen, um bei dem Laden anzurufen, in dem Cathy das Gerät gekauft hatte. Richard erhielt die Auskunft, er solle in zwei Stunden vorbeischauen, dann werde man für ihn einen Ersatz bereithalten.

Neunzig Minuten später holte Richard sein Diktiergerät wieder von der sonnigen Veranda herein, um es zwecks Austausch mit zum Laden zu nehmen. Als er ins Haus zurückging, um seine Autoschlüssel zu holen, hörte Richard seinen Schutzengel sagen: »Probier es aus.«

Richards erster Gedanke war: »Ha, ha, sehr witzig.« Trotz seiner Skepsis jedoch drückte er auf die Starttaste – und das Diktiergerät funktionierte! Während er sich noch das Hirn zermarterte, wie denn bloß die Reparatur des vom Kurzschluss betroffenen Mechanismus zustande gekommen sein mochte, hörte Richard seinen Engel »Bitte sehr!« sagen. Verblüfft über dieses »Wunder«, das er mit seinem technischen Verständnis nicht fassen konnte, saß Richard da. Er besah sich sein Diktiergerät und dankte seinem Engel.

Wenn Hellhören mit anderen Kanälen zusammentrifft

Manchmal lässt sich die Stimme Gottes nicht nur hören, sondern macht sich zudem über weitere göttliche Kommunikationskanäle bemerkbar, etwa in Form einer Vision, eines Gefühls oder eines plötzlichen Wissens. So erging es auch Patrice Karst.

Patrice

Patrice hatte immer gewusst, dass ihr ein höherer Daseinszweck auf der Welt zugedacht war, aber sie wusste nicht, welcher. Also betete sie inständig, dass Gott ihr zeigen solle, was es für sie zu tun galt. Zunächst tat sich gar nichts: kein Zeichen, kein Wort von Gott, nichts. Zum Glück verlor Patrice nie die Hoffnung. Sie hörte einfach nicht auf zu beten.

Eines Samstagmorgens wachte Patrice unvermittelt auf, und als sie die Augen aufschlug, sah sie die Worte »God Made Easy« vor sich. Gleichzeitig hörte Patrice eine Stimme, die diese Worte zu ihr sagte. Patrice's unmittelbarer Gedanke war: »Wow, das wäre ein toller Buchtitel. Vielleicht schreibe ich es eines Tages.« Danach schloss Patrice die Augen, um weiterzuschlafen.

Aber sie fand nicht mehr in den Schlaf. Ein intensives Gefühl sagte ihr: »Steh sofort auf und schreibe an dem Buch.« Das Gefühl ließ keinen Zweifel zu, und Patrice erlebte es eher wie einen Befehl, nicht wie eine Bitte. Sie kroch aus dem Bett und schnappte sich Stift und Papier. Die gleiche innere Stimme, die zuvor »God Made Easy« gesagt hatte, diktierte nun Sätze, die Patrice zu Papier brachte. Eine Stunde später saß sie vor zwanzig handgeschriebenen Seiten. Die Stimme kündigte daraufhin an: »Hieraus soll ein Buch werden, das in alle Welt gehen wird, um die Menschen auf dem Planeten mit dem Wunder bekannt zu machen, das Gott ist.« Im folgenden Jahr brachte Warner Books Patrice's inneres Diktat als Buch heraus. Sein Titel lautete: *God Made Easy*.

Wenn die Gebete anderer unsere himmlische Führung leiten

Wir erfahren Führung von oben anlässlich lebensbedrohlicher Situationen und infolge unserer im Gebet geäußerten Bitten um Antworten, Vorschläge und Richtungsvorgaben. Zudem hören wir Gottes Stimme, die uns den Weg weist, auch als Reaktion auf die Gebete *anderer*.

Als ich gerade eine lange Flucht von Betonstufen zum Strand bei Dana Point hinunterging, wurde ich auf eine Frau und zwei Kinder vor mir aufmerksam. Die Frau – sie schien ungefähr in meinem Alter – war kahlköpfig und trug eine Mütze. »Oh nein«, dachte ich, als mir klar wurde, dass sie wohl schwer krank war. Zunächst versuchte ich mich abzuschotten und jeden Gedanken an sie oder jede Interaktion mit ihr zu vermeiden. Dann übernahm mein höheres Selbst und erinnerte mich daran, dass es keine Zufälle gibt. Die göttliche Ordnung hatte mich nicht ohne Grund direkt hinter dieser Frau auf die Stufen gestellt.

Kurz zuvor hatte ich göttliche Weisungen empfangen, mit Menschen zu arbeiten, die körperlich besondere Probleme haben. Doch weil ich im Dunstkreis der Christian Science aufgewachsen war, wo es immer hieß, man solle sich keine Gedanken über Krankheit machen, dann würde man auch nicht krank, hatte ich Kontakte mit physisch Kranken vermieden. Ich wusste jedoch um den spirituellen Kern der Situation: In Wirklichkeit war die Frau ja überhaupt nicht krank, und ich musste meine Gedanken eben auf Dimensionen oberhalb der physischen Ebene konzentrieren, wenn ich über uns beide nachsann. Für mich galt die Wahrheit, dass wir nur ein Geist sind und dass der Körper lediglich eine Illusion ist. Die himmlische Führung sagte mir, dass diese Frau wie jemand sei, der demnächst ein Gebäude verließ, denn ihre Seele sei im Begriff, diese physische Ebene zu verlassen – das war alles. Nichts daran müsse Anlass für Angst geben. Sie hatte beschlossen, sich von hier zu verabschieden und nach Hause zu gehen.

Während mir all das durch den Sinn ging, sagte mir eine innere Stimme, ich solle mit der Frau reden. Aber wie? Es war mir ein Rätsel, dachte ich doch bei mir, wie anmaßend und lächerlich es wäre, wenn ich auf sie zulaufen und ein Gespräch anfangen würde. Genau in diesem Moment verlangsamte ihre Tochter mit einem Mal das Tempo. Sie trug eine große, schwere Plastiktüte, und ich fragte sie: »Brauchst du Hilfe?« Sie schüttelte den Kopf und verneinte. Einen Moment später sah sie mich an und meinte: »Na ja, bei näherer Überlegung doch«, und reichte mir die Plastik-Mülltüte, mit der Erklärung, dass ihre Inlineskates darin seien.

Ich unterhielt mich mit dem Mädchen. Ihr Name war Natalie, zwölf Jahre alt, aus San Clemente. Als wir uns dem Strand näherten, sagte ihre Mutter, die meine Gegenwart gar nicht bemerkt hatte, mit wunderschönstem britischem Akzent zu Natalie: »Geht das mit der Tasche?« Dann drehte sie sich um und nahm mich wahr. Aus ihrem Gesicht sprach Überraschung. Ich stellte mich vor und ließ Liebesenergie zu der Frau hinströmen. Natalie beschloss, dass sie ihre Inlineskates doch nicht auf dem Parkplatz benutzen wollte. Die Mutter fragte, ob Natalie mit mir am Strand spazieren gehen könne.

Natürlich willigte ich ein. Auf dem Spaziergang sprach Natalie lebhaft über Jungs, die Schule und ihren Stiefvater. Über die offensichtliche Erkrankung ihrer Mutter verlor sie kein Wort, und ich unterließ es, nachzubohren. Am Rand des Wassers zeigte mir Natalie, wie ich Steinchen über das Wasser hüpfen lassen konnte. Sie hatte viel Kraft im Arm, und schließlich kam sogar ein Passant zu uns herüber, um sie zu bewundern, weil sie die Steine so gut springen lassen konnte.

Während wir so am Ufer standen, brachte ich Natalie bei, wie sie einer Welle ein Kommando geben konnte, wenn das Wasser über unsere Füße zu rollen drohte. »Bleib! Bleib!«, gebot ich dem Wasser, und immer hielt es inne und rollte ins Meer zurück, bevor es unsere Füße berührte. Zuerst war Natalie skeptisch. Dann probierte sie es aus – und vier von fünf Malen gelang es ihr.

»Siehst du, wie viel Macht du hast?«, hakte ich nach.

»Gar nicht«, murrte sie.

»Du hast *sehr* große Macht, Natalie«, versicherte ich ihr.

Danach gebot Natalie dem Wasser erfolgreich, innezuhalten. Mir fiel auf, wie sehr meine eigenen Sorgen und Bedenken in den Hintergrund traten, solange ich hier damit beschäftigt war, jemand anderen anzuspornen. Ein Geschenk, das im Geben liegt ...

Nachdem sich Natalie wieder zu ihrer Mutter und ihrer kleinen Schwester gesellt hatte, verabschiedete ich mich und wandte mich zum Nachhausegehen. Aber die innere Stimme wies mich an, noch etwas Weiteres zu tun, bevor ich ging.

»Hier«, sagte ich zu Natalie. »Du kriegst einen Engel von mir.« Ich bedeutete einem Engel über meiner rechten Schulter, mitzukommen. Dann wies ich ihn an, sich auf Natalies linker Schulter niederzulassen. »Sie heißt Priscilla, und du kannst jederzeit mit ihr sprechen. Und immer wenn du mit mir reden möchtest, sage es einfach Priscilla. Sie gibt es dann an mich weiter.«

»Wo?«, fragte Natalie und verrenkte sich halb die linke Schulter bei dem Versuch, den Engel zu entdecken. »Wo ist sie?«

»Du kannst sie nicht sehen, aber du kannst sie spüren«, gab ich ihr zu verstehen. Vielleicht wird Natalie Priscilla eines Tages auch *tatsächlich* sehen. Wenn sie im Dunkeln miteinander sprechen, wenn das Mädchen dem Engel seine Sorgen, Hoffnungen und Träume mitteilt, werden sie sicher ganz enge Freundinnen werden.

176

»Find ich klasse, dass Sie zu uns gekommen sind und uns angesprochen haben«, sagte Natalie.

»Ich auch«, gab ich zurück. Dann fügte ich noch hinzu: »Ich hatte
das Gefühl, dass ihr nett seid.«

Bei diesen Worten sah mich Natalie perplex an. »Warum sollten
wir denn *nicht* nett sein?«, fragte sie.

»Ja, in der Tat«, dachte ich. »Warum sollte ich davon ausgehen,
dass irgendjemand *nicht* nett ist? Schließlich würde mich die innere
Stimme doch nie in eine Richtung schicken, wo ich etwas anderes als
die allernettesten Situationen erlebe.«

Auf die himmlische Führung hören

Die innere Stimme lenkt mich immer wieder in die Richtung, Fremden auf die eine oder andere Weise zu helfen, und ich habe gelernt,
der himmlischen Führung, die aus ihr spricht, zu vertrauen. Heute
zögere ich kaum noch, wenn Gott und die Engel mir sagen: »Gib
dem Obdachlosen da drüben etwas Geld«, oder: »Begrüße die Frau
dahinten.« Dabei stellt sich immer heraus, dass mich die Erlebnisse
genauso sehr bereichern wie die Menschen, mit denen ich umgehe –
wenn nicht sogar noch mehr. Ich weiß, wenn ich diese himmlischen
Anweisungen erhalte, bittet mich Gott, ihm dabei zu helfen, auf die
Gebete eines Menschen zu antworten.

Bei den Sitzungen, in denen es um Engelsbotschaften und spirituelle Heilung geht, erhalte ich die himmlische Führung oft über
den Kanal des Hellhörens. Zuweilen höre ich sie als einen im Steno-
grammstil abgefassten Satz, etwa »Vater, vergib«, was mir zeigt, dass
meine Klientin eine unaufgelöste Abneigung gegenüber ihrem Vater
hegt. Ich fungiere dann als Übersetzerin, indem ich meiner Klientin Wort für Wort die himmlischen Anweisungen übermittle, ohne
meine eigene Meinung oder Interpretation einzustreuen. Diese wort-
getreue Übertragung sorgt dafür, dass mein Ego und meine Inter-
pretationen die getreue Überbringung der himmlischen Führung für
den Klienten oder die Klientin nicht stören.

Göttliche Führung erhalten wir immer dann, wenn wir den Himmel um Hilfe bitten. Sie ist die Antwort auf unsere Gebete. Unsere Aufgabe besteht dann darin, Gottes Anweisungen wahrzunehmen und zu befolgen. Unsere menschliche Anstrengung, in Kombination mit Gottes allmächtiger Weisheit und Kreativität, schafft dann für jedes scheinbare Problem die perfekte Lösung. Wenn wir die göttliche Führung falsch einschätzen oder aus irgendeinem Grund Angst haben, uns nach ihr zu richten, kommen wir womöglich zu der Annahme, dass unsere Gebete nicht erhört werden. Dabei sind *wir* diejenigen, die nicht hinhören. Deshalb hilft uns die Öffnung der Kanäle, über die unsere Kommunikation mit den himmlischen Mächten stattfindet, beim gemeinsamen Erschaffen mit Gott.

Ich bin dankbar, dass mein spirituelles Gehör offen war, als ich vor ein paar Jahren himmlische Führung erfuhr, die mir half, ein neues Zuhause zu finden:

Damals lebte ich in einem beengten und überteuerten Apartment in der Nähe eines winzigen Flüsschens. Eines Morgens wachte ich auf und war es mit einem Mal furchtbar leid, so zu wohnen. Ich war es leid, Miete zu zahlen, ich hatte mein winziges Bad und meine zu kleine Küche satt und vermisste den Ausblick durchs Fenster aufs Wasser. Ich wusste sehr klar, was ich wollte, und bat Gott mit Bestimmtheit und ohne jede Zurückhaltung, es mir zu beschaffen. Vielleicht rührte es daher, dass mir meine derzeitige Situation wirklich auf die Nerven ging – jedenfalls brachte ich meine Bitte um himmlische Führung unmissverständlich auf den Punkt. Außerdem hatte ich nicht die leisesten Zweifel im Hinblick auf das Erbetene, was sicher der Grund dafür ist, dass Gott mein Gebet postwendend erhörte.

Im Geist sagte ich: »Ich arrangiere mich jetzt nicht länger mit dieser Wohnung. Ich will raus! Ich habe ein besseres Zuhause verdient und bitte jetzt um etwas, das mir selbst gehört, das sich am Wasser befindet und pro Monat weniger kostet als die Miete, die ich derzeit zahle. Außerdem darf dafür keine Anzahlung fällig werden, denn dafür habe ich nichts zurückgelegt.«

Als ich kurze Zeit später zur Arbeit fuhr, wies mich eine laute innere Stimme energisch an: »Jetzt rechts in diese Straße abbiegen!«

Das Kommando kam so abrupt, dass ich sofort den Lenker nach rechts zog. Bisher war ich immer nur ein Stück weit in diese Straße hineingefahren, aber die Stimme wies mich an, weiterzufahren. Ein Teil von mir hatte Bedenken, dass ich zu spät zur Arbeit erscheinen würde, aber ich war völlig außerstande, zu wenden. Die Stimme, gepaart mit einem intensiven Gefühl, nötigte mich, so lange weiterzufahren, bis ich zu einem Areal kam, das an einen riesigen, wunderschönen See angrenzte. Und dort rechts stand ein Wohnkomplex, den ich noch nie zuvor gesehen hatte.

Ich fuhr auf den Parkplatz, ganz dem Charme der wunderhübschen blauen, zweistöckigen Cape-Cod-Mehrfamilienhäuser erlegen. Mein Blick fiel auf eine idyllische, üppig mit Geranien bestückte Fensterbank, über der ein riesiges handgemaltes »Zu verkaufen«-Schild prangte. Mir zitterten die Hände, als ich die Telefonnummer von dem Schild abschrieb. Ich wusste gleich: Das würde mein künftiges Zuhause werden.

An meinem Arbeitsplatz angekommen, hatte ich nichts Eiligeres zu tun, als die angegebene Telefonnummer zu wählen. Ich spürte förmlich die Gegenwart von Engeln, mit ihren zum Greifen realen ätherischen Umarmungen, die mich aufmunterten. Ich wusste, dass Gott die Situation lenkte, weil sich mühelos eines zum anderen fügte. Ich erreichte den Besitzer der Wohnung sofort und vereinbarte noch für den gleichen Tag einen Besichtigungstermin.

Als ich den Mann kennenlernte, der gleichzeitig Immobilienmakler und Eigentümer der Wohneinheit war, stellte ich fest, dass ihm der ganze Komplex gehörte. Die Engel hielten noch zwei nette Überraschungen für mich bereit: Der verlangte Preis betrug nur einen Bruchteil dessen, was ich erwartet hatte, und der Besitzer ließ sich willig darauf ein, keine Anzahlung zu verlangen. Eine Stunde später hatte ich einen Vertrag unterschrieben und hielt die Schlüssel in den Händen. Und so zog ich noch an diesem Wochenende in das erschwingliche Zuhause am Wasser ein, um das ich Gott gebeten hatte.

So stellt sich also die leise, fast überhörbare Stimme im Inneren in vielerlei Formen ein. Sie kann laut kommandieren oder als bestimmte, aber liebevolle innere Stimme kommen. Wir hören die Stimme Gottes, wenn wir in Gefahr sind, wenn wir ein wenig Aufmunterung ersehnen oder wenn jemand unsere Hilfe braucht.

Hellhören über Musik und andere Menschen

Gott und die Engel erhören unsere Gebete manchmal durch himmlische Führung, die über Songs im Radio, aufgeschnappte Gespräche oder zufällige Bemerkungen anderer erfolgt.

Cheryl

Cheryl war am Boden zerstört, als Tony, ein enger Freund von ihr, sich umbrachte. Sie trauerte sehr um ihn und fragte sich immer wieder, ob sie womöglich hätte eingreifen und seinen Tod verhindern können. Als Cheryl am Tag nach Tonys Tod den Zündschlüssel ins Schloss steckte, lief im Autoradio ein Song an, den beide geliebt hatten. Jeden Tag hörte Cheryl dieses Stück an den unterschiedlichsten Orten: im Lebensmittelladen, als Wartemelodie am Telefon und aus dem Autoradio.

Zunächst hielt Cheryl es noch für reinen Zufall, dass sie diesen Song nach Tonys Tod ständig irgendwo hörte. Nachdem es allerdings vier oder fünf Tage lang so gegangen war, sagte Cheryl schließlich laut: »Okay, Tony, die Nachricht ist angekommen!« Die musikalische Botschaft hatte für sie etwas Tröstliches und half ihr, die Trauer zu überwinden.

Hin und wieder erhalten wir auf dem auditiven Kanal auch himmlische Führung durch andere, die uns Botschaften Gottes übermitteln – oft ohne es zu wissen.

Jonathan

Jonathan Robinson trug sich mit dem Gedanken, nach Indien zu reisen, um dort dem spirituellen Lehrer Sai Baba zu begegnen. Die Reise würde zeitaufwendig und kostspielig sein, von daher war Jonathan unentschlossen. Schließlich betete er um himmlische Führung, die ihm helfen würde, die richtige Entscheidung zu treffen.

Nach dem Gebet verspürte Jonathan den intensiven Impuls, den Fernseher einzuschalten. Obwohl er normalerweise nicht viel fernsah, gehorchte er dem inneren Kommando. Und just in dem Moment, da das Bild auf dem Monitor erschien, sagte ein Mann in einer Fernsehsendung im Befehlston: »Du musst nach Indien!«

Jonathan wusste, dass er von den himmlischen Mächten dazu hingeführt worden war, diese Botschaft zu hören: Obwohl es sich um ein vorab aufgezeichnetes Fernsehprogramm handelte, fasste er sie als die Antwort auf seine Gebete auf. Die Botschaft war für Jonathan ein eindringlicher Appell, nach Indien zu reisen. Und im Nachhinein hat er das Gefühl, dass diese Reise und die Begegnung mit Sai Baba ihn so bereicherte, wie es anderweitig undenkbar gewesen wäre.

Führung über den Kanal des Hellhörens stellt sich oft über andere Menschen ein, wie Jonathans Geschichte illustriert. Wenn wir darauf vertrauen, dass unsere Gebete um göttliche Führung stets erhört werden, achten wir von Natur aus wachsam auf die Antworten, die sich auf völlig unerwartete Weise einstellen. Blanker Unglaube würde uns hier dazu bringen, solche Antworten als reine Zufälle abzutun. Dabei kommt himmlische Führung durch den Kanal des Hellhörens manchmal sogar aus dem Mund der Allerkleinsten. Diese Entdeckung machte zumindest Patrice Karst. Sie konnte sich die Führung, die sie erfuhr, nur als Werk des Himmels erklären.

Patrice

Eines Tages saß Patrice am Steuer ihres Wagens und war ganz niedergeschlagen. Irgendwie hatte sie den Eindruck, dass es in ihrem Leben nicht zum Besten lief. Ja, sie war dankbar für ihren sechsjährigen Sohn Elijah, der auf dem Rücksitz saß. Aber alles andere in ihrem Leben schien das reinste Chaos zu sein. Während sie so die Straße entlangfuhr, betete Patrice im Stillen um Hilfe: »Gott, ich kann dich gerade gar nicht spüren und ich habe Angst! Mein Leben ist ein Desaster; ich fühle deine Gegenwart nicht. Bitte lass mich einfach nur spüren, dass du hier bei mir bist!«

Einen Augenblick später rief Elijah voller Begeisterung, jedoch mit einer für ihn untypischen, eindringlichen Stimme, die fast wie die eines Erwachsenen klang: »Spürst du das? Spürst du das?«

»Was?«, fragte Patrice.

»Das ist Gott! Er ist überall! Er ist im Wind. Er ist im Auto. Er ist überall!«

Patrice stellten sich die Haare zu Berge. In diesem Moment wusste sie, dass Gott ihr stummes Gebet gehört hatte. Gott beantwortete ihr Gebet um himmlische Führung, indem er durch ihren dafür empfänglichen Sohn Elijah sprach. Und zum Glück war Patrice wiederum empfänglich dafür, diese Antwort auf ihr Gebet zu hören.

Aufmerksamkeit und Empfänglichkeit spielen eine wichtige Rolle, wenn es darum geht, himmlische Führung zu erfahren, zu verstehen und von ihr zu profitieren. Im nächsten Kapitel soll es um Möglichkeiten gehen, die Klarheit und Lautstärke von himmlischer Führung über den Kanal des Hellhörens zu erhöhen, um sie verstehen zu können.

12

Botschaften klar hören – Wege zur Steigerung der eigenen Hellhörigkeit

Einige Menschen tendieren von Natur aus dazu, himmlische Stimmen zu hören. Das gilt vor allem für Menschen, die geräuschempfindlich sind, musikalische Neigungen haben oder mehr auf den Klang einer Stimme achten als auf die Worte an sich. Ebenso wie wir unser physisches Gehör dazu einsetzen, physische Geräusche zu hören, so setzen wir unser spirituelles Gehör ein, um himmlische Führung zu erhalten, die sich in Wort und Klang einstellt.

Jeder kann aufnahmefähiger für die himmlische Führung werden. Die beiden Möglichkeiten, die Lautstärke und Klarheit des Hellgehörten zu steigern, sind die Befreiung von Ängsten, die hiermit verbunden sind, sowie das Praktizieren einiger Techniken.

Sich lösen von der Angst, die himmlische Führung zu hören

Angst ist der Hauptgrund, wenn man die Stimme Gottes nicht ohne Weiteres hören kann. Gott ist überall, auch in uns. Von daher müssen wir uns nicht anstrengen, um eine Stimme zu hören, die irgendwo in weiter Ferne ertönt. Die Stimme Gottes umfängt und umgibt uns. Unser Schöpfer spricht ständig mit uns; die Stimme Gottes hallt von überall her wider: in uns und außerhalb von uns. Der Hauptgrund, weshalb wir die himmlische Führung nicht hören, liegt in unserer Angst, sie zu hören.

Die Angst vor der Stimme Gottes kann mit der Angst zusammenhängen, zur Marionette zu werden. Wer Bedenken hat, dass Gott

183

womöglich das Kommando über sein gesamtes Leben übernimmt oder ihn zwingt, bestimmte Dinge gegen den eigenen Willen zu tun, der wird sich dem vielleicht widersetzen, indem er besser gar nicht erst hinhört. Oder man befürchtet, dass Gottes Führung das eigene Leben ja auch zum Schlechteren wandeln könnte.

Natürlich hatte ich selbst schon mit diesen Ängsten zu kämpfen. Ich erinnere mich, dass ich mich fühlte wie ein aufmüpfiger Teenager, der gegen Autoritätsfiguren rebelliert, wenn ich Gottes Führung bewusst missachtete. Ich wollte nicht, dass mir jemand sagte, was ich zu tun hätte, selbst wenn es mir Glück bescheren würde. Ich erinnere mich auch an meine Angst, Gott würde mich dazu bringen, die wenigen materiellen Vergnügungen aufzugeben, die ich genoss. Ich dachte, Gottes Wille für uns sähe vor, dass wir ein ästhetisch ödes Leben führen sollten, ohne jegliche »menschliche« Freuden. Ich brauchte lange, bis ich verstand: Nur das mit dem niederen Selbst verbundene Ego will, dass wir ein erbärmliches, ödes Leben führen. Gottes Wille ist der gleiche wie der Wille unseres wahren Selbst: perfekter Frieden und Glück.

Viele meiner Klientinnen und Klienten sowie viele, die meine Workshops und Seminare besuchen und in fundamentalistisch angehauchten Glaubenssystemen aufwuchsen, fürchten die Vergeltung Gottes. Sie vermeiden es, auf die göttliche Führung zu hören, weil sie annehmen, es seien ja doch nur schlechte Nachrichten von ihr zu erwarten. Ihnen ergeht es wie Schülern, die sich davor fürchten, ins Büro des Rektors gerufen zu werden: Ihre Schuldgefühle wegen angeblicher Missetaten erzeugen die Angst vor Zurechtweisung oder Bestrafung. Doch diese Angst ist reine Projektion. Da das dem niederen Selbst zuzuordnende Ego rachsüchtig ist, ohne es jedoch eingestehen zu wollen, sieht das Ego diese Eigenschaft auch an allen anderen – Gott inbegriffen. In Wahrheit will Gott für uns, dass wir unsere Fehler korrigieren, nicht, dass wir dafür bestraft werden. Schließlich sind wir ja eins mit Gott! Warum sollte Gott sich selbst bestrafen wollen?

Was die Frage angeht, ob das Hören von himmlischen Anweisungen wohl »moralisch vertretbar« sei, helfe ich meinen Klienten über ihr Unbehagen hinweg, indem ich sie daran erinnere, dass diese göttliche Führung ja schließlich mehr Freude im Leben schafft sowie eine stärkere Ausrichtung darauf, anderen zu dienen, und mehr Mitgefühl und Liebe bringt. Und das alles sind Eigenschaften Gottes, nicht etwa des »Teufels«. Wenn überhaupt, so bewirken die Einflüsterungen des niederen Selbst die »schlechten« Resultate wie Depressionen, den Hang zum Verurteilen sowie Süchte.

Manchmal steht auch das Gefühl, diverse positive Dinge nicht verdient zu haben, im Weg, wenn es darum geht, die Stimme des Himmels zu hören. Wenn Sie das Gefühl haben, Sie hätten einen Job, der sie glücklicher macht, ein erfüllteres Liebesleben oder einen gesünderen Körper nicht verdient, werden Sie bei allem, was Sie in diese Richtung führt, ins Zittern geraten. Es würde Ihnen Angst machen, wenn Sie auch nur zu *hoffen* wagten, dass Ihr Leben besser sein könnte – aus Furcht vor Enttäuschung oder davor, den neu erworbenen Schatz wieder zu verlieren.

Gott und die Engel können Ihnen diese Ängste nehmen, wenn Sie sich von ihnen helfen lassen. Atmen Sie einfach ein paarmal tief durch und bitten Sie sie, Ihnen bei der Lösung von Ängsten zu helfen, die Sie davon abhalten, die Stimme der himmlischen Führung zu hören. Sie brauchen dazu keine förmliche Anrufung und kein Gebet, nur das aufrichtige Verlangen, von den Ängsten befreit zu werden. Erbitten Sie göttlichen Beistand bei der Befreiung von Ängsten, werden Sie spüren und wissen, dass Gott und die Engel um Sie sind. Wenn Sie sich für die Hilfe des Himmels öffnen, kommen Sie in den Genuss der Erleichterung, die damit verbunden ist, dass endlich Licht auf düstere Gedanken oder Gefühle fällt.

Reinigung der Ohrchakren

Wie die Fähigkeit zum Hellsehen verbessert sich auch das Hellhören, wenn wir die betreffenden Chakren reinigen. Die *Ohrchakren* befinden sich direkt im Kopf, nicht weit vom linken und rechten Ohr. Sie zeigen in einem 30-Grad-Winkel zur Mitte des Kopfes, und ihre Energiefrequenz erscheint Hellsichtigen rotviolett.

Hauptursache von Blockaden der Ohrchakren sind Angst oder

Wut in Zusammenhang mit unangenehmen Äußerungen. Bei allen, die verbale Beschimpfungen über sich ergehen lassen mussten, dürften sich mit großer Wahrscheinlichkeit Angst oder Ablehnung in den Ohrchakren finden. Diese düsteren Gefühle nisten sich in den Chakren ein und warten darauf, dass wir die verletzenden verbalen Botschaften im Geist wieder abspulen. Von diesen alten Gefühlen können wir uns jedoch lösen, sodass die Ohrchakren wieder geklärt werden und ein »klares Hören« möglich wird.

Fast jedes Wochenende mache ich das Publikum meiner Workshops Schritt für Schritt mit der folgenden Methode bekannt, die Ohrchakren zu reinigen. Ich leite die Anwesenden an, um himmlische Führung zu bitten und auf Antworten zu lauschen. Danach kommen immer wieder Leute auf mich zu und sagen: »Das war das erste Mal, dass ich je die Stimme eines Engels gehört habe«, oder: »Danke, dass Sie mir geholfen haben, heute endlich die Stimme Gottes zu hören.«

Methode zur Reinigung der Ohrchakren

1. *Atmen Sie zwei- bis dreimal tief durch.*

2. *Visualisieren oder spüren Sie Ihre Ohrchakren, indem Sie sich zwei rotviolette Scheiben unmittelbar im Innern Ihrer physischen Ohren vorstellen.* Sehen Sie vor sich oder spüren Sie, wie diese Scheiben in einem 30-Grad-Winkel nach oben ruhen, wobei sie nach innen zeigen.

3. *Stellen Sie sich mit einem weiteren tiefen Atemzug mental ein leuchtend weißes Licht vor, welches das Innere Ihrer Ohrchakren reinigt.* Sie können sie entweder gleichzeitig reinigen oder aber abwechselnd das linke und das rechte Ohrchakra.

4. *Bitten Sie Ihre Engel mental, sich um Ihren Kopf zu scharen, während das weiße Licht die Chakren von innen »frei reibt«.* Bauen Sie dann innerlich den Willen auf, dass die Engel die

gesamten schmerzlichen Erinnerungen beseitigen, die in Ihren Ohrchakren gespeichert sind. Sie brauchen den Engeln dabei nicht zu helfen – entwickeln Sie lediglich die Bereitschaft, sich helfen zu lassen. Im Grunde ist es den Engeln sogar lieber, wenn Sie gar nicht erst *versuchen,* ihnen zu helfen, da unser menschliches Bemühen oft eher stört. Seien Sie stattdessen einfach offen für die Heilkraft der Engel, während sie alte Gefühle, Gedanken und Erinnerungen wegschaffen, die Sie daran hindern, die Stimme Gottes zu hören.

5. *Bitten Sie die Engel, Sie von eventuellen Ängsten vor der Stimme der himmlischen Führung zu befreien.* Hierunter fällt auch die Angst, von einer Stimme erschreckt zu werden, die Angst, zur Marionette Gottes zu werden, oder die Befürchtung, Sie hätten Gottes Zeit oder Aufmerksamkeit nicht verdient.

6. *Atmen Sie noch ein weiteres Mal tief durch und sehen oder spüren Sie, wie die Engel Ihre Chakren in Liebe und in einem strahlend hellen Licht aufleuchten lassen.* Danach bedanken Sie sich bei den Engeln für ihre Unterstützung.

Nachdem Sie Ihre Ohrchakren gereinigt und sich von Ihren Ängsten gelöst haben, werden Sie eine merkliche Steigerung Ihrer Hellhörigkeit für Botschaften des Himmels erleben. Erinnern Sie sich an die Merkmale, die Ihnen helfen, wahre göttliche Führung von der Stimme Ihres niederen Selbst, Ihres Egos, zu unterscheiden. Wirkliche Führung ist, wie Sie sich erinnern werden, immer positiv und aufbauend, sie wiederholt ihre Botschaften mehrfach und ist liebevoll. Die Stimme des niederen Selbst dagegen ist negativ, kritisch, impulsiv und pessimistisch.

Offenheit ist bedeutsam

Sind Ihre Chakren erst einmal geklärt, so bleibt nur noch eine Barriere, die womöglich Ihren Erfolg beim Hören der himmlischen Führung behindert. Diese Blockade tritt dann auf, wenn Sie im Voraus entscheiden, welche Antwort Sie von Gott hören wollen. Sehr oft stellen wir Gott und den Engeln zwar eine Frage, wollen ihre Hilfe im Grunde aber gar nicht. Wir wollen einfach nur, dass sie uns eine Bestätigung für die Antwort liefern, die wir uns bereits zurechtgelegt haben. Also nehmen wir selektiv wahr: Weil es uns besser in den Kram passt, tun wir so, als hätten wir Gottes abweichende Antwort nicht gehört.

Zum Hellhören gehört die Offenheit, auch eine andere Antwort als gewünscht zu hören. Gottes Antworten bringen immer ein Happy End mit sich, da sein Wille für uns »vollendete Freude« lautet. Wir haben anfangs vielleicht Widerstände gegen diese himmlische Führung, da wir unsere eigenen Vorstellungen haben, wie das Drehbuch unseres Lebens aussehen sollte.

Sagen wir zum Beispiel, Sie versenken sich in Meditation und fragen Gott: »Wie stelle ich es an, in meinem beruflichen Dasein glücklicher zu sein?« Innerlich möchten Sie verzweifelt gerne hören: »Kündige sofort deinen Job und such dir eine andere Arbeit.« Ihre Voreingenommenheit würde wahrscheinlich bewirken, dass Ihnen die wahre himmlische Eingebung entgeht, die besagt: »Es ist noch nicht an der Zeit, deinen derzeitigen Arbeitsplatz aufzugeben. Begegne deinen Kolleginnen und Kollegen mit Liebe und vergib deinem Chef. Schließe zunächst Frieden mit deiner derzeitigen Arbeitsstelle, und *dann* stelle deine Bewerbungsunterlagen zusammen, um dir woanders etwas zu suchen. Indem du deine aktuelle Situation heilst, öffnest du die Tür für deine nächste Chance.«

Wenn wir Gott eine Frage stellen, müssen wir offen sein, uns seine kreativen Lösungen anzuhören. Und diese können durchaus von unseren eigenen abweichen. Da Gott allwissend, allintelligent und allkreativ ist, ist es nur klug, darauf zu vertrauen, dass die himmlische Sicht unserer Situation von einem Ort herkommt, der es ermöglicht, das Gesamtbild zu überblicken.

Ich denke mir Gott und die Engel immer wie eine Art Flugsicherheit, die sieht, woher wir kommen, was sich um uns herum abspielt und wohin unsere Reise geht. Die Bitte um himmlische Führung ist wie die Rücksprache eines Flugzeugpiloten mit dem Tower.

Verstärkte Hellhörigkeit durch Musik

Wenn Sie bei sich zu Hause, im Büro und im Auto im Hintergrund leise klassische Musik laufen lassen, wird sich die Häufigkeit Ihrer Erfahrungen mit dem Hellhören erhöhen; dann nehmen Sie auch die Stimmen lauter wahr. Inzwischen hat mehr als eine Studie gezeigt, dass leise Hintergrundmusik die Zahl belegbarer telepathischer Erlebnisse erhöht.[15] Interessanterweise hatten viele Klassik-Komponisten einen spirituellen Hintergrund, so zum Beispiel Georg Friedrich Händel, der sagte, Engel hätten ihm geholfen, sein berühmtes »Halleluja« zu komponieren. Antonio Vivaldi, der die »Vier Jahreszeiten« komponierte, war ein Geistlicher, der Waisen Musikunterricht erteilte.

Musik ist sehr stark mit himmlischer Führung über den Kanal des Hellhörens verknüpft. Viele sind schon zu den Klängen himmlischer, perfekt orchestrierter Musik wach geworden, die aus dem Äther zu ihnen drangen. Die Musik ist laut und von großer Schönheit, ertönt jedoch nur kurz. Vielleicht ist es die Himmelsmusik, von der viele in Verbindung mit Nahtoderlebnissen berichten. Auf jeden Fall ist die körperlose Musik immer ein willkommener Klang und eine Bestätigung dafür, dass die Engel nicht fern sind.

Sie können Ihr spirituelles Gehör verfeinern, um öfter Zeuge von himmlischer Führung auf dem Weg des Hellhörens zu werden, indem Sie eingehend auf physische Klänge achten. Hören Sie genau hin, wenn es um die feinen Hintergrundgeräusche geht, welche die vom Menschen erzeugten Klänge ständig umgeben, etwa Unterhaltungen, mechanische Geräusche und Naturgeräusche wie den Wind, den Gesang der Vögel und den Regen. Beachten Sie auch Klangmuster in der Musik, wie etwa die Bässe und den Rhythmus. Oft blenden wir diese Klänge unbewusst aus, ebenso wie wir den Klang der Engelsstimmen ausblenden. Indem Sie Ihr Gehör auf die feinstofflichen physischen Klänge konzentrieren, werden Sie die feinstofflichen Engelsstimmen leichter hören.

13

Hellhören selbst erleben

Vielleicht haben Sie schon einmal mitbekommen, wie laute himmlische Stimmen Ihnen Warnungen oder einen Rat zuriefen. Möglicherweise haben Sie eine innere Stimme gehört, die Ihnen sanft zuredete, gesünder zu leben. Eventuell sind Sie aber gar nicht sicher, ob Sie *jemals* die Stimme Gottes und der Engel gehört haben.

Es gibt nicht die eine, einzig richtige Art und Weise, himmlische Führung zu empfangen. Wenn Sie regelmäßig über Ihre Gefühle, Ihr Wissen oder Ihre Visionen Nachricht von Gott erhalten, so sind diese Wege ganz genauso effizient, wie wenn Sie tatsächlich Worte hören. Kein Kommunikationskanal ist dem anderen überlegen.

Zwar neigen wir alle von Natur aus mehr zu einem bestimmten Kanal oder auch zu mehreren, doch das schließt nicht aus, dass Sie auch alle anderen Kommunikationskanäle komplett öffnen können. Sie werden feststellen, dass es leichter ist, Gottes Botschaft zu verstehen, wenn Sie seine Signale über diverse Kanäle erhalten. Auf diese Weise gewinnt Ihre himmlische Führung an Detailliertheit und Tiefe.

Hellhören: Übung 1

Im Anschluss finden Sie eine Liste von Fragen, die Sie sich im Geist stellen können, um die Erfahrung des Hellhörens hervorzulocken.

1. *Beginnen Sie damit, sich zu entspannen.* Atmen Sie ein paarmal tief durch und strecken Sie sich.

2. *Sprechen Sie die folgenden Aussagen und Fragen entweder leise oder laut vor sich hin und richten Sie sie an Gott und die Engel.* Bitte hetzen Sie dabei nicht; befassen Sie sich mit einer Frage nach der anderen – ganz langsam. Strengen Sie sich nicht über Gebühr an, etwas zu hören, und versuchen Sie auch nicht, zu erraten, wie die Antwort lauten könnte. Wie Sie wissen, verschließen wir unsere spirituellen Sinne immer dann, wenn wir die göttliche Führung zu sehr forcieren. Hellhörigkeit kann entstehen, wenn wir uns in den Augenblick hinein entspannen und uns eine optimistische Erwartung bewahren, dass Gott antworten wird. Jagen Sie seiner Weisheit nicht hinterher; bitten Sie einfach und erlauben Sie, dass sie sich einstellen kann. Denken Sie daran: Gott und die Engel wollen Ihnen ja helfen, dazuzulernen.

- *Bitte beschreibt jemanden, den ich in naher Zukunft kennenlerne.*
- *Welche neue Chance wird sich mir in meinem Leben bald bieten?*
- *Zu welchen Veränderungen ratet ihr mir derzeit in meinem Leben?*

3. *Nachdem Sie sich selbst die einzelnen Fragen gestellt haben, schließen Sie die Augen, um visuelle Ablenkungen auszuschalten.* Atmen Sie tief durch und lauschen Sie. Horchen Sie auf Worte, die Ihnen in den Sinn kommen oder die außerhalb oder oberhalb Ihrer Ohren auftauchen. Die Worte klingen eventuell so, als würden sie mit Ihrer eigenen Stimme gesprochen, oder auch nicht. Wenn himmlische Führung sich von außerhalb des Kopfes einstellt, dann gewöhnlich neben einem bestimmten Ohr. Sie werden feststellen, dass himmlische Führung in der Regel über das eine Ohr erfolgt und falsche Führung über das andere. Die Stimme im Innern dagegen scheint von einem Sprecher oder einer Sprecherin in Ihrem eigenen Inneren auszugehen.

191

4. *Notieren Sie sich alles Gehörte, selbst wenn die Worte scheinbar unsinnig sind.* In naher Zukunft ergeben sie eventuell durchaus einen Sinn, und dann werden Sie froh sein, dass Sie sie aufgezeichnet haben. Notieren Sie neben jeder akustisch übermittelten Botschaft das Datum, an dem Sie sie empfangen haben.

Bald werden Sie Ihre Erfahrungen mit den durch Hellhören empfangenen Botschaften vergleichen können. Während Sie merken, auf welche Weisen Ihre hellhörig erhaltenen Eingebungen zutreffend waren, werden Sie Zutrauen zu Ihrer naturgegebenen spirituellen Gabe der Prophezeiung gewinnen. Und während Sie gleichzeitig auch sehen, in welchen Bereichen Ihre mittels Hellhören erhaltenen Botschaften danebenlagen, werden Sie lernen, wirkliche himmlische Führung von falscher zu unterscheiden.

Natürlich kann es auch sein, dass Sie eine Eingebung hatten, die in diesem Moment korrekt war. Da Sie jedoch mit einem freien Willen ausgestattet sind, haben Sie beschlossen, den Gang Ihrer Zukunft zu verändern. In solchen Fällen war Ihre hellhörig wahrgenommene Eingebung durchaus zutreffend. Verwenden Sie Ihr Tagebuch der Antworten, die Ihnen durch Hellhören übermittelt wurden, als Lernhilfe, nicht als Test. Gratulieren Sie sich zu Ihren Erfolgen und lernen Sie aus Unzutreffendem. Auf diese Weise bahnen Sie den Weg, bald immer geschickter mit himmlischer Führung umgehen zu können.

Sollten Sie noch immer nichts gehört haben, lassen Sie es bitte nicht zu, sich deshalb Sorgen zu machen oder es auf Biegen und Brechen zu wollen. Probieren Sie es stattdessen etwas später erneut. Vielleicht sind Sie ja müde, hungrig oder abgelenkt. Sollten bei der Arbeit an den Übungen in diesem Buch Frustration oder andere negative Gefühle aufsteigen, rufen Sie auf jeden Fall Ihre Engel an, damit sie diese Gefühle ausräumen können. Negativität, die sich festgefressen hat, ist eine zentrale Blockade für die Wahrnehmung der himmlischen Führung.

Mit großer Wahrscheinlichkeit jedoch haben Sie durchaus eine himmlische Stimme gehört. Nun wird Ihre Hauptaufgabe darin bestehen, darauf zu vertrauen, dass sie Gültigkeit hat. Es ist ganz normal, wenn Sie anfangs beim Üben Ihrer Hellhörigkeit die Stimme als reines Produkt Ihrer Fantasie abtun. Erinnern Sie sich an die Kennzeichen wahrer himmlischer Führung aus Kapitel 5 und vergleichen Sie diese Qualitäten mit dem Gehörten. Erinnern Sie sich daran, dass die Stimme des Göttlichen immer liebevoll und positiv ist, selbst dann, wenn sie eine Warnung für Sie birgt oder Sie mit etwas konfrontiert. Sollten Sie eine scheltende oder beleidigende Stimme hören, so ist das die Stimme des niederen Selbst, die Ihnen Angst zu machen versucht. Sagen Sie dieser Stimme einfach, dass Sie ihr keine Macht oder keine Sendezeit geben werden, und stellen Sie Gott dann die gleichen Fragen noch einmal.

Das niedere Selbst, das Ego, versucht uns davon abzubringen, auf dem Weg der Hellhörigkeit himmlische Führung zu hören und ihr zu folgen, indem es uns ins andere Ohr zischt: »Was du da gehört hast, ist zu schön, um wahr zu sein. Glaube es nicht!«, oder: »Das ist mir zu hoch. Kommunikation mit der geistigen Welt? Damit kann ich nichts anfangen. Schluss damit!« Das Ego spielt mit unseren Ängsten, enttäuscht zu werden. Die beste Art des Umgangs mit solchen Gedanken und Gefühlen besteht darin, sie Gott zu übergeben. Sagen Sie Gott, dass Sie Angst haben, sich zurücknehmen oder frustriert sind, und bitten Sie ihn dann, die Situation in die Hand zu nehmen. Halten Sie nicht an irgendwelchen negativen Emotionen oder Gedanken fest; übergeben Sie sie allesamt dem Himmel. Wenn Sie spüren, wie die negative Grundstimmung von Ihnen abfällt, sollten Sie wissen, dass Sie bald stärker auf die himmlische Führung vertrauen und mehr Erfahrung mit ihr haben werden. Es ist *machbar!* Wir alle können das.

Hellhören: Übung 2

Hier noch einige weitere Fragen, um Ihnen die Erfahrung zu vermitteln, himmlische Kommunikation wahrzunehmen. Diesmal erscheinen die Antworten auf den Seiten im Anhang dieses Buches. Nach dem Stellen der Frage schließen Sie die Augen und atmen ein paarmal tief durch. Wiederholen Sie die Frage, die Sie im Sinn haben, noch mehrere Male und entspannen Sie sich, während Sie den Raum dafür entstehen lassen, die Stimme Gottes und der Engel zu hören. Jagen Sie nicht hinter den Antworten auf die Fragen her – lassen Sie sie von selbst kommen.

1. *Was für ein Tier ist auf Seite 294 im Anhang dieses Buches abgebildet?*
2. *Welches Wort steht auf Seite 295 ?*
3. *Worum geht es in dem Satz auf Seite 296 ?*
4. *Wie lautet die Antwort auf die Frage auf Seite 297 ?*

Erst wenn Sie alle vier Antworten aufgeschrieben haben, schlagen Sie die Seiten 294 bis 297 auf. Achten Sie auf die Ähnlichkeiten zwischen dem, was Sie notiert haben, und den dort gefundenen Informationen. Vermutlich wird Ihnen auffallen, dass einige Ihrer Antworten ähnliche Eigenschaften wie die »korrekten« Antworten aufweisen, auch wenn Sie nicht exakt mit den Bildern und Worten in diesem Buch übereinstimmen. Oder Ihre Antworten sind vielleicht Symbole für die Antworten im Buch.

Konzentrieren Sie sich zunächst auf die Ähnlichkeiten, um mehr Vertrauen in die eigenen Fähigkeiten aufzubauen. Wenn Sie nur die Unterschiede zwischen Ihren Antworten und jenen im Buch anschauen, entgeht Ihnen vielleicht die Gelegenheit, zu lernen, wie Sie sich Ihren Kanal der Hellhörigkeit vollkommen erschließen können. Es ist, wie wenn man Fahrradfahren lernt: Haben Sie Geduld – und dann heißt es: Üben, üben, üben.

Hellhören: Übung 3

Menschen mit einer gewissen Begabung im Hellhören haben ein Händchen für automatisches Schreiben – eine Methode, Zugang zu Anweisungen von Gott, den Engeln und dem höheren Selbst zu finden. Die Informationen strömen dann durch Ihre Hände in den Stift oder die Tastatur. Die Worte erscheinen auf dem Papier oder auf dem

Computermonitor, oft ohne zuerst Ihren eigenen Verstand durchlaufen zu haben. So entstand mein Buch *Angel Therapy*[16].

Manchmal kommen die Hände kaum mit. In diesem Fall bitten Sie die geistige Welt, ihr Tempo ein wenig zu drosseln. Es besteht nie Grund für die Befürchtung, dass Sie Gott oder Ihre Engel mit dieser Bitte vor den Kopf stoßen würden. Schließlich haben sie ja das Ziel, unmissverständlich mit Ihnen zu kommunizieren.

Die folgende Übung ermöglicht Ihnen, durch automatisches Schreiben himmlische Führung zu empfangen:

1. *Beginnen Sie zunächst mit ein paar tiefen Atemzügen.*

2. *Sprechen Sie ein Gebet, in dem Sie bitten, dass allein Gott und die Engel sich in den durchgegebenen Worten äußern, etwa so:*

Gebet um Unterstützung durch das Schreiben

Gütiger, liebender Gott,
ich bitte um deine wunderbare Führung durch das, was ich schreiben werde. Ich bitte darum, dass du und die Engel darüber wachen, was ich schreibe, um sicherzustellen, dass alle Botschaften tatsächlich von dir und aus dem Reich der Engel stammen. Danke!
Amen.

Natürlich können Sie getrost jedes beliebige Gebet nehmen, das ganz natürlich in Ihnen aufsteigt, oder Sie verwenden ein gängiges wie das Vaterunser. So geben Sie den Tenor Ihrer Sitzung in automatischem Schreiben vor, indem Sie auf die göttliche Intention bauen, ausschließlich von der höchsten Quelle geführt zu werden.

3. *Nach einer kurzen Meditation halten Sie entweder den Stift über ein Blatt Papier oder Ihre Hände über die Computertastatur. Wenn Sie sich für die Option mit Stift und Papier entscheiden, achten Sie darauf, eine ebene Unterlage zur Verfügung zu haben.*

4. *Stellen Sie als Nächstes eine spezifische oder auch eine offen gehaltene Frage wie etwa: »Was soll ich nach deinem Willen wissen?«*

5. *Die Worte werden sich entweder innerhalb oder außerhalb Ihres Geistes einstellen.* Gewöhnlich werden Sie eine schwache innere Stimme hören. Sie kann von einem heftigen Wunsch begleitet sein, das Gehörte aufzuschreiben. Vielleicht stellen Sie sogar fest, dass der Stift von alleine zu schreiben beginnt. Während Sie das Diktierte zu Papier bringen oder in die Tastatur eingeben, werden Sie weitere Worte hören, die Sie aufschreiben sollen.

Vielleicht verspüren Sie während des automatischen Schreibens eine Leichtigkeit im Kopf oder einen leichten Druck um den Kopfbereich. Das kann sich legen, wenn Sie sich an die hohen Schwingungsfrequenzen der Wortdurchgaben von Gott und den Engeln gewöhnen.

Das wahrlich von Gott inspirierte automatische Schreiben erkennen Sie eindeutig am Ton des Ganzen. Botschaften des Himmels sind liebevoll, unterstützend und positiv. Sie klingen tief in Ihrem Herzen wahr. Automatisches Schreiben aus Ihrem mit dem niederen Selbst verbundenen Ego oder aus den Egos erdgebundener Geister heraus klingt dagegen immer hohl oder falsch. Urheber dieser Art diktieren manchmal beängstigendes Material, das sogar in Beschimpfungen bestehen mag. Sollte das jemals geschehen, so hören Sie sofort auf zu schreiben und rufen Sie Gott und die Engel an, die Urheber des Ganzen aus Ihrem Bewusstsein und Ihrem Umfeld hinauszueskortieren.

Automatisches Schreiben stellt einen sehr gefahrlosen und angenehmen Weg dar, wie Hellhörende himmlische Führung erfahren können. Mit einer einzigen Ausnahme: wenn falsche Anweisungen gehört und befolgt werden. Hierin unterscheidet sich das automatische Schreiben jedoch nicht von falscher Führung anderer Art, die als Klang, Vision, Gefühl oder Wissen empfangen wird. Solange Sie die göttliche Liebe hören, sind Sie immer geschützt und Ihnen kann nichts passieren.

Hellhören: Übung 4

Auch die Zusammenarbeit mit einer weiteren Person kann zu eindrucksvollen Erlebnissen mit dem Hellhören führen. Manchmal hören wir die himmlischen Weisungen für jemand anderen ein wenig lauter als unsere eigenen. Bezieht sich das Ganze nicht auf uns, haben wir schlichtweg keine Angst davor, vom Himmel gesandte Botschaften zu einem Jobwechsel, zur Heilung von Beziehungen und anderen störenden oder schwierigen Themen zu hören. Im Hinblick auf unser eigenes Leben haben wir jedoch oft große Angst, die Wahrheit zu hören.

Das weiter unten beschriebene Verfahren, bei dem sich jeweils zwei Personen zusammentun, vermittle ich allen, die meine Kurse in »Himmlischer Führung« besuchen. Und alle, denen ich es je beigebracht habe, empfangen Botschaften von Gott und den Engeln. Einige erhalten detaillierte Botschaften, andere dagegen bruchstückhafte oder symbolische. Alle berichten, dass Sie das Ganze genießen. Deshalb möchte ich Sie anregen, es selbst einmal auszuprobieren. Aller Wahrscheinlichkeit nach werden Sie über die wunderschönen und exakt zutreffenden Botschaften staunen, welche die Engel Ihrem Partner oder Ihrer Partnerin durch Sie mitteilen.

1. *Wählen Sie ein Gegenüber, das offen für Botschaften aus der geistigen Welt ist und keine Angst vor ihnen hat.* Mit einem skeptischen oder ängstlichen Partner zu arbeiten, ist schwierig und unangenehm.

2. *Setzen Sie sich einander gegenüber.* Atmen Sie ein paarmal tief durch, um sich zu entspannen. Wählen Sie, welcher Partner den Anfang macht, die himmlischen Botschaften zu empfangen und zu übermitteln.

3. *Halten Sie einander an beiden Händen.*

4. *Schließen Sie die Augen (beide Partner).*

5. Der Partner, der die himmlischen Botschaften empfängt und weitergibt, fragt Gott und die Engel dann mental: »Was möchtet ihr mich über [Name des Gegenübers einsetzen] wissen lassen?«

6. Der empfangende Partner sollte zu sprechen beginnen, sobald ihm oder ihr Botschaften in den Sinn kommen. Dabei kann es sich um Worte, Gedanken, Bilder, Empfindungen oder eine Kombination von mehreren handeln. Versuchen Sie nicht, die Botschaften zu überarbeiten, zu zensieren oder zu deuten. Sprechen Sie sie einfach Ihrem Partner gegenüber so aus, wie Sie sie empfangen. Die Botschaften werden wahrscheinlich für Sie keinen Sinn ergeben, aber Ihr Gegenüber wird Ihnen einen Sinn abgewinnen können, sei es sofort oder später.

7. Machen Sie weiter. Übermitteln Sie die himmlischen Botschaften so lange, bis Sie das Gefühl haben, dass sie abgeschlossen sind.

8. Tauschen Sie die Rollen und lassen Sie Ihr Gegenüber himmlische Botschaften übermitteln.

Durch das Übermitteln himmlischer Weisungen werden Sie zum irdischen Engel und helfen Gott, seine heilende Liebe und seinen heilenden Frieden zu verbreiten. Mit etwas Übung wird Ihnen bald wohler in Ihrer Haut sein, wenn Sie Engelsweisungen übermitteln, und Sie werden größere Fähigkeiten darin entwickeln. Eventuell wird sich daraus für Sie sogar eine neue, überaus erfreuliche und erfüllende Berufung oder Laufbahn als Boten-Engel ergeben.

14

*Hellfühlen – Bauchgefühle, leise Ahnungen und
unsere spirituellen Sinnesorgane*

Irgendwann haben viele von uns schon einmal Folgendes gesagt:

»Dabei habe ich ein gutes Gefühl.«

»Ich habe den Eindruck, dass wir zu weit gefahren sind.«

»Ich habe das Gefühl, dass irgendetwas ganz Tolles passieren
wird.«

Wenn Sie schon jemals eine Erfahrung dieser Art gemacht haben,
so haben Sie einen Moment des Hellfühlens erlebt; Sie haben himmlische Führung über physische Empfindungen und Emotionen erfahren.

Wir alle haben spirituelle Sinne; von daher verfügt jeder über ein
gewisses Maß an Hellfühligkeit. Ebenso wie bei den anderen Gaben
dieser Art kann man auch hier lernen, seine Fähigkeiten in Sachen
Hellfühlen auszubauen. Sich auf diese Form himmlischer Führung
einzustellen, fällt intuitiven und mitfühlenden Menschen, die in der
Regel sehr sensibel für die Gefühle anderer sind, gewöhnlich leichter.

Die vielen Gesichter des Hellfühlens

Hellfühlen kann uns in vielerlei Formen und Gesichtern himmlische
Führung ermöglichen. Sie kann sich manifestieren als:

- Verspannte Muskeln in der Magengegend, den Händen, dem
  Unterkiefer, dem Rücken und der Stirn als Hinweis auf eine
  negative Situation.
- Schmetterlinge im Bauch als Zeichen für zu erwartende frohe

Nachrichten; eine plötzliche Übelkeit vom Magen her als Hinweis auf Schwierigkeiten.

- Eine unbestimmte Ahnung oder ein Bauchgefühl, etwas tun zu sollen.
- Ein Gefühl, heruntergezogen zu werden, das Ihnen sagt, dass eine Situation am Ende nicht gut ausgehen wird.
- Das Gefühl, dass ein bestimmter Mensch an Sie denkt, was sich später als wahr herausstellt, indem der oder die Betreffende Sie anruft.
- Ein starkes, plötzlich einsetzendes Gefühl, das mit Ihrer unmittelbaren Umgebung nicht in Verbindung steht und sich später als prophetisch erweist.
- Ein freudiges Gefühl, das Ihnen sagt, dass Sie auf dem richtigen Weg sind.
- Gefühle des Friedens, die Ihnen zu verstehen geben, dass alles gut ausgehen wird.
- Gerüche, die plötzlich aus dem Nichts kommen, etwa nach Orangenblüten, die eine bevorstehende Hochzeit ankündigen.
- Das Gefühl, dass die Raumtemperatur abrupt absinkt – ein Zeichen für die fragwürdige Integrität einer Person im Raum.
- Die Empfindungen eines anderen mitbekommen, als wären die Gefühle oder körperlichen Wahrnehmungen des anderen Ihre eigenen.
- Das Gefühl, dass etwas leise über Ihre Haut streicht, oder eine Veränderung des Luftdrucks, die anzeigt, dass Engel oder liebe Verstorbene um Sie herum sind.

Vertrauen auf unsere spirituellen Empfindungen

Mit etwas Übung können Sie lernen, die Signale zu erkennen und auf sie zu vertrauen. Wie schon in vorherigen Kapiteln angesprochen, ist es grundlegend wichtig, ihnen in unserem Handeln Rechnung zu tragen. Viele können sich an Gelegenheiten erinnern, bei denen sie sich nicht nach ihrer Intuition gerichtet haben und es später bereuten.

Botschaften über den Kanal des Hellfühlens zu erhalten, ist nur eine Seite der Medaille; auf sie zu vertrauen und dem eigenen Bauchgefühl zu folgen, ist die andere. Die Bereitschaft, sich auf das Hellfühlen zu verlassen und sich nach ihm zu richten, kann über Hochgefühle oder Niedergeschlagenheit entscheiden, über finanzielle Sicherheit oder Unsicherheit, über Gesundheit oder körperliche Herausforderungen.

Cathy

Als Cathy zum Vorstellungsgespräch bei einer großen Maklerfirma aufbrach, spürte sie, wie ihr Magen sich so zusammenkrampfte, dass ihr regelrecht übel wurde. Der Mann, der das Bewerbungsgespräch durchführte, wirkte eigentlich annehmbar, und die Stelle selbst sowie die Vergütung klangen prima. Warum also krampfte sich ihr Magen zusammen?

Aus Erfahrung erkannte Cathy diese Empfindung als Warnung vor etwas Negativem. Und dennoch: Als der Einstellungsleiter ihr eine gut bezahlte Position anbot, stand sie sozusagen neben sich und hörte sich Ja sagen.

Am Tag nach Aufnahme ihrer Tätigkeit in der Maklerfirma wurde Cathy klar, warum sie auf dem Weg des Hellfühlens einen Wink des Himmels erhalten hatte. Sie fand nämlich heraus, dass ihre drei Vorgänger allesamt wegen des rauen und stressigen Arbeitsumfelds gekündigt hatten. Innerhalb eines Monats reihte sich auch Cathy in diesen Reigen ein und reichte fristgerecht ihre Kündigung ein.

»Wann werde ich es je lernen, mich auf mein Bauchgefühl zu verlassen?«, fragte sie mich, als sie diese Geschichte im Rahmen eines meiner Workshops erzählte.

Wie die meisten hellfühlenden Menschen wird Cathy wahrscheinlich lernen, sich auf ihre Gefühle zu verlassen, wenn erst einmal ein stark negatives oder positives Erlebnis einen bleibenden Eindruck hinterlassen hat.

Gary

Gary, als Bauträger tätig, erzählte mir, wie er nach einer sehr kostspieligen Lektion lernte, auf sein Bauchgefühl zu hören: Er und seine beiden Partner hatten jeweils 25 000 Dollar als Anzahlung auf ein Haus in einer exklusiven, neu erschlossenen Wohnanlage direkt am Strand geleistet. Die Partner planten eine aufwendige Sanierung der Innenausstattung und wollten die Immobilie dann gewinnbringend weiterverkaufen.

Unmittelbar nach Abschluss des Vertrages überkam Gary das Gefühl, dass irgendetwas nicht stimmte, obwohl er nicht recht sagen konnte, wo das Problem lag. Er hatte das Gefühl, dass etwas wirklich Schlimmes im Spiel war, das aus seiner Investition ein finanzielles Desaster machen würde. Das negative Gefühl war so stark, dass Gary seinen Ausstieg aus dem Projekt beschloss, auch wenn er damit die 25 000 Dollar in den Sand gesetzt hätte. Er berichtete den Partnern von seinem schlechten Gefühl bei der Sache, ließ sich dann aber von ihnen trotzdem überreden, noch mehr zu investieren.

Jeder der Partner steckte noch einmal 250 000 Dollar für eine Komplettsanierung in das Haus. Da sich die anderen Häuser in der Nachbarschaft durch die Bank für zirka zwei Millionen Dollar verkauften, waren die beiden anderen der festen Überzeugung, nach Verkauf des Hauses einen ordentlichen Gewinn einzustreichen. Gary war da nicht so sicher, machte aber dennoch mit.

Mitten in den Sanierungsarbeiten brach der Immobilienmarkt in Südkalifornien stark ein. Als das Haus 1991 fertig war, gab es für hochpreisige Einfamilienhäuser bereits keinen Markt mehr. So sehr sich die Partner bemühten: Das Haus ließ sich nicht verkaufen. Ein Jahr später verkauften sie es schließlich mit Verlust, nur um die monatlichen Hypotheken nicht länger bezahlen zu müssen. Gary lernte hierbei eine Lektion, die einen hohen Preis hatte: sich auf sein Bauchgefühl zu verlassen. Heute hört er auf solche hellfühligen Eingebungen.

Ich stelle immer wieder fest, dass viele Hellfühlende die Überzeugungskraft und Treffsicherheit ihrer Intuition so lange gering schätzen, bis sie mehrmals negative Erfahrungen gemacht haben, indem sie sie ignorieren. Schließlich wird ihnen klar, dass diese Ahnungen und Bauchgefühle keine Ausgeburt ihrer Fantasie sind, sondern von Gott höchstpersönlich stammen. Erst wenn sie dann begreifen, dass Gott über körperliche und emotionale Regungen zu ihnen spricht, entsteht Dankbarkeit für sich einstellende Signale dieser Art. Sie sind wirklich Geschenke des Himmels.

Starke Emotionen

Hellfühlend Wahrgenommenes nimmt oft die Zukunft vorweg. Ab und zu stellt sich dieses Hellfühlen als plötzliche, starke Gefühlsaufwallung ein, die nicht mit dem unmittelbaren Umfeld in Verbindung steht. So verspüren Sie zum Beispiel eine Stunde vor der Mittagspause mit einem Mal eine intensive freudige Aufregung, eine frohe Erwartung, für die Ihr normaler Tagesablauf keinen Anlass bietet. In der Mittagspause kommen Sie dann ins Gespräch mit einem höchst attraktiven und interessanten Gegenüber, und Sie beide verabreden sich, am Abend miteinander Essen zu gehen. Dieses Date läuft wunderbar und ist der Anfang einer dauerhaften Liebesbeziehung.

Emotionale Empfänglichkeit

Während Ihnen Ihre natürliche Fähigkeit zum Hellfühlen stärker bewusst wird, werden Sie wahrscheinlich auch sehr sensibel für das, was in anderen vorgeht. Diese Sensibilität wird oft Empathie oder Einfühlungsvermögen genannt. Das bedeutet, dass Sie spüren, was in einem anderen Menschen vor sich geht, wenn dieser zum Beispiel Freudiges erlebt hat wie etwa einen Sieg oder eine Hochzeit. Einfühlungsvermögen kann ein zutiefst bewegendes und inspirierendes Erlebnis sein.

Mit zunehmender Öffnung Ihrer spirituellen Sinne und Stärkung Ihres Einfühlungsvermögens werden Sie vielleicht an den Punkt kommen, wo Sie einen Raum betreten und sofort die Stimmung und

203

Emotionen der Menschen dort erfassen. Paare, die seit Jahren zusammen sind oder zwischen denen ein starkes emotionales Band besteht, berichten, dass sie die Gefühle des anderen mitbekommen, egal, ob dieser sich gerade zwei oder zweitausend Kilometer weit entfernt befindet. Vielleicht sind Sie auch in der Lage, es zu spüren, wenn Freunde, Angehörige oder sogar Fremde in Not sind, und merken, wie Sie etwas dazu bringt, mit ihnen genau in dem Moment Kontakt aufzunehmen, in dem sie eine helfende Hand brauchen.

Hellfühlende Menschen sind sehr sensibel für die Gefühle anderer. Dementsprechend mögen sie große Menschenansammlungen eher nicht, da die intensive Energie ihnen leicht zu viel wird. Zudem kann es geschehen, dass sie etwas von den Nöten derer abbekommen, die negativ auf ihr Umfeld einwirken. Hellfühlende Massagetherapeuten zum Beispiel saugen Schmerzen ihrer Klienten oft auf wie ein Schwamm. Und Hellfühlende, die sich anhören, wie sich Menschen aus ihrem Freundeskreis am Telefon über ihre Probleme beklagen, bekommen oft zu hören: »Ist ja toll, ich fühle mich gleich so viel besser! Ich bin wirklich froh, dass ich mir das von der Seele reden konnte.« Ja, aber jetzt hat sich die Belastung auf die hellfühlende Person übertragen!

Die Engel meiner hellfühlenden Klienten haben mir immer wieder Ratschläge zum Umgang mit solchen Situationen gegeben: Zum einen sagen die Engel, dass es elementar wichtig sei, eine liebevolle Einstellung gegenüber der Person zu hegen, mit der man in Kontakt ist. Vermeiden Sie es, den Betreffenden oder die Betreffende als bedürftig oder abhängig zu kategorisieren, sonst werden Sie sich verpflichtet fühlen, eine Menge Zeit damit zuzubringen, diese Person zu retten.

Nehmen Sie vielmehr für alle, mit denen Sie sprechen, die spirituelle Wahrheit in Anspruch: »Dieses Gegenüber ist, genau wie ich, ein heiliges Kind Gottes. Gott erfüllt alle seine Bedürfnisse. Ich werde den/die Betreffende/n *nicht* als abhängig, krank oder gebrochen betrachten – andernfalls würde es uns beiden nur schaden, denn wir würden ausgehend von diesem Negativ-Etikett eine negative Realität erschaffen. Stattdessen werde ich sehen, dass Gott alle gleichermaßen vollkommen erschaffen hat. Indem ich diese Vollkommenheit spüre, helfe ich meinem Gegenüber, seine eigene Göttlichkeit in Aktion zu sehen und zu erfahren.«

Die Engel sagen, dass sie Ihnen in negativen Situationen helfen werden. Sie werden Sie aus dem Umfeld von Menschen wegführen, deren Denken egoistisch ist. Wenn Sie ihrer Führung nicht Folge leisten und am Ende negative Energie absorbieren, werden die Engel Ihnen auf Ihre Bitte helfen, wieder frei von ihr zu werden. Die Engel sagen auch, dass sich Hellfühlende viel in der Natur aufhalten sollten. Sie baten mich, das Folgende an die Hellfühlenden weiterzugeben:

»Wir sind bestrebt, euch dagegen abzuschirmen, die Schmerzen anderer zu absorbieren. Wir werden euch an allen Situationen vorbeileiten, die euch euer Lachen und eure Freude rauben könnten. Ja, wenn ihr unseren Rat haben möchtet, sobald euch ein anderer begegnet ist, der euren Geist in Kummer versenkt hat, so werden wir euch mit unserer Essenz der heilenden Liebe und des heilenden Lichts helfen.

Zudem empfehlen wir euch, Mutter Natur die Hand zu reichen. Ihre Pflanzen, Farne und Blumen können euch vor inneren Stürmen beschirmen, indem sie durch ihre Energiezellen und Wurzeln all das Finstere in sich aufnehmen. Wenn ihr also Finsterem die Tür geöffnet habt, bittet die Naturengel im Pflanzenreich, unweit von euch Stellung zu beziehen und eure Energie davor zu bewahren, dieses Finstere in euch aufzunehmen.

Die Pflanzen und Tiere sind eure goldenen Schutzengel, die parat stehen, um alles zu absorbieren, was nicht aus dem Licht kommt. Macht euch keine Gedanken, dass sie deswegen leiden könnten. Schließlich sind sie Werkzeuge des Lichts und wurden genau zu dem heiligen Zweck hierher geschickt, euch in eurem Bemühen um die Rückkehr nach Hause zu unterstützen. Die Pflanzen und Tiere verstehen sich darauf, im Licht der ewigen Liebe Gottes zu stehen, und sie entledigen sich der Dunkelheit auf diese Weise.«

Hellfühlend zu werden ist eine zweischneidige Angelegenheit. Es kann bedeuten, dass Sie spüren, was in allen möglichen Leuten vor sich geht – ob Sie es wollen oder nicht. Ein wenig kann man es auch damit vergleichen, ein Hörgerät zu tragen, das alle Geräusche gleich laut wiedergibt. Dennoch betrachten die meisten Hellfühlenden, mit denen ich spreche, ihre Sensibilität eher als Geschenk denn als Fluch. Und sie ist ja auch ein Geschenk, eine Gabe Gottes!

Oft bekomme ich mit, wie Menschen die Führung, die sie über das Hellfühlen erfahren, mit Worten abtun wie: »Ach ja, ist eben nur so ein Gefühl von mir ...« Sie handeln, als wären Gefühle eine minderwertige Methode, himmlische Führung zu erhalten. Doch unsere Gefühle sind oft der Weg, auf dem Gott und die Engel mit uns sprechen. Gott sei Dank, dass Jennifer Lulay Christiansen auf ihre Gefühle hörte.

Jennifer

Jennifer arbeitet seit mittlerweile fünf Jahren für eine Firma in Portland. Jeden Abend verlässt sie zur gleichen Zeit ihre Wirkungsstätte, und zwar durch die Hintertür zum Personalparkplatz. Jennifer hatte sich dies als Routine angewöhnt, aber eines Abends sagte ihr ein starkes Bauchgefühl, sie solle unbedingt die Vordertür nehmen. Sie stellte das Gefühl nicht infrage, sondern ging stattdessen zur Vordertür. Doch noch bevor sie den Fuß vor die Tür setzte, war da ein weiteres Gefühl, das ihr eingab, sich einen männlichen Kollegen zu suchen, der sie zum Parkplatz begleitete. Auch diesbezüglich gehorchte sie ihren Gefühlen, ohne zu zögern.

Jennifer und ihr Kollege begaben sich gemeinsam nach draußen. Noch ehe sie am Parkplatz angekommen waren, erfüllte ein scharfes Geknatter die Luft. »Geh in Deckung!«, rief Jennifers Begleiter. »Das sind Schüsse!« Geduckt eilten sie ins Gebäude zurück, wo Jennifers Kollege, ein Kriegsveteran, erklärte, dass er Schüsse nur zu gut erkenne. Jennifer dagegen hatte keine Ahnung gehabt, was es mit der Knallerei auf sich hatte.

Jennifer staunte nicht schlecht, als man ihr erzählte, dass ein bewaffneter Heckenschütze außen vor dem Hintereingang ihres Bürogebäudes herumlungerte. Hätte sie nicht auf das mulmige Gefühl in ihrem Bauch gehört und wäre wie üblich durch die Hintertür gegangen, wäre es zur Konfrontation mit dem Schützen gekommen. Noch heute preist Jennifer Gott und die Engel regelmäßig dafür, ihr das Leben gerettet zu haben, und sie rät auch anderen eindringlich, ihr Bauchgefühl zu beachten. »Man kann nie wissen, wann es einem womöglich das Leben rettet«, sagt sie.

Da Hellfühlende so stark in Verbindung mit den Gefühlen ihrer Lieben sind, sind sie auch imstande, Hilferufe anderer zu empfangen, die gar nicht laut geäußert wurden. Hellfühlende können andere durch die Führung retten, die in ihrem Körper und in ihren Emotionen bei ihnen ankommt.

Brenda

Als meine Freundin Brenda an einem Sommermorgen zur Arbeit fuhr, packte sie das überwältigend starke Gefühl, dass sie noch einmal nach Hause zurück sollte. Brenda, die gelernt hatte, auf ihre inneren Wahrnehmungen zu vertrauen und ihnen zu gehorchen, kehrte sofort um. Als sie in die Einfahrt fuhr, wurde ihr klar, warum die göttliche Führung sie nach Hause geleitet hatte: Dort auf der Veranda saß ihre vierzehnjährige Tochter, die sich ausgesperrt hatte.

Friedvolle Empfindungen

Wie wir über hellfühlend Erlebtes erfahren, dass etwas nicht stimmt, können wir über diesen Sinn auch die Information erhalten, dass alles gut ausgehen wird.

Paul

Vor einigen Jahren saß ich in einem Wagen, der mich zu einem Fernsehauftritt bringen sollte. Der Fahrer war ein sanftmütiger und zutiefst spiritueller Kenianer namens Paul. Er erzählte mir, dass viele kenianische Frauen, so auch seine Mutter, ihre Kinder zu Hause bekämen. Paul wollte ein Geburtszentrum eröffnen: Es sollte ein

Programm anbieten, bei dem die Frauen medizinische Betreuung erhielten, deren Kosten sie abarbeiten könnten. Paul half seinem Bruder beim Studium an der Medizinischen Hochschule, und für später beabsichtigten sie, nach Kenia zurückzukehren, um ihre Klinik zu eröffnen.

Auf unserer Fahrt die Schnellstraße entlang rühmten wir Gott und seinen himmlischen Plan für uns. Mit einem Mal roch es verbrannt – wie verschmortes Gummi, gemischt mit verdampfenden Flüssigkeiten. Der Geruch kam zu sehr aus der Nähe, als dass er von einem anderen Auto oder einer Fabrik in der Umgebung stammen konnte. Paul wies auf die Batterieanzeige und machte: »Oh-oh!« Er fuhr rechts ran und öffnete die Motorhaube. Mit dem Fahrzeug schien alles in Ordnung zu sein, also setzten wir unsere Fahrt auf der Schnellstraße fort. Ich sprach ein Gebet und erhielt als Antwort ein intensives Bauchgefühl, dass alles in Ordnung sei. Mit dieser hellfühlend erhaltenen Bestätigung lehnte ich mich entspannt zurück. Ich zweifelte nicht daran, dass der Wagen bis zum Fernsehstudio durchhalten würde.

Wir fuhren noch eine weitere Stunde ohne Zwischenfall weiter. Paul fiel lediglich auf, dass seine Servolenkung nicht funktionierte. Als wir uns dem Studio näherten und eine Zeit lang im Verkehr stecken blieben, sah ich Dampf von unter der Haube hervortreten. Aber der Wagen ließ sich weiterhin fahren, und ich traf rechtzeitig zur Sendung im Studio ein.

Am anderen Tag rief ich Paul an und fragte ihn nach dem Wagen. »Es grenzt an ein Wunder, dass wir überhaupt weiterfahren konnten«, berichtete er. Er erklärte, dass sich der Wagen nicht wieder starten ließ, nachdem er mich abgesetzt hatte, sodass er den Abschleppdienst anrufen musste. Ein Keilriemen war gerissen, und die Flüssigkeiten sowohl des Kühlers und der Batterie als auch der Servolenkung waren komplett ausgelaufen. »Wir müssen auf jeden Fall einen Engel gehabt haben, der dafür sorgte, dass der Wagen überhaupt noch fahrtüchtig war«, fügte er hinzu.

208

Hellfühlig gespürte Führung als leiser Hüter

Unsere himmlische Führung ruft uns in Erinnerung, dass wir nie allein sind. Ständig sind wir von der Liebe und Fürsorge Gottes und der Engel umgeben. Wir können jederzeit und überall ihre Hilfe erbitten, und die himmlische Führung wird uns *immer* beistehen. Genau diese bemerkenswerte Fähigkeit des Himmels, für uns zu sorgen, erlebte auch Audrey, eine hellfühlige Frau, deren Geschichte im nächsten Abschnitt erzählt werden soll.

Audrey

Audrey ist eine vor Leben sprühende Europäerin mit einer unbändigen Daseinslust. Ihr überschwängliches Temperament verdankt sie einer naturgegebenen Neugier, die sie immer wieder dazu antreibt, unbekannten Menschen zu begegnen und fremde Orte zu bereisen. Audrey hat in fünf Ländern gelebt und spricht fließend Englisch, Französisch, Spanisch und Deutsch. Obwohl dreiundfünfzig, sieht sie mindestens fünfzehn Jahre jünger aus – und genauso fühlt sie sich nach eigener Auskunft auch. Wahrscheinlich verdankt Audrey ihre gute Gesundheit ihrer positiven Sichtweise und unbändigen Neugier.

Letztes Jahr jedoch plagten Audrey plötzlich heftigste Schmerzen im Unterleib. Zusammengekrümmt fragte sie sich besorgt, was sie tun sollte. Sie war kaum jemals krank gewesen, kannte sich mit der Behandlung von Krankheiten gar nicht recht aus. Sie war allein zu Hause, ihre Familie würde erst etliche Stunden später zurück sein. Also betete sie.

»Plötzlich hatte ich ganz klar die Eingebung, ein superheißes Bad zu nehmen«, berichtete Audrey. Zuerst tat sie dieses Gefühl als unlogisch ab. Schließlich duschte Audrey normalerweise eher, als dass sie ein Bad nahm. Außerdem war ihr lauwarmes Wasser lieber als heißes. Doch das hellfühlend wahrgenommene Gefühl hielt an, und Audrey wusste sich nicht anders zu helfen. Also schleppte sie sich ins Badezimmer und ließ heißes Wasser in die Wanne laufen. Kaum hatte sich Audrey ins Wasser gehievt, stellte sie fest, dass sich ihre Krämpfe lösten. Eine Weile später ging es ihr wieder gut genug, um vom Bad ins Schlafzimmer zu gelangen, wo sie sich erst einmal hinlegte, bis ihre Familie nach Hause kam. Als Audrey wieder aufwachte, war sie schmerzfrei. Die Schmerzattacke trat nie wieder auf.

Im nächsten Kapitel soll es um Möglichkeiten gehen, Klarheit und Häufigkeit unserer himmlischen Führung durch Hellfühlen zu erhöhen und intuitive Eingebungen leichter zu erkennen.

15

Ein klares Gespür bekommen –
Wege zur Steigerung Ihres Hellfühlens

Wie wir unsere physischen Sinne zu körperlichen und emotionalen
Wahrnehmungen nutzen, so können wir auch unsere spirituellen
Sinne nutzen, um über hellfühlend Gespürtes himmlische Führung
zu erhalten. Einige von uns sind von Natur aus so geschaffen, Botschaften mitzubekommen, die als Empfindung, als Bauchgefühl, als
vage Ahnung und als Intuition bei ihnen ankommen. Das gilt besonders für jene, die ohnehin sensibel für ihre eigenen Empfindungen
und die Emotionen anderer sind. Und doch kann jeder lernen, sich
noch stärker darauf einzustellen, Führung von oben über hellfühlige
Wahrnehmungen zu erfahren.

Sie können die Klarheit Ihrer Intuition steigern und damit leichter
verstehen, was intuitiv Wahrgenommenes bedeutet und was es Ihnen
sagen soll – und das auf eine Weise, die es Ihnen erlaubt, die Intensität der Signale zu steuern, die Sie hellfühlend wahrnehmen, damit Sie
von der auf Sie einströmenden Energie nicht überrollt werden.

Entspanntheit erhöht die Fähigkeit zum Hellfühlen

Sofern Sie auf dem Weg des Hellfühlens himmlische Führung erhalten möchten, fangen Sie am besten damit an, sich zu entspannen.
Untersuchungen haben gezeigt, dass sich das körperliche Wohlgefühl
eines Menschen auf seine übersinnlichen Fähigkeiten auswirkt. Eine
angenehme Raumtemperatur, eine bequeme Sitzgelegenheit und
bequeme Kleidung – das alles erhöht die Anzahl verifizierbarer übersinnlicher Erfahrungen.[17] Da hellfühlige Menschen besonders auf

sensorische Informationen reagieren, fördert ein behagliches Umfeld ihre Wachheit und lässt sie wirkliche Eingebungen ihrer himmlischen Führung besser verstehen. Ich selbst habe herausgefunden, dass auch stark duftende Blumen im Zimmer, wie etwa Sterngucker und Tuberosen, meine Hellfühligkeit erhöhen.

1. *Suchen Sie sich für die Übungen einen gemütlichen und ruhigen Ort.*

2. *Atmen Sie ein paarmal tief durch und bewegen Sie Schultern und Nacken ein wenig, um verspannte Muskeln zu lockern.* Korrigieren Sie Ihre Sitzposition, damit Sie vollkommen gelöst sitzen. Das Ziel lautet, es so bequem zu haben, dass Ihr Geist Ihren Körper gar nicht wahrnimmt, denn jedes Unbehagen würde Ihre Aufmerksamkeit von der himmlischen Führung ablenken.

3. *Bitten Sie im Geist alle Engel, sich um Sie zu scharen. Denken Sie: »Engel, bitte umgebt mich jetzt.«* Sie können sich dazu bildlich vorstellen, wie die Engel einen Kreis um Sie und den Raum bilden.

4. *Achten Sie auf alle Empfindungen, die daraufhin folgen mögen: ein Hautkribbeln, Veränderungen des Luftdrucks oder der Temperatur, Wärme im Brustraum.*

5. *Denken Sie »Liebe, Liebe, Liebe ...« und lassen Sie sich in das Gefühl fallen, von einer gigantischen Wolke bedingungsloser Liebe umfangen zu werden.* Erlauben Sie sich, sich geborgen, beschützt und geliebt zu fühlen.

6. *Stellen Sie Gott und den Engeln in diesem Zustand sicheren Schutzes und sicherer Liebe eine Frage.* Worauf sich Ihr Anliegen richtet, spielt keine Rolle; die Engel beantworten jede Frage. Das einzige Kriterium lautet, dass sich Ihr Anliegen auf etwas beziehen muss, wozu Sie aufrichtig himmlische Führung

wünschen. Dringen Sie bis zum innersten Kern Ihrer Frage vor und bitten Sie mental um Antworten und Orientierung.

7. *Achten Sie darauf, weiterzuatmen.* Wie bereits erwähnt: Atmen bedeutet Inspiration; es bedeutet, den göttlichen Geist in sich aufzunehmen. Wenn Sie die Luft anhalten oder flach atmen, blockieren Sie die Kommunikation mit dem Göttlichen.

8. *Achten Sie, während Sie tief atmen, auf Ihre Körperwahrnehmung.* Fühlen Sie sich irgendwo verspannt? Falls ja, richten Sie Ihre Aufmerksamkeit auf diesen Bereich und fragen Sie mental: »Was versuchst du mir zu sagen?« Seien Sie offen für eine ehrliche Antwort, denn es wird *auf jeden Fall* eine Antwort kommen. Sie werden die Antwort aber nur dann verstehen, wenn Sie geistig offen dafür sind, die Wahrheit zu empfangen. Treten Sie dann geistig ins Gespräch mit jedem Körperteil, der sich nach Ihrer Bitte um himmlische Führung anspannte oder zu kribbeln begann.

9. *Achten Sie auch auf die Gefühlsregungen, die sich als Reaktion auf Ihre Frage einstellten.* War mit einem Mal eine Freude da? Spüren Sie sich in die beabsichtigte Bedeutung hinein. Sie ist das Startsignal Gottes, etwas an Ihrem Leben zu verbessern. Haben Sie eine Schwere gespürt, eine Kälte oder ein Grauen vor etwas? Das alles sind Warnzeichen, dass Sie von Ihrem Weg abgekommen sind.

Verbesserte Wahrnehmung körperlicher Empfindungen

Selbst wenn wir nicht bewusst wahrnehmen, wie wir himmlische Führung erfahren, registriert unser Körper sie oft durch feine muskuläre Veränderungen, etwa durch eine Anspannung im Magenbereich, durch Herzflattern oder feuchte Hände. Sind Sie für körperliche Empfindungen sensibilisiert, haben Sie eher die Voraussetzungen, himmlische Führung durch Ihre Hellfühligkeit wahrzunehmen. Zudem werden

Sie diese Führung auf dem Weg des Hellfühlens besser wahrnehmen, wenn Sie durch genügend Übung Ihre Sensibilität für körperliche Empfindungen steigern. Probieren Sie es am besten gleich aus:

1. *Achten Sie bewusst auf Ihre Füße. Konzentrieren Sie sich darauf, wie sie sich fühlen: Ist es für Ihre Füße bequem?* Was spüren Sie dort unmittelbar auf Ihrer Haut: Ihre Strümpfe, Ihre Schuhe, den Fußboden? Wie fühlt sich das an Ihren Füßen an?

2. *Konzentrieren Sie sich auf Ihren Kieferbereich, Ihre Zunge und Ihren Mund.* Achten Sie darauf, ob Ihr Mund offen oder geschlossen ist. Gibt es angespannte Muskeln um Ihren Kiefer? Wie sieht es mit der restlichen Gesichtsmuskulatur aus?

3. *Achten Sie auf Anspannungen in Ihrem Kopf-, Schulter-, Arm-, Hand-, Rückenbereich, am Gesäß, an den Beinen, Armen und Füßen.* Denken Sie sich starr gespannte Stahlstangen, die sich in schlaffe Stücke Seil verwandeln. Konnten Sie spüren, wie sich Ihre Muskeln bei diesem Gedanken entspannten?

4. *Achten Sie darauf, wie sich Ihre Kleidung auf Ihrer Haut anfühlt.* Was an ihr ist für Sie bequem und was fühlt sich unbequem an?

5. *Wie bequem ist das, worauf Sie sitzen, stehen oder liegen?*

6. *Greifen Sie sich einen beliebigen abgerundeten oder weichen Gegenstand in Ihrer Nähe, etwa eine Tasse, eine Serviette, ein Kissen oder ein Kleidungsstück.* Schließen Sie die Augen und streichen Sie mit diesem Objekt langsam über Ihre Hände und Arme sowie die Innenseite Ihres Handgelenks. Richten Sie Ihre Aufmerksamkeit auf die sinnlichen Empfindungen. Probieren Sie aus, wie es ist, mit dem Gegenstand über eine Zone Ihres Armes zu streichen, und vergleichen Sie die körperliche Empfindung damit, wie es sich anfühlt, mit dem Gegenstand gegen Ihren Arm zu klopfen.

7. *Experimentieren Sie mit verschiedenen Objekten sowie unterschiedlichem Druck und diversen Bewegungen.* Ziel dieser Übung ist es, Ihr Wahrnehmungsvermögen für körperliche Empfindungen zu erhöhen. Je mehr Sie es üben, Ihre Sensibilität und Aufmerksamkeit in diesem Bereich zu steigern, desto leichter wird es Ihnen fallen, der himmlischen Führung zu folgen, die sich auf dem Weg des Hellfühlens einstellt.

Öffnung der Herzchakren

Auch aufwallende Emotionen gehören zum Repertoire der Hellfühligkeit. Das den Emotionen entsprechende Energiezentrum befindet sich im Herzen und wird auch Herzchakra genannt. Durch Meditation über das Herzchakra können Sie Ihre Empfänglichkeit für hellfühlig Wahrgenommenes erhöhen.

Durch Ängste, die mit Liebe verknüpft sind, kommt es zu einer Blockade, Schrumpfung und Verschmutzung des Herzchakras. Jeder Mensch hat in irgendeiner Beziehung Schmerzhaftes erlebt, und dieser Schmerz bringt uns dazu, Angst vor der Liebe zu haben. Doch weil Liebe die Essenz des Lebens ist, bewirkt diese Angst, dass wir den Kontakt mit der wahren Essenz des Lebens verlieren. Wir sind verwirrt und vergessen, wie sich wahre Liebe anfühlt. Wenn wir Angst vor Liebe haben, haben wir buchstäblich Angst, wir selbst zu sein.

Die Angst vor Liebe bringt uns dazu, zurückhaltend, sarkastisch oder in ständiger Verteidigungshaltung zu sein. Wir haben solche Angst davor, verletzt, manipuliert, missbraucht oder fremdbestimmt zu werden, dass unser Herz gegenüber vielen Erfahrungen, in denen wir Liebe empfangen oder Liebe schenken könnten, fest versiegelt ist. Doch wenn wir unser Herz der Liebe verschließen, sperren wir uns unglücklicherweise auch für die Wahrnehmung, wie Gott über das Hellfühlen mit uns spricht. Es ist nicht ohne Ironie, dass uns genau diese Hellfühligkeit ja zuverlässig zu Beziehungen hinlotst, in denen wir geachtet und unterstützt werden. Wenn wir unsere Wahrnehmung der himmlischen Führung über diesen Kanal des Hellfühlens blockieren, bekommen wir Warnungen der Engel zu schädlichen Beziehungen gar nicht mit.

Anleitung für eine Heilmeditation

Die folgende, sehr wirksame Heilmeditation, wird Ihnen helfen, Ihre Ängste vor der Liebe zu verlieren und Ihr Herzchakra zu reinigen. Vielleicht zeichnen Sie diese Meditation mit einer sanften Hintergrundmusik auf Kassette oder auf einem anderen Tonträger auf, damit Sie sie ein- oder zweimal am Tag anhören können.

1. *Schließen Sie die Augen und atmen Sie in bequemer Körperhaltung zwei- oder dreimal tief durch.*

2. *Visualisieren Sie eine herrliche Wolke aus smaragdgrünem Licht, die Sie umgibt.* Beim Einatmen nehmen Sie diese heilende Energie in Ihre Lungen, Ihre Zellen und Ihr Herz auf. Konzentrieren Sie sich einen Moment lang auf Ihr Herz, während Sie es zulassen, dass das smaragdgrüne Licht Sie von aller Negativität reinigt, die Ihnen Schmerz zugefügt haben mag.

3. *Seien Sie mit einem tiefen Atemzug bereit, dass das Licht jegliche Angst, die Sie vielleicht im Hinblick auf Liebe haben, mit sich fortträgt.* Sagen Sie Ja dazu, sich von Ihrer Angst zu lösen und Liebe zu empfinden. Sie brauchen dabei nichts anderes zu tun, als zu atmen und sich die Intention vor Augen zu halten, sich von Ihrer Liebesangst zu kurieren. Seien Sie einfach gewillt, sich heilen zu lassen – alles andere werden Gott und die Engel übernehmen. Nehmen Sie einen weiteren tiefen Atemzug, während Sie in sich die Bereitschaft entstehen lassen, sich von der Angst zu lösen, geliebt zu werden, sowie von der Angst, man könnte Sie womöglich manipulieren, austricksen, benutzen, verlassen, zurückweisen, verfolgen oder verletzen, wenn Sie die Liebe zulassen. Erlauben Sie mit einem weiteren tiefen Atemzug, dass alle diese Ängste – aus

welchem Leben auch immer – von Ihnen genommen und davongetragen werden.

4. *Erlauben Sie nun, dass das Licht alle Ängste bereinigt, die Sie beim Gedanken, Liebe zu schenken, haben mögen.* Seien Sie mit einem tiefen Atemzug bereit, sich von der Angst zu lösen, wenn Sie Liebe gäben, könnte man Sie gängeln, missbrauchen, betrügen, verraten, verstümmeln oder auf welche Weise auch immer verletzen. Lassen Sie es zu, dass alle diese Ängste voll und ganz von Ihnen genommen werden, und spüren Sie, wie sich Ihr Herz ausdehnt, bis es seinen natürlichen, liebenden Zustand erlangt.

5. *Erlauben Sie sich, frei zu werden von jeder alten Verweigerung, anderen Menschen zu verzeihen – Menschen, die Sie in einer Liebesbeziehung irgendeiner Art verletzt zu haben scheinen.* Machen Sie sich bereit, sich von jedem Nicht-verzeihen-Können zu lösen: gegenüber Ihrer Mutter …, Ihrem Vater …, gegenüber anderen, die eine Elternrolle für Sie ausgeübt haben …, gegenüber Ihren Geschwistern …, Ihren Kinderfreundschaften …, Ihren Jugendfreundschaften …, Ihrer ersten Liebe …, gegenüber denen, mit denen Sie zusammen gewesen und die Sie geliebt haben …, gegenüber denen, mit denen Sie zusammengelebt oder die Sie geheiratet haben … Lassen Sie es zu, dass alle Ihre Verletzungen und Enttäuschungen rund um die Liebe ausgeräumt und komplett davongetragen werden. Wenn Sie die Verletzung nicht haben wollen, so brauchen Sie sie auch nicht, und mit einem weiteren tiefen Atemzug erhebt sie sich ins Licht empor, wo sie umgewandelt und geläutert wird. Was bleibt, sind nur die gelernten Lektionen und die reine Essenz der Liebe, die in jeder Beziehung enthalten ist: Sie ist das Einzige, was in jeder Ihrer Beziehungen jemals ewig und real war.

6. *Erlauben Sie jetzt mit einem weiteren tiefen Atemzug, dass das Licht Sie vollkommen reinigen kann.* Seien Sie gewillt, sich von

allem Nicht-verzeihen-Können zu lösen, das Sie vielleicht wegen Liebeserfahrungen in sich tragen. Machen Sie sich bereit, sich zu verzeihen, weil Sie sich verraten haben, weil Sie Ihre Intuition missachtet haben oder weil Sie nicht genug darauf bedacht waren, in Ihrem höchsten Interesse zu handeln. Schließen Sie sich selbst in die Arme, entweder geistig oder körperlich. Beruhigen Sie Ihr inneres Selbst, dass Sie sich nie wieder auf einen solchen Selbstbetrug einlassen werden.

7. *Fassen Sie jetzt den festen Vorsatz, sich nach Ihrer Intuition und Ihrem Unterscheidungsvermögen zu richten, sodass Sie nie in einer Beziehung sein oder bleiben könnten, die Ihnen schadet.* Lösen Sie sich vollständig davon, sich unentwegt Fehler vorzuhalten, die Sie in irgendeiner Beziehung gemacht zu haben meinen – auch im Hinblick auf Ihre Beziehung zu sich selbst. Und spüren Sie, wie Sie mit einem weiteren ganz tiefen, reinigenden Atemzug geheilt sind – heil und ganz und bereit, die Liebe zu genießen, die in Wahrheit das ausmacht, wer Sie wirklich sind.

Wenn wir die Angst vor der Liebe verlieren, entwickeln wir eine differenziertere Wahrnehmung der reichen Bandbreite an menschlichen Gefühlen, die Teil unseres menschlichen Erlebens sind. Das ist wichtig, denn die Bedeutung des hellfühlig Gespürten lässt sich nur erschließen, wenn wir das Spektrum an Emotionen ganz wahrnehmen.

Differenziertere Wahrnehmung von Gefühlen

Einige können Gefühle, die sich in ihnen regen, nicht klar unterscheiden oder benennen. In solchen Fällen ist es wichtig, sein emotionales Vokabular zu erweitern und zu lernen, wie vielfältig Gefühle sein können.

Eine einfache Möglichkeit bildet die Orientierung an einer Liste mit »emotionalem Vokabular« (siehe im Folgenden). Fertigen Sie mehrere Fotokopien dieser Liste an und haben Sie sie immer griffbereit. Ein- oder zweimal am Tag halten Sie dann inne und zeichnen einen Kringel um die Gefühle, die Ihre aktuelle gefühlsmäßige Verfassung am ehesten beschreiben. Innerhalb von ein oder zwei Wochen erhöht dieser Prozess deutlich Ihre Fähigkeit, Gefühle, die sich in Ihnen regen, voneinander zu unterscheiden. Sie werden zum Beispiel besser imstande sein, gemischte Gefühle auseinanderzuhalten. Dieser Prozess hilft uns auch, Gefühle wirklich einzugestehen: Dann können wir gegebenenfalls hier nach Heilung streben, statt die Gefühle auf andere zu projizieren und uns darauf zu verlassen, dass sich diese anderen ändern, damit wir uns besser fühlen.

Eine ganz ähnliche Liste wie die folgende verwendete ich mit Anfang zwanzig, als ich frisch am College immatrikuliert war. Mir wurde damals gerade erst bewusst, wie vielfältig das Spektrum der Emotionen ist. In einem meiner Psychologiekurse betonte der Professor, wie wichtig es sei, unsere Gefühle zu verstehen. Also fragte er die Studierenden regelmäßig: »Was fühlen Sie jetzt gerade?« Sobald er mich fragte, antwortete ich grundsätzlich: »Nun, ich denke einmal, ich bin …«

Dann unterbrach mich der Professor in schönster Regelmäßigkeit und sagte: »Nein, Doreen, sagen Sie mir nicht, was Sie *denken*. Sagen Sie mir, wie Sie sich *fühlen*.« Wenn ich dann antwortete: »Müde«, gab er zurück: »Das ist eine körperliche Empfindung, kein Gefühl!«

Mir wurde klar, dass ich die ganze Palette von Gefühlen in mir nur sehr begrenzt wahrnahm. Also benutzte ich mehrere Wochen lang den Spickzettel. Und als ich merkte, welchen Regenbogen von Gefühlen ich in mir trug, staunte ich nur noch. Es war ein Entdeckungsprozess, der mich lehrte, genau auf den Punkt zu bringen, was auf der Gefühlsebene in mir vorging. Auf diese Weise erkenne ich die präzise Bedeutung meiner hellfühligen Führung.

Wie fühlen Sie sich jetzt gerade? Kreisen Sie alles Zutreffende ein:

Emotionale Vokabelliste

albern	eigensinnig	gütig	schlecht gelaunt
amüsiert	einfältig	hässlich	schockiert
angespannt	ekstatisch	hinreißend	schön
ängstlich	engelhaft	hoch erfreut	schrecklich
anklagend	entmutigt	höflich	selig
apathisch	entspannt	knuddelig	sentimental
ärgerlich	enttäuscht	kritisierend	sexy
attraktiv	ernst	kühn	sorglos
aufbrausend	euphorisch	leichten Herzens	still
aufgeregt	fasziniert	leidenschaftlich	überfordert
ausgelassen	freudig erregt	liebevoll	unruhig
bange	friedvoll	loyal	untröstlich
bedenklich	froh	neidisch	verletzt
beklommen	fröhlich	nervös	verliebt
bereit	furchtlos	niedergeschmettert	vernünftig
besorgt	geheimnisvoll	offen	verraten
bewegt	gekränkt	optimistisch	wagemutig
charmant	gelangweilt	peinlich berührt	wohlig
dankbar	gelassen	quietschvergnügt	wütend
durcheinander	gesegnet	reizbar	zögerlich
eifersüchtig	gestresst	respektvoll	zufrieden
eifrig	gut unterhalten	romantisch	zurückhaltend
eigenartig	gutmütig	ruhig	zuversichtlich

Sie können diese Vokabelliste dazu nutzen, die intuitive innere Eingebung zu entziffern, die sich bei Ihnen einstellt. Immer wenn Sie ein starkes seelisches Gefühl oder körperliches Empfinden haben, denken Sie daran: Es ist eine Botschaft an Sie. Das Gefühl lässt sich damit vergleichen, dass jemand an unsere Tür klopft. Unsere Aufgabe ist es, die Tür zu öffnen und auf dieses Gefühl zu hören. Eine Möglichkeit besteht darin, das Gefühl zu fragen: »Was versuchst du mir zu sagen?« Selbst wenn Ihnen das Ganze albern oder zu gewollt vorkommt: Stellen Sie die Frage dennoch. Sie *werden* eine Antwort bekommen, so viel steht fest.

Wie Sie Ihrer Hellfühligkeit vertrauen lernen

Der nächste Schritt besteht darin, den Gefühlen vertrauen zu lernen. Vielleicht haben Sie mit Zweifeln zu kämpfen, weil Sie nicht so recht wissen, was an einer Botschaft dran ist, die Sie über Ihr Hellfühlen zu erhalten scheinen. Sie haben Bedenken, es könnte Sie in Bedrängnis bringen, wenn Sie diesem Gefühl nachgeben. Ab und zu erzählen mir Hellfühlige, sie würden abwarten, bis sie die »Genehmigung« von außerhalb erhielten, bevor sie sich erlaubten, ihrem Bauchgefühl nachzugeben.

Eine Möglichkeit, das Vertrauen in Ihre Fähigkeit zum Hellfühlen zu stärken, besteht darin, frühere Anlässe Revue passieren zu lassen, bei denen Sie froh waren, Ihrer Intuition gefolgt zu sein, sowie sich an Gelegenheiten zu erinnern, bei denen es Ihnen leid tat, es versäumt zu haben. Sie können auch im Geist eine Situation »anprobieren«, um zu erspüren, wie es wäre, sich nach Ihrer Intuition zu richten, und herauszufinden, ob Sie an dem Ergebnis Freude hätten. Eine andere Möglichkeit besteht darin, immer wieder Affirmationen vor sich hin zu sagen, um die Angst zu mindern, etwa: »Ich verdiene es, glücklich zu sein«, »Wenn ich gewinne, gewinnen auch andere«, und: »Ohne Angst folge ich jetzt meiner göttlichen Führung.«

Der beste Weg, Ihrer Führung durch den Kanal des Hellfühlens besser zu vertrauen, besteht darin, Gott und die Engel im Geist um Hilfe zu bitten, dass sie Blockaden auflösen, die Sie davon abhalten könnten, in den Genuss eines vollkommenen Vertrauens und klarer Gefühle zu gelangen. Spüren Sie, wie sich etwas löst und lichtet, während Sie alle angstbehafteten Gedanken und Energien der göttlichen, geistigen Welt überlassen. Sie brauchen Ihre Ängste nicht zu analysieren; öffnen Sie Gott und den Engeln einfach Ihr Herz, und sie werden für Sie das komplette Werk der Heilung übernehmen. Wenden Sie diese Methode immer wieder an, wenn Sie von Angst gepackt werden.

Gelegentlich begegnet mir jemand, der sich davor ängstigt, sich von Ängsten zu lösen. Vor Kurzem zum Beispiel kam ein Mann nach einem meiner Workshops zur »Himmlischen Führung« auf mich zu. Er sagte: »Ich habe jetzt an zwei deiner Workshops teilgenommen und ich muss dir sagen, diese Vorstellung von einem Leben ohne Angst, von dem du sprichst, ist ein Furcht einflößender Gedanke!« Der Mann erklärte, dass er glaube, es sei etwas Nützliches, an der Angst festzuhalten. In der Vergangenheit hatte er schmerzhafte Erfahrungen gemacht, und nun wollte er sicherstellen, dass ihm das nicht noch einmal passieren würde. Er hielt an der Angst fest, um mit ihrer Hilfe alle neuen Erfahrungen zu identifizieren, die ihn an Wunden von früher erinnerten und die eine Gefahr darstellen könnten.

Für diesen Mann ließe sich ein Dasein ohne Angst also damit vergleichen, als Säugling in den Wäldern ausgesetzt zu werden: verletzlich, naiv, schutzlos. Nachdem ich ihn beruhigt hatte, dass ich seine Gefühle und diesen Glauben verstünde und zu würdigen wisse, erklärte ich ihm meine eigene Auffassung, dass Angstfreiheit de facto die *sicherste* Art zu leben sei.

»Wenn unsere Gefühle nicht mit Ängsten belastet sind, sind wir präzise Kommunikationsinstrumente, die eine Verbindung zur unendlichen Weisheit Gottes aufrecht halten«, sagte ich ihm. »Angst könnte man mit atmosphärischen Störungen in der Telefonleitung vergleichen, die eine klare Kommunikation verhindern. Gott und die Engel warnen dich, wenn Gefahr im Verzug ist. Aber wenn es in der Telefonleitung vor lauter Ängsten ständig knistert und raschelt – Ängste, die durch Ereignisse in der Vergangenheit entstanden sind –, werden ihre Warnungen vielleicht übertönt.«

Wenn Sie Vorbehalte haben, sich von Ihren Ängsten zu lösen, so können Sie bei der Prämisse ansetzen, dass Sie zumindest *gewillt sind, die Bereitschaft zu entwickeln*, Ihre Ängste loszulassen. Mit anderen Worten: Sie ziehen es in Betracht, furchtlos zu werden. Und dieses Stückchen innere Bereitschaft schafft dann ein Portal, das groß genug ist, damit die göttliche Liebe Einlass in Sie findet und Sie von belastenden Ängsten heilen kann.

Diana

Diana, eine Teilnehmerin an einem meiner Seminare über »Himmlische Führung« , ängstigte sich davor, ihre Hellfühligkeit zu erfahren. Angesichts von Missbrauchserfahrungen in ihrer Kindheit hatte Diana Gefühle ertragen müssen, die extrem schmerzhaft waren und die sie unterdrückt hatte. Sie fürchtete, der Damm könnte brechen, sofern sie ihre eigene Hellfühligkeit weckte, und dann würde eine Flut heftigster unkontrollierbarer Emotionen über sie hereinbrechen. Also hielt Diana ihre gesamten Gefühle immer energisch unter Verschluss, um die Kontrolle zu behalten.

In Kursen, an denen Diana teilnahm, sprach ich ausführlich darüber, wie wichtig *Vergebung* sei, um Kopf, Körper und Emotionen frei zu bekommen, damit sie getreue Empfänger für die Fingerzeige des Himmels sein könnten. Diana erzählte mir, dass ihr der Missbrauch in ihrer Kindheit »unverzeihlich« erschien, weshalb sie das Gefühl hatte, weiter in der Wut und Angst stecken zu bleiben, die gewöhnlich jegliche ungeheilte Abneigung begleiten.

»Sie brauchen den Missbrauch als solchen auch gar nicht zu verzeihen, Diana«, riet ich ihr. »Sie müssen lediglich den Beteiligten verzeihen: Ihnen, Ihrer Mutter und Ihrem Vater. Dieses Verzeihen bedeutet nicht, dass Sie den Missbrauch stillschweigend *dulden*. Sie machen sich einfach ein und für alle Mal von dem Schmerz frei.«

Wir besprachen ihr Muster, sich auf freundschaftliche Beziehungen und eine Ehe einzulassen, in denen ebenfalls Gewalt und Missbrauch vorkamen. »Und dieses Muster können Sie durchbrechen, indem Sie den Missbrauch in ihrer Kindheit verzeihen.«

Ich bat Diana, ein kleines Fenster für den Himmel zu öffnen, damit er ihr helfen könne. Und das tue sie, indem sie den Willen aufbrächte, zu verzeihen. »Versuchen Sie nicht, in Eigenregie zu verzeihen. Seien Sie nur gewillt, sich von Gott und den Engeln helfen zu lassen.«

Ich beobachtete, wie Diana bei diesem Vorschlag einen tiefen Atemzug tat, die Augen schloss und dann schauderte. Es ist nicht ungewöhnlich, dass uns ein Schauer den Rücken hinunterläuft, wenn wir uns von der alten Unfähigkeit, zu verzeihen, lösen. Von daher wusste ich, dass Diana Gott und den Engeln erlaubte, ihr zu helfen und sie zu heilen.

Danach erkannte Diana, dass sie ihre Wut auf ihren Vater auf Gott übertragen hatte. »Ich war wirklich wütend auf Vaterfiguren. Von daher ist es kein Wunder, dass ich nie mit Gott sprach«, erklärte sie. Nachdem Diana erst einmal beschlossen hatte, dass sie von den Gefühlen ihres niederen Selbst, ihres Egos, frei sein wollte, erwachte schlagartig auch ihre Hellfühligkeit. Heute ist sie eine erfolgreiche spirituelle Beraterin: Sie hilft anderen, die Missbrauchserfahrungen in ihrer Kindheit überlebt haben, die früheren Verletzungen zu heilen.

Vergessen Sie nicht, dass wahre himmlische Führung immer von warmen und liebevollen Empfindungen begleitet ist, selbst wenn Sie vor Schwierigkeiten gewarnt oder mit Ihren gesundheitsschädlichen Verhaltensweisen konfrontiert werden. Falsche Führung erzeugt Kälte und eine gewisse Gereiztheit.

Wenn Sie Eingebungen erhalten, bei denen Sie sich unzulänglich fühlen oder ängstigen, sind Sie gut beraten, ihnen nicht zu folgen. Rufen Sie stattdessen die Engel an und bitten Sie sie, Ihnen zu helfen, diese Gefühle abzustreifen. Der Himmel will Ihnen helfen, die Auswirkungen der Ängste auszuräumen, die aufseiten des niederen Selbst bestehen. Die geistige Welt liebt es, zu Hilfe gerufen zu werden, damit Sie Gottes segensreichen, herrlichen Willen für Sie besser verstehen und befolgen können.

Als der mittlerweile verstorbene große Philosoph Joseph Campbell riet: »Folge deiner Glückseligkeit«, meinte er, dass wir um Führung bitten sollten, denn die mit Freude verbundenen Fingerzeige Gottes weisen in jeder Hinsicht den Weg zum Erfolg. Wenn Sie von Trostlosigkeit gepackt werden, lassen Sie sich von ihr mitteilen, welche Bereiche Ihres Lebens nicht so laufen, wie sie sollen. Bitten Sie Gott um den Mut, all das abzustreifen und durch Situationen zu ersetzen, die wirklich ihr Herz zum Singen bringen.

Ängste vor Einsamkeit, Armut, Verlassenwerden, Kritik und anderem Schmerzhaftem gehen auf unser niederes Selbst, das Ego, zurück. Es versucht, uns einzubläuen, wenn wir die freudlosen

Aspekte unseres Lebens losließen, würde etwas Schreckliches passieren. Wir dürfen den Drohungen des Egos keinen Glauben schenken, sondern müssen uns selbst ehren. Wenn Sie in einem Teil Ihres Lebens Widerstand spüren, hören Sie hin. Es ist eine Eingebung Gottes und der Engel, die Ihnen sagt, dass etwas nicht intakt ist. Der Himmel will nicht, dass Ihnen unwohl ist. Gott will für Sie wie für alle seine Kinder, dass Ihre materiellen Bedürfnisse erfüllt werden, während Sie gleichzeitig Ihren göttlichen Daseinszweck erfüllen.

Gott will nicht, dass Sie irgendetwas tun, das Ihnen oder Ihrer Familie schaden könnte. Wenn Sie Gott um Führung bitten, wird seine Kraft durch Sie wirken und Heilung in Ihr Leben und in jenes der Menschen in Ihrem Umfeld bringen. Sie können nicht scheitern, da Gott nicht scheitern kann.

Im nächsten Kapitel gehen wir einige Übungen durch, die Ihnen dabei helfen, Botschaften mittels Hellfühlen wahrzunehmen. Auf diese Weise werden Sie ein »Gespür« für das Hellfühlen bekommen.

16

Hellfühlen selbst erleben

Das Hellfühlen ist die »Kraft«, die Luke Skywalker in *Star Wars* zu beherrschen lernte. Es ist die unsichtbare, nicht hörbare Energie, die uns mit Gott, den Engeln und anderen Menschen verbindet. Wir können diese Kraft jederzeit anzapfen, indem wir intensiv auf unsere körperlichen und emotionalen Empfindungen achten, wie in den folgenden Übungen.

Hellfühlen: Übung 1

Die folgenden Fragen und Aussagen werden Ihnen helfen, über Ihre Hellfühligkeit himmlische Führung zu erfahren.

1. Lesen Sie die Fragen in einem ruhigen, privaten Umfeld durch. Richten Sie diese Fragen an Gott und die Engel und achten Sie dann eingehend auf die sich einstellenden physischen und emotionalen Reaktionen. Legen Sie nach dem Lesen jeder einzelnen Frage eine Pause ein. Dann nehmen Sie am besten ein paar tiefe Atemzüge und schließen die Augen, um eventuelle visuelle Ablenkungen auszuschalten.

- *Zu welchen sofortigen Veränderungen ratet ihr mir?*
- *Welches Gefühl aus meiner Vergangenheit muss ich heilen und loslassen?*
- *Bitte teilt mir etwas über meinen göttlichen Lebensauftrag mit und über die Aufgabe, die ich zu erfüllen habe.*
- *Wie kann ich in meinem Leben mehr Glück erfahren?*
- *Wie erreiche ich Heilung für diesen Bereich meines Lebens (wäh-*

len Sie jeweils einen Punkt aus): Finanzen, Gesundheit, Liebe, Arbeit?

2. Wiederholen Sie die Fragen noch einmal im Geist und achten Sie genau auf Ihre körperlichen und emotionalen Reaktionen. Hellfühlen geschieht nonverbal; erwarten Sie also keine Worte, die Sie hören oder denken. Es ist auch nicht visuell; suchen Sie also nicht nach Bildern vor Ihrem geistigen Auge. Konzentrieren Sie sich stattdessen auf Ihr Herz und Ihren Körper.

Haben Sie beim Stellen der einzelnen Fragen in irgendeinem Teil Ihres Körpers ein Zucken oder einen Schmerz gespürt oder aber etwas Angenehmes wahrgenommen? Achten Sie auf jede Anspannung, jedes Flattern, jede Wärme, Kälte, Freude, Traurigkeit oder sonstige körperliche Empfindungen. Lassen Sie jegliche Wertung Ihrer Reaktion los und erlauben Sie einfach, dass Sie von dem ganzen Gefühl überströmt werden. Hat sich ein Gefühl eingestellt, was diese Reaktion bedeutet? Falls ja, »befragen« Sie Ihre Gefühle, um zusätzliche detaillierte himmlische Führung zu bekommen. Fragen Sie Ihr Gefühl zuerst mental: »Was versuchst du mir zu sagen?« Dann öffnen Sie Ihre Wahrnehmung für die Antwort, die Sie in Reaktion auf diese Frage spüren.

3. Notieren Sie Ihre Antworten auf die Fragen in einem Tagebuch. Sie können die Fragen – sagen wir einmal: sieben Tage lang – täglich von Neuem stellen und beobachten, wie die hellfühlenden Reaktionen im Lauf der Zeit immer detaillierter werden. Denken Sie daran, dass sich wahre himmlische Weisungen wiederholen; insofern können Sie davon ausgehen, dass Ihnen Gott und die Engel jeden Tag dieselbe Antwort geben. Die Antwort geht gewöhnlich zunehmend mehr ins Detail, wenn Sie die Frage wiederholt stellen. Indem Sie sich die Antworten aufschreiben, wie sie kommen, verhalten Sie sich wie ein Detektiv, der Hinweise sammelt, aus denen er mit an Sicherheit grenzender Wahrscheinlichkeit etwas ableiten kann.

Hellfühlen: Übung 2

Diese Übung wird Ihnen helfen, Vertrauen in Ihre Hellfühligkeit zu erlangen, und Sie mit Ihrer persönlichen Gefühlssprache vertraut machen. Ich konnte immer wieder feststellen, dass Erfahrung, etwa in Form dieser Übung, der beste Lehrmeister ist, wenn es darum geht, unsere Kanäle der himmlischen Führung kennenzulernen und allmählich auf sie zu vertrauen.

1. Stellen Sie wie zuvor jeweils eine Frage und achten Sie auf Ihre körperlichen und emotionalen Reaktionen. Notieren Sie jede einzelne Reaktion, und wenn Sie mit allen Fragen durch sind, blättern Sie zu den Seiten 298 bis 302 dieses Buches.

1. *Was ist nach Ihrem Gefühl das Thema des Absatzes auf Seite 298 im Anhang dieses Buches?*
2. *Haben Sie das Gefühl, dass die einstellige Zahl auf Seite 299 rund oder eckig ist?*
3. *Haben Sie das Gefühl, dass das Wort auf Seite 300 liebevoll ist? Oder ist es lieblos?*
4. *Welche Gefühle verspüren Sie, wenn Sie – ohne es vorher anzuschauen! – an das Bild auf Seite 301 denken?*
5. *Welcher Buchstabe ist für Ihr Gefühl auf Seite 302 dargestellt?*

2. Nachdem Sie Ihre Gefühle in Reaktion auf die einzelnen Fragen aufgeschrieben haben, schauen Sie sich bitte die entsprechenden Seiten an. Suchen Sie nach den vielen Ähnlichkeiten, die Ihre Antworten mit dem haben werden, was dort erscheint, ohne dass Sie dabei perfektionistisch vorgehen. Perfektionismus entsteht aus Angst, aus der Antithese zu dem Prozess, himmlische Führung zu erhalten. Denken Sie daran: Niemand urteilt über Sie. Konzentrieren Sie sich stattdessen auf die Ähnlichkeiten der Antworten, die Sie erhalten haben.

Wenn Sie das Gefühl haben, dass Ihre Antworten absolut keine Verbindung zu dem aufweisen, was sich auf den betreffenden Seiten zeigt, probieren Sie es später noch einmal. Aller Wahrscheinlichkeit nach waren Sie beim ersten Versuch mit den Fragen abgelenkt oder fühlten sich unter Druck. Wie jede von Natur gegebene Fähigkeit verbessert sich das Hellfühlen durch geduldiges Üben. Das Geschenk der hellfühlenden Führung ist die Mühe wert.

Wenn Sie es später noch einmal probieren, verwenden Sie eine Zeitschrift, mit deren Inhalt Sie noch nicht ganz vertraut sind. Nehmen Sie die Zeitschrift in die Hand, schließen Sie die Augen und bitten Sie die Engel, Ihnen etwas zu der Anzeige auf der vorletzten Seite zu zeigen. Beobachten Sie Ihre Gefühle und vertrauen Sie auf das, was in Ihnen aufsteigt. Überprüfen Sie dann die Antwort anhand der Zeitschrift und achten Sie auf die Ähnlichkeiten zwischen dem Gespürten und der tatsächlichen Anzeige.

Übung verstärkt die Hellfühligkeit

Auch bei alltäglichen Verrichtungen können Sie Ihre Fähigkeit zum Hellfühlen üben. Achten Sie zum Beispiel auf Ihr Bauchgefühl, wenn Sie in ein Parkhaus fahren und nach einem freien Platz suchen. Erlauben Sie ihm, Sie wie ein Blindenhund zu führen. Mit dem entsprechenden Vertrauen werden Sie ganz schnell einen freien Parkplatz finden. Zudem gewinnen Sie auf diesem Weg mehr Vertrauen in Ihr »Gefühl im Bauch«.

Das Gleiche gilt, wenn Sie irgendwann bei einer Autofahrt verwirrt sind, wo Sie sich eigentlich befinden, oder wenn Sie sich verfahren haben: Bitten Sie Gott und die Engel, Ihnen die Richtung zu weisen. Sie werden Führung erfahren, indem Sie entweder etwas antreibt, weiter geradeaus zu fahren, oder sich aber ein starkes Gefühl meldet, umzudrehen oder irgendwo abzubiegen. Wenn Sie im Hinblick auf diese himmlische Führung unsicher sind, bitten Sie um eine Wiederholung oder darum, dass Sie das Gefühl intensiver mitbekommen. Der Himmel wird dem gerne Rechnung tragen und die himmlische Eingebung so lange wiederholen, bis Sie absolut sicher sind, was sie bedeutet.

Eine andere Methode besteht darin, sich auf Ihre gefühlsmäßige Wahrnehmung zu konzentrieren, wenn das Telefon klingelt.

Stellen Sie sich die Frage: »Ist die Person am anderen Ende der Leitung männlich oder weiblich?« Auf einer tiefen Ebene werden Sie die männliche oder weibliche Energie der anrufenden Person spüren, und über das Hellfühlen erhalten Sie eine klare Antwort. Mit etwas Übung können Sie auch die konkrete Identität des Anrufers oder der Anruferin spüren.

Sie können auch jemanden aus Ihrem Freundes- oder Bekanntenkreis bitten, etwas handschriftlich auf einem Zettel zu notieren. Bitten Sie die andere Person, das Blatt zu falten, bevor sie es Ihnen überreicht, damit Sie nicht gleich sehen, was dort geschrieben steht. Halten Sie den gefalteten Zettel in den Händen, schließen Sie die Augen und atmen Sie ein paarmal tief durch. Spüren Sie in sich hinein: »Was steht auf diesem Zettel?« Achten Sie auf Ihre physischen und emotionalen Reaktionen auf diese Frage. Vielleicht bekommen Sie eine detaillierte Antwort, die Ihnen genau den Inhalt des Geschriebenen verrät. Oder es stellt sich eine Empfindung ein, etwa ein Glücksgefühl, Traurigkeit, Wärme oder Kälte. Diese Reaktionen verraten Ihnen die generelle *Färbung* des Inhalts. Falten Sie dann den Zettel auseinander und sehen Sie sich an, was Ihre Hellfühligkeit Ihnen zu vermitteln suchte.

Gefühle *wahrzunehmen,* ist etwas ganz anderes, als Gefühle zu *werten* oder zu zensieren. Sie wahrzunehmen bedeutet, dass wir diese Gefühle beachten und ihnen ebenso folgen, wie wir uns nach einer Ausschilderung im Straßenverkehr richten würden. Werten oder zensieren wir dabei, dann debattieren wir mit den Straßenschildern und ignorieren sie.

Selbst wenn Sie unsicher sind, ob Ihre Gefühle gerechtfertigt sind, können Sie Ihr Denken leicht darin schulen, plötzliche Emotionen und körperliche Empfindungen in dem Moment wahrzunehmen, in dem sie auftreten. Gewöhnen Sie es sich mit etwas Übung an, die Gefühle zur Kenntnis zu nehmen und sie dann zu fragen: »Was versucht ihr mir zu sagen?« Atmen Sie tief durch, wenn Sie diese Frage stellen, damit eine angemessene Stille entsteht, in der Sie die Antwort Ihrer Gefühle verstehen können.

Ihre Emotionen und körperlichen Empfindungen sind Botschaften Gottes – in einem gewissen Sinne sind sie also Engel. Es ist wichtig, Gefühle nicht automatisch abzutun oder anzunehmen, sie hätten keine Bedeutung. Sie haben große, große Bedeutung, denn nichts in diesem Universum – und das gilt auch für Ihren Körper und Ihre Emotionen – beruht auf Zufall oder ist ein Unfall.

Sie haben es wahrscheinlich schon einmal erlebt: Sie hatten eine intuitive Eingebung und redeten es sich dann selbst aus, dass sie berechtigt sei. Später haben Sie es bedauert, nicht auf Ihre Intuition gehört zu haben. Zum Glück können wir diese schmerzhaften Erfahrungen in positive Lektionen umwandeln, die uns helfen, unserem Bauchgefühl zu vertrauen.

Jeder noch so kleine Erfolg mit dem Hellfühlen trägt dazu bei, Vertrauen aufzubauen – was wiederum die Anzahl der zutreffend wahrgenommener himmlischer Führung erhöht. Suchen Sie nach Wegen, Ihre Hellfühligkeit durch Übung zu verstärken, und Sie werden bald mit Bestimmtheit sagen können, dass diese Kraft Sie immer begleitet.

17

Hellwissen –
ein absolut sicheres plötzliches Wissen

Von Hellwissen kann immer dann die Rede sein, wenn wir Informationen aus der geistigen Welt in Form plötzlicher Ideen, Anschauungen und Gedanken erhalten. Wir hören, sehen oder spüren nicht den Zeitpunkt, zu dem diese himmlischen Informationen in unser Bewusstsein gelangen; sie sind auf einmal da. Die Weisung des Himmels ist schlagartig für uns zugänglich – vergleichbar mit Daten, auf die wir zugreifen können, nachdem wir sie auf einen PC heruntergeladen haben.

Dieser Prozess, das Hellwissen oder »Klarwissen«, ist quasi so ähnlich, als hätte Gott eine Diskette in Ihren Kopf geschoben. Die Informationen werden in Ihre Speichermodule geladen und sind urplötzlich für Sie verfügbar. Obwohl einige von Natur aus eher in Richtung Hellwissen orientiert sind als andere, kann jeder lernen, diese Fähigkeit auszubauen.

Schließlich steht unser Geist mit dem Geist Gottes in Verbindung. Das bedeutet in Wahrheit, dass es nur *einen* Geist gibt. Dieser Geist ist allwissend und rundum kreativ und liebevoll. Wir erfahren göttliche Führung von diesem einen Geist, wenn wir von Ideen »wissen«, die tiefgründig und neu für uns sind.

Formen des Hellwissens

Hellwissen ist anders als Brainstorming, um Ideen zu sammeln. Bei Ersterem stellen Sie eine Frage, worauf Informationen einzuströmen beginnen. Bei Letzterem debattieren Sie über nach und nach entstehende Einfälle. Das Hellwissen kann so manche Gestalt annehmen, etwa plötzliche ...

- *Offenbarungen:* Ein tief gehendes Offenbarungserlebnis, das mit der unvermittelten Gewissheit einhergeht, dass Sie eins mit Gott und mit allem Lebendigen sind.
- *Fähigkeiten:* Das Wissen, wie ein defekter Gegenstand zu reparieren ist, ohne sich die Gebrauchsanweisung anzusehen und ohne mit der Konstruktion des Objekts vertraut zu sein.
- *Fakten:* Jemand stellt Ihnen eine Frage zu einem Thema, mit dem Sie sich nur vage auskennen. Irgendwie kramen Sie Fakten aus den Schubladen Ihres Geistes über dieses Thema hervor, die sich als zutreffend erweisen. Sie erinnern sich nicht, je etwas über diese Fakten gelernt, gehört oder gelesen zu haben.
- *Erkenntnisse:* Sie wissen unvermittelt die allerelementarste Wahrheit, die einer scheinbar komplexen Situation zugrunde liegt. Ihre Erkenntnis vereinfacht die Situation, indem sie Ihnen hilft, sich auf das zentrale Thema zu konzentrieren.
- *Inspiration:* Sie ertappen sich beim Niederschreiben oder Aussprechen von Ideen oder Vorstellungen, über die Sie sich noch nie zuvor Gedanken gemacht haben.
- *Genialität:* Ihnen kommt eine Idee zu einer neuen Erfindung, die zeitsparend oder lebensrettend ist oder auf der Welt anderweitig unbedingt gebraucht wird.
- *Blicke in die Zukunft:* Wenn Sie Bekanntschaft mit einer fremden Person oder Situation machen, wissen Sie mit einem Mal genau, wie sich diese Beziehung oder Situation weiterentwickeln wird. Später finden Sie heraus, dass dieser Blick in die Zukunft zutrifft.

Warum wir dem Hellwissen misstrauen

Bei dieser Art von himmlischer Führung tun wir uns offenbar am schwersten, uns auf sie zu verlassen. »Wie kann ich denn etwas wissen, ohne zu wissen, *woher* ich das weiß?«, fragen wir uns. Viele Menschen, die in erster Linie über das Hellwissen geführt werden, sind betrübt, dass Ihnen die anderen Kanäle spiritueller Kommunikation – das Sehen, Hören und Spüren –nicht zugänglich scheinen. So erging es auch Yvonne.

Yvonne

Ich traf Yvonne einen Tag nach meinem Vortrag bei einer Tagung in Virginia Beach. Sie hatte mich um eine Einzelsitzung gebeten, um sich mit Fragen an die Engel zu wenden und himmlische Botschaften zu empfangen. Ich suchte meine Klientin in ihrem ansprechenden Zimmer mit Meerblick in unserem Tagungshotel auf. Sie stellte Fragen zu ihrer beruflichen Karriere und ihrer Familie, welche die Engel mit Freuden beantworteten.

Wenn ich Sitzungen gebe, versuche ich immer, meinen Klienten Mut zu machen und ihnen beizubringen, eigenständig Botschaften zu empfangen. Bei meinem Gespräch mit Yvonne wurde mir klar, dass sie hellwissend war. Ihre Frustration deswegen wurde nur allzu offensichtlich, als sie herausplatzte: »Ich sehe nie irgendwelche Visionen meiner Zukunft vor mir wie Sie und meine Freundinnen!« Viele Hellwissende fühlen sich betrogen, weil sie vor ihrem geistigen Auge keine Bilder sehen.

»Freundinnen von mir sagen, dass ich einfach nur die Augen zumachen und mir etwas bildlich vorstellen soll«, fuhr Yvonne fort. »Aber sie verstehen nicht, dass es bei mir einfach nur dunkel ist, wenn ich die Augen zumache. Ich schätze, es soll eben nicht sein, dass ich himmlische Führung bekomme.« Als ich Yvonne erklärte, was es mit dem Hellwissen auf sich hat, entspannte sie sich merklich. »Das erklärt so vieles!«, entgegnete sie sichtbar erleichtert. »Ich wollte, ich hätte schon vor Jahren gewusst, dass ich hellwissend bin, weil ich die ganze Zeit immer dachte, mit mir stimme etwas nicht.«

Ich erklärte Yvonne, dass jeder Mensch alle vier Kanäle himmlischer Kommunikation entwickeln kann: den visuellen, den auditiven, den sensitiven und den kognitiven. Gewöhnlich jedoch haben wir ein oder zwei Kanäle, die bei uns am stärksten ausgebildet sind oder die unserer Natur am meisten entsprechen. Als Hellwissende kann Yvonne ihrem Repertoire zum Beispiel durchaus auch noch das Hellsehen hinzufügen, obwohl sie sich als primäre Quelle der Führung wahrscheinlich besonders auf Ideen aus der geistigen Welt stützen wird.

Wohin ich auch reise, um etwas über die vier Kanäle der himmlischen Führung zu vermitteln: Überall begegnen mir Menschen wie Yvonne. Da Hellwissende im Allgemeinen intellektuelle Menschen sind, verwirrt sie oft die unlogische Weise, auf die sie Informationen bekommen. »Wie bin ich an dieses Wissen herangekommen?«, fragen sich Hellwissende. »Ich kann mich gar nicht erinnern, etwas über dieses Thema gelesen oder etwas darüber im Fernsehen gesehen zu haben. Woher sind diese Informationen gekommen?«

Viele Hellwissende behalten die Bedenken für sich, weil sie fürchten, die Glaubwürdigkeit zu verlieren, wenn andere herausfänden, woher ihre Informationen stammen. Noch häufiger passiert es allerdings, dass Hellwissende einfach frustriert durchs Leben laufen, weil sie nicht verstehen, wie sie an die Information herangekommen sind.

Wenn sie endlich von den vier Kanälen himmlischer Führung erfahren, bringen sie genau wie Yvonne ihre Erleichterung darüber zum Ausdruck, dass sie jetzt verstehen, woher sie wissen, was sie wissen.

Eine Fachautorin erzählte mir zum Beispiel einmal, sie könne sich keinen Reim darauf machen, wieso sie immer wieder an schwer zugängliche Informationen gelange, über die sie zuvor nichts wusste. Ein Arzt sagte mir, er wisse immer kurz nach der Begegnung mit einem Patienten, was diesem fehle. »Aber die Patienten akzeptieren meine Diagnose grundsätzlich nicht; ich muss erst einmal aufwendige Labortests anstellen lassen, die meine Erstdiagnose dann ausnahmslos bestätigen«, berichtete er. Auch er äußerte sich erleichtert darüber, endlich einen Namen für das Erlebnis der Spontandiagnose zu haben: Hellwissen.

Hellwissen ist eine plötzliche Idee, eine plötzliche Vorstellung von etwas, ein plötzlicher Gedanke oder eine plötzlich bekannte Tatsache. Das Ganze kommt aus heiterem Himmel, gewöhnlich als Reaktion auf eine im Geist gestellte Frage. Wie alle wahre göttliche Führung ist auch Hellwissen immer proaktiv statt destruktiv. Die Information stellt sich als Komplettpaket ein, wie ein Buch, das auf einem Rechner gespeichert wurde.

Jana

Eine Frau namens Jana Beals erzählte mir, beim Lesen meines Buches *The Lightworker's Way*[18] habe sie plötzlich förmlich nach Luft geschnappt. »In dem Moment wurde mir auf einmal klar: Ich werde Sie kennenlernen. Ich *wusste* es einfach. Ich wusste nicht wie, da Sie auf der entgegengesetzten Seite des Landes leben. Aber ich wusste irgendwie absolut, dass ich Ihnen begegnen werde! Am nächsten Tag steckte ein Flyer in meinem Briefkasten, aus dem hervorging, dass Sie in meiner Heimatstadt bei einem Kongress sprechen würden. Ich meldete mich sofort an.« Jana erzählte mir ihre Geschichte, als wir uns drei Monate später bei der Tagung in Florida trafen. Sie hat mir die Erlaubnis erteilt, sie als anschauliches Beispiel dafür weiterzuerzählen, wie jemand plötzlich durch sein Hellwissen Informationen erhält.

Menschen, die in erster Linie hellwissend sind

Leute, die in erster Linie hellwissend sind, sind gewöhnlich hochgradig verstandesorientiert. Oft haben sie Jobs, die mit Forschung, Lehre, Schreiben und Technik zu tun haben. Viele Hellwissende sind Skeptiker, wenn es um spirituelle oder sogenannte paranormale Themen geht. Und die meisten würden es vehement abstreiten, dass sie je etwas von Gott oder den Engeln hören. Viele würden zugeben, dass sie Schwierigkeiten haben, an Gott und die Engel zu glauben. Wie schon erwähnt, leben Hellwissende mit einer Menge Zweifeln im Hinblick auf *alles*.

Hellwissenden wird manchmal vorgeworfen, sie seien notorische Besserwisser. Natürlich steckt in dieser Titulierung ein Körnchen Wahrheit. Fast so, als würde das kollektive Unbewusste Informationen über einen Trichter in den Kopf der hellwissenden Person hineingießen, stehen diesem Menschen unvermittelt komplette Informationsversatzstücke zur Verfügung. Sie können einen Hellwissenden zu fast jedem Thema befragen und werden eine detaillierte und zutreffende Antwort bekommen. Wenn Sie die betreffende Person dann fragen: »Woher weißt du das?«, kommt gewöhnlich ein Achselzucken, gefolgt von der Antwort: »Bevor ich das sagte, wusste ich selbst nicht, dass ich es weiß.«

Menschen mit einer anderen »hellen« Orientierung bei der Kommunikation mit himmlischen Mächten mögen einen Hellwissenden fragen: »*Warum* tust du das und das eigentlich?«, und zur Antwort bekommen: »Weil ich weiß, dass ich das tun soll.« Und wenn Sie dann weiterbohren: »Aber *warum* weißt du das?«, oder: »*Woher* weißt du das?«, wird der Hellwissende frustriert reagieren. Dann können Sie sich auf eine Antwort gefasst machen wie: »Ich weiß es eben – Punkt.« Was nur zeigt, dass man mit einem Hellwissenden, der fest und sicher zu seinem Wissen steht, nicht streiten kann.

Hellwissende können Ingenieure, Wissenschaftler oder auch Philosophen sein. Sie sind gewöhnlich gut im Problemlösen, im Austüfteln neuer Ideen und im Verstehen abstrakter Zusammenhänge. Mitunter kann das Ego der betreffenden Person allerdings Zusatzinformationen in die empfangene himmlische Führung einflechten, um das Ganze zu einer Story aufzuplustern, die nur in Teilen stimmt. Von daher müssen Hellwissende ganz besonders darauf achten, wann sie aus höheren Dimensionen ihres Denkapparates heraus agieren und wann sie in ihr Egodenken abgeglitten sind.

Hellwissende haben oft Freude an Philosophie und Rhetorik. In jeder Tätigkeit, so banal sie auch sein mag, suchen sie nach den tiefer liegenden Bedeutungen und Botschaften. Zudem sind sie hervorragend darin, Charaktere zu beurteilen. Hellwissende wissen oft triviale Details über neue Bekannte, etwa ob diese verheiratet sind, in welcher Stadt sie wohnen oder welchen Beruf sie haben.

Cindy

Meine Klientin Cindy erzählte mir: Sobald sie einem potenziellen neuen Partner begegne, wisse sie blitzartig, wie ihre Beziehung verlaufen werde, welche Probleme sie als Paar zu bewältigen hätten und welchen Höhen und Tiefen sie in ihrem Liebesleben begegnen würden. Diese himmlisch inspirierten Geistesblitze erweisen sich immer als zutreffend, und Cindy lernt mittlerweile, auf sie zu hören, bevor sie sich auf neue Beziehungen einlässt.

Ich stelle fest, dass Hellwissende ihre Skepsis verlieren, wenn sie erst einmal verstehen, dass ihre plötzlichen Ideen dem allwissenden Geist Gottes entspringen. An diesem Punkt beginnen sie, ihre spirituelle Gabe zu genießen.

Kirk & Sandy

Kirk und Sandy Moore waren stolze Eltern von zwei reizenden Töchtern. Ihre Älteste, Tara, liebte Engel. Als kleines Mädchen hielt Tara immer so lange die Autotür offen, bis die Engel neben ihr Platz genommen hatten. Beim Abendessen mit der Familie bestand Tara darauf, Gedecke und freie Stühle für die Engel bereit zu halten, damit sie mit ihnen essen könnten. Als Jugendliche las Tara dann Bücher über Engel und sang Lieder über sie.

Mit siebzehn kam Tara bei einem Autounfall ums Leben. Sandy und Kirk waren am Boden zerstört, als sie aus der Klinik nach Hause fuhren. Da sahen sie plötzlich etwas auf der Küchenspüle liegen, das sie noch nie zuvor gesehen hatten: ein Plätzchen, das die Form eines Engels hatte! Die Moores begaben sich in Taras Zimmer, und dort lag mitten auf dem Fußboden ein Zettel. Als sie ihn in die Hand nahmen, verschlug es Sandy und Kirk den Atem: Es handelte sich um die Noten zu dem Song *You're an Angel!* An diesem Punkt fühlten sie sich innerlich darin bestätigt, dass ihre Kleine von ihren Freunden, den Engeln, umgeben war. Tara war selbst ein Engel geworden.

Kurz danach beschlossen die Moores, ihre bisherigen Jobs aufzugeben und einen Laden aufzumachen, der den Engeln gewidmet war: Figuren, Schreibwarenartikel, Bücher, Kleidung und Bilder. In einem Traum erhielt Kirk Weisungen zum Standort und zur Logistik des Ladens, die sich nach dem Aufwachen als vernünftig und zutreffend herausstellten. Die beiden mieteten den Laden, den Kirk in seinem Traum gesehen hatte, und schon konnte *Tara's Angels* seine Türen öffnen. Fast von Anfang an rührten die Medien mit ihrer Geschichte landesweit die Werbetrommel für sie, und die Moores genossen großen Erfolg. Kirk und Sandy wussten, dass ihr Engel, Tara, im Hintergrund wirkte und das Ladengeschäft sowie die Werbung dirigierte.

Als ich mich eines Nachmittags mit den Moores traf, fragte ich sie, über welche Kommunikationskanäle sie Taras Botschaften eigentlich empfingen. Kirk sagte, dass Tara mit ihm visuell kommuniziere und dass er oft ihre Stimme höre. Wie bei den meisten war auch bei Kirk mehr als ein Kanal aktiv, über den die spirituelle Kommunikation lief. Seine Hellsichtigkeit, kombiniert mit Hellhören, war besonders in seinen Träumen sehr ausgeprägt, in denen er Kontakt mit Tara hatte.

Sandy blickte zu Boden und meinte, sie könne Tara nie sehen und nur höchst selten hören. Sie gestand, sich ein wenig »außen vor« zu fühlen – so, als führten Kirk und Tara eine besondere Beziehung, von der sie ausgeschlossen war. Ich hatte so ein Gefühl im Bauch, dass Sandy hellwissend war, also fragte ich sie: »Hilft Tara dir, den Laden zu führen?«

»Klar!«, antwortete Sandy wie aus der Pistole geschossen. »Es ist ihr Laden!«

Ich erkundigte mich, ob sie gelegentlich Informationen erhalte, bei denen offensichtlich war, dass sie von Taras Gedanken in ihre eigenen übertragen wurden. Daraufhin nickte Sandy mit Nachdruck und gab zurück: »Oh ja!«

Also erklärte ich Sandy den Prozess des Hellwissens, bei dem wir Informationen, Fakten oder Wissen aus der geistigen Welt empfangen. Wir wissen, ohne zu wissen, *woher* wir etwas wissen. Ich gab zu verstehen, dass einige, wie etwa Kirk, visuell orientiert seien und auf hellsichtigem Wege mit der geistigen Welt kommunizieren könnten. »Und anderen geht es so wie dir, Sandy: Sie sind mehr in die Richtung orientiert, intellektuelle oder hellwissende Mitteilungen von Gott, den Engeln und lieben Verstorbenen zu empfangen.«

Sandy stimmte mir zu und sagte, dass sie es sehr deutlich wahrnehme, wenn Tara sie beim Einkauf von Produkten für den Laden führe. Sandy äußerte sich erleichtert, zu wissen, dass das Ausbleiben visueller Mitteilungen von Taras Seite ziemlich normal war. Wie andere Hellwissende, Hellfühlende und Hellhörende kann Sandy natürlich ihre Hellsichtigkeit mit etwas Übung weiterentwickeln, sofern das dringende Verlangen da ist. Bis dahin kann sie es problemlos bei dem Wissen belassen, dass sie über ihr Hellwissen wirklich eine stetige Kommunikation mit dem Himmel erfährt.

Die Vorzüge der Entwicklung von Hellwissen

Menschen, die ihr Hellwissen ausbilden, scheinen ein wenig im Vorteil zu sein, wenn es darum geht, Führung zu erfahren, die letztlich dabei hilft, unternehmerisch etwas zu erreichen. Die meisten sind erfolgreiche Leute. Obwohl sie wegen der Herkunft ihres Wissens von Selbstzweifeln geplagt werden, setzen viele ihre vom Himmel gesandten Ideen in die Tat um.

Jonathan

Jonathan Robinson ist ein erfolgreicher Autor, Referent und Therapeut. Aufgrund seiner langjährigen Beschäftigung mit Spiritualität hat Jonathan die Gewohnheit entwickelt, täglich zu meditieren. Bei einer seiner Meditationen fragte Jonathan Gott: »Wie kann ich Menschen dienen und dabei immens viel Spaß haben?« Prompt kam ihm der Gedanke in den Sinn, er könne ja am Strand kostenlos Eis verteilen.

So ungewöhnlich ihm die Idee vorkam – Jonathan *wusste,* dass es sich um wahre himmlische Führung handelte. Also vertraute er sofort darauf und handelte entsprechend. Er kaufte Eis für 25 Dollar und machte sich damit auf zum örtlichen Strand, ausgestattet mit einem unübersehbaren Schild, auf dem »Heute kostenloses Eis« stand. Jonathan stellte ein Tischchen auf, platzierte die große Kühlbox mit den tiefgefrorenen Leckereien darauf und wappnete sich schon einmal für den großen Ansturm, der da kommen würde.

Aber niemand fand den Weg zu ihm. Fünfzehn Minuten lang

ernteten Jonathan und sein Eis nur verstohlene Seitenblicke von den Passanten. Niemand fragte nach einem kostenlosen Eis. Schließlich trat eine niedliche Sechsjährige an den Stand heran und fragte schüchtern: »Wie viel kostet das kostenlose Eis?« Jonathan antwortete, wenn sie ihm dafür ein Lächeln schenke, bekomme sie gleich zwei Kugeln umsonst. Das Mädchen strahlte. Als aufmerksame Eltern beobachteten, wie die Kleine ihr kostenloses Eis schleckte, wagten sich auch noch andere Kinder und Erwachsene zu Jonathans Stand.

Während Jonathan von Kindern, die große Augen machten, ein Lächeln nach dem anderen erntete, fragten ihn etliche Eltern, warum er denn kostenlos Eis verteile. »Ich tue gerne etwas Nettes für Menschen, weil es mir ein gutes Gefühl gibt«, erklärte Jonathan. Während er dort stand und die Kinder mit Eiskugeln versorgte, erkundigten sich mehrere Eltern, was er beruflich mache. Als er zurückgab, er sei Psychotherapeut, baten ihn gleich vier von ihnen um eine Visitenkarte. Schließlich riefen drei dieser Leute, die er an jenem Tag kennengelernt hatte, bei ihm an, um sich einen Termin geben zu lassen.

Monate später rechnete Jonathan einmal aus, wie viel er an den Sitzungen mit diesen dreien verdient hatte, und kam auf mehr als 1000 Dollar. Sein Fazit: »Gar nicht so übel, gemessen daran, eine nette Zeit verbracht und vielen eine Freude gemacht zu haben – und das für nur fünfundzwanzig Dollar, die das Eis gekostet hat!«

Die sichere und untrügliche Führung

Das Gefühl des plötzlichen Wissens wird uns mit untrüglicher Sicherheit leiten, wenn wir erst einmal lernen, darauf zu vertrauen. Wie lernt man, darauf zu vertrauen? Die meisten Hellwissenden erlangen das Vertrauen in ihr Wissen durch praktische Erfahrung. Wenn sie sich nicht nach dem Gewussten richten, bedauern sie es danach. Handeln sie jedoch dementsprechend, sind sie später heilfroh.

Mein Ehemann Michael, der sich primär hellwissend geführt fühlt, hat durch Ausprobieren gelernt, auf dieses gefühlte Wissen zu vertrauen und ihm zu folgen. Vor ein paar Monaten zum Beispiel verlor er eine Radmutter. Er suchte die ganze Garage ab – sie war spurlos verschwunden. Schließlich bat Michael darum, bei seiner Suche nach der Radmutter geführt zu werden. Und mit einem Mal war da eine himmlische Eingebung, die ihm sagte, dass das gesuchte Objekt neben einer »Rüttelschwelle« auf der Straße in unmittelbarer Nachbarschaft unseres Hauses lag. Michael ging sofort hin – und siehe da, dort war sie, die Radmutter.

Hellwissende fassen auch Zutrauen zu ihrem Wissen, indem sie die Merkmale wahrhaftiger himmlischer Führung erkennen. In ihrem Wiederholungscharakter, ihrem durchgängig gleichen, positiven Inhalt unterscheidet sie sich von den willkürlichen und herabsetzenden Gedanken des niederen Selbst, des Egos.

Und selbst wenn es Ihnen unlogisch vorkommen mag: Vergessen Sie nicht, Gott und die Engel zu bitten, Ihr Vertrauen in die himmlische Führung zu stärken. Auch wenn es Ihnen albern oder künstlich vorkommt: Bitten Sie sie, Blockaden auszuräumen, die Sie davon abhalten, sich über die von Gott eingegebenen Ideen zu freuen. Selbst die skeptischsten Pragmatiker werden feststellen, dass hierdurch eine enorm beeindruckende Erfahrung entsteht.

Eine einfache Möglichkeit besteht darin, unmittelbar vor dem Schlafengehen still oder laut folgendes Gebet zu sprechen:

Gebet um Beseitigung unserer Blockaden

Gütiger, liebender Gott,
ich bitte dich, heute Nacht in meine Träume zu kommen
und die Ängste auszuräumen, die mich daran hindern,
himmlische Führung zu verstehen, ihr zu vertrauen und
mich nach ihr zu richten. Wenn es eine Botschaft gibt,
die du mir übermitteln möchtest, so hilf mir bitte, sie klar
zu verstehen und mich am Morgen an sie zu erinnern.
Danke!
Amen.

Der Himmel wird dafür sorgen, dass Ihr Misstrauen von Vertrauen abgelöst wird. Sie werden mehr Sicherheit verspüren, sich nach Ihrem Wissen zu richten. Mithilfe der im folgenden Kapitel skizzierten Methoden können Sie die Häufigkeit und Klarheit Ihrer vom Himmel gesandten Ideen erhöhen, selbst wenn Sie normalerweise keine Führung auf dem Weg des Hellwissens erhalten.

18

Klare Gewissheit –
Wege zur Steigerung Ihres Hellwissens

Erfindungsgeist, exakt zutreffende Einblicke in das Leben anderer Menschen sowie erfolgreiche Geschäftsideen – sie alle zählen zu den positiven Auswirkungen des Hellwissens. In diesem Kapitel werden wir uns nun mit Möglichkeiten befassen, den Kanal des Hellwissens zu öffnen. Falls Sie bereits in erster Linie hellwissend sind, wird Ihnen dieses Kapitel helfen, Ihre Wahrnehmung zu schulen und noch mehr auf diesen Kanal der himmlischen Führung zu vertrauen. Favorisieren Sie bereits einen anderen Kanal, dann erfahren Sie, wie Sie Ihr Hellwissen verstärken können.

Hellwissen und eine ausgewogene Lebensweise

Um Ihre Wahrnehmung der göttlichen Führung auf dem Weg des Hellwissens zu stärken, ist es wichtig, für eine Balance in Ihrem Leben zu sorgen. Meiner Erfahrung nach hat es enorme Auswirkungen auf unseren Zugang zu göttlicher Weisheit, wenn wir gut auf unseren Körper und unser eigenes Gefühlsleben achten. Menschen, die hauptsächlich hellwissend sind, haben vielleicht gerade wegen ihrer intellektuellen Ausrichtung die Tendenz, den ganzen Tag lang an ihrem Schreibtisch zu kleben. Ich sporne sie dann an, in ihrem Leben den entsprechenden Ausgleich zu schaffen, indem sie Zeit alleine in der Natur verbringen, sich gesund ernähren und für genug frische Luft und Bewegung sorgen. Tatsache ist, dass Sie wahrscheinlich genau dann Ihre wichtigsten hellwissenden Ideen erhalten, wenn Sie sich draußen an der frischen Luft Bewegung verschaffen!

244

Ein in Harmonie befindlicher Körper ist wie ein exakt geeichtes Instrument, das selbst feinste Abweichungen bei den einströmenden Daten erfasst. Ein vernachlässigter Körper dagegen ist zu schwerfällig, um die superfeinen Nuancen der von Gott eingegebenen Ideen zu erkennen. Einem trägen Menschen, der sich schlecht ernährt, werden die Feinheiten der himmlischen Führung gewöhnlich entgehen. Insofern hat alles, was Sie für Ihre körperliche Fitness tun, auch außerordentlich praktische Konsequenzen. Fitnesstraining ist keine Zeitverschwendung und kein Symbol der Eitelkeit, sondern eine Investition, die Ihnen helfen wird.

Wie Sie Ihre geistige Empfänglichkeit erhöhen

Die Befreiung unseres Denkens von Wertungen ist grundlegend, um hellwissend klare, detaillierte Gedanken zu erhalten. Man kann es damit vergleichen, überflüssige Dateien zu löschen, die Sie in Ihrem Computer gespeichert haben. Eine Wertung ist lediglich eine Meinung – doch Sie wollen ja in Ihrem Kopf Platz lassen für die ankommenden Fakten. Ein Geist, der hoffnungslos mit Wertungen zugemüllt ist, wird gewöhnlich zu stark abgelenkt sein, um neue Ideen, die plötzlich da sind, überhaupt wahrzunehmen.

Ein Grund, weshalb Urteile beim hellwissenden Empfangen von Informationen stören, liegt darin, dass Wertungen bestätigen, Sie und andere seien unterschiedlich. Das wiederum führt zu der irrtümlichen Schlussfolgerung: »Ich bin von anderen und von Gott getrennt.« Sie erinnern sich vermutlich aus vorherigen Kapiteln daran, dass dergleichen nur das Ego sagt, das dem niederen Selbst zugeordnet ist. Sobald wir in unserem Ego-Denken sind, schneiden wir uns von unserem höheren Ich ab, das eins mit Gott ist. Es vermittelt uns Zugang zum unendlichen Geist unseres Schöpfers, in unserem höheren Ich zentriert zu bleiben. Man könnte es so ausdrücken: Das Betriebssystem unseres niederen Selbst ist nicht in der Lage, Informationen aus den göttlichen Datenbanken einzulesen.

Es besteht jedoch ein gewaltiger Unterschied zwischen Wertung und Unterscheidungsvermögen. Zu werten bedeutet, Menschen,

Objekten oder Situationen qualitative Etiketten wie »gut« oder »schlecht« anzuheften. Diese Etiketten versehen uns mit geistigen Scheuklappen; sie erzeugen ein Schubladendenken und ersticken jede Kreativität im Keim. Unterscheidungsvermögen bedeutet dagegen, dass wir uns von der geistigen Welt auf Menschen, Objekte und Situationen zusteuern oder von ihnen weglenken lassen. Wir überlassen unserem höheren Selbst, Gott und den Engeln die Entscheidung, an welcher Beziehung, welchen Besitztümern und welchem Berufsweg wir und die Welt am meisten Freude hätten. Statt uns also beispielsweise zu sagen: »Blöder Job – mir reicht's«, sagen wir: »Ich bin felsenfest davon überzeugt, dass das nicht die richtige Arbeit für mich ist. Und ich weiß außerdem, dass es durchaus Jobs gibt, die sich mit meinen Interessen decken. Nach so etwas werde ich mich umsehen.«

Der Unterschied zwischen Wertung und Unterscheidungsvermögen mag geringfügig oder unbedeutend scheinen. Doch die Art, wie wir an unser Umfeld herangehen, hat enorme Auswirkungen auf die himmlische Führung, die bei uns ankommt. Wenn wir Wertungen aus unserem Denken ausräumen, wird unser Unterscheidungsvermögen klarer, denn »Unterscheidungsvermögen« ist ja letztlich nur ein anderer Begriff für himmlische Führung

Wie wir Wertungen aus dem Kopf bekommen

Ich habe mich mit verschiedenen Möglichkeiten befasst, den Geist von Wertungen frei zu machen. Die effizienteste Methode, die mir dabei untergekommen ist, beginnt mit dem Verständnis, dass alle Wertungen auf Projektionen zurückgehen. Mit anderen Worten: Was ich bei dir verurteile, trage ich selbst in mir. Wenn ich mich darüber aufrege, dass jemand – wie ich es bewerten würde – egoistisch ist, liegt das daran, dass ich meine eigene Ich-Bezogenheit nicht sehen oder nicht heilen will. Ursprünglich glaubte ich einmal, dass es Ausnahmen zu dieser absoluten Regel mit der Projektion gebe, aber ich stelle immer wieder fest, dass sie wahr ist.

Diese Regel bringt uns jedoch auch enormen Nutzen. Da das, was wir in anderen sehen, ein Spiegel unserer eigenen Selbstbilder

246

ist, können wir unsere Wertungen als Monitor benutzen. Immer wenn jemand für Sie ein »rotes Tuch« ist, wissen Sie, dass Sie einen unklaren Teil Ihres eigenen Geistes entdeckt haben. Andere können Ihre Emotionen nicht steuern; sie können Ihnen nur eigene Anteile in Erinnerung rufen, die Sie für Ihr Gefühl nicht unter Kontrolle haben.

Selbst wenn Sie diese Erklärung nicht ganz glauben, möchte ich Sie bitten, ein kleines Experiment mitzumachen. Das nächste Mal, wenn jemand Sie aufregt, empfehle ich Ihnen die folgende Übung:

1. Unterbrechen Sie Ihre momentane Tätigkeit und atmen Sie tief durch.
2. Wenn möglich, schließen Sie kurz die Augen und nehmen Sie eine bequeme Sitzposition ein.
3. Sagen Sie still: »Ich bin bereit, diesen Teil von mir loszulassen, der mich irritiert, wenn ich an dich denke.«

Natürlich lösen Sie sich dabei nicht von einem realen Teil Ihrer selbst. Vielmehr sind Sie gewillt, einen Teil Ihres falschen Ichs loszulassen – Ihr niederes Selbst, Ihr Ego, das sich in der Person spiegelt, die Sie irritiert hat. Indem Sie diesen Satz sagen, erhalten Gott und die Engel die Erlaubnis, Ihre unerwünschten Gedanken und Gefühle von Ihnen zu nehmen. Nach zwölf Jahren psychologischer Ausbildung und Tausenden von Stunden klinischer Erfahrung ist mir noch keine bessere Methode begegnet, um die Gedanken von den Spinnweben zu befreien, mit denen Wertungen sie überziehen.

Anzapfen der universellen Intelligenz

Mit einer Aufnahmefähigkeit, die von derartigem Ballast befreit ist, sind Sie empfänglicher für die grandiosen Ideen, die Ihnen der Himmel sendet. Die geistige Welt sagt mir, dass verstorbene Wissenschaftler, Schriftsteller und Erfinder sowie andere Denker Studien auf ihrem Fachgebiet anstellen. Dann suchen sie nach gewillten Männern und Frauen, die von solchen Neuentdeckungen profitieren würden.

Die verstorbenen Intellektuellen haben den intensiven Wunsch, uns auf der Erde mit ihren Entdeckungen zu helfen. Außerdem wollen sie von der anderen Seite aus auch ihren eigenen göttlichen Lebensplan erfüllen, da einige von ihnen zu ihren irdischen Lebzeiten das Ziel verfehlt haben. Daher verteilen sie freigebig Informationen an lebende Intellektuelle – Informationen, die sich als plötzlicher Gedanke oder als Traum einstellen können. Ich spüre häufig die Gegenwart eines meiner (verstorbenen) Lieblingsschriftsteller und weiß, dass er mir bei Schreibprojekten hilft.

Ob Sie in der geistigen Welt Wissenschaftler und Schriftsteller kontaktieren wollen oder einfach nur möchten, dass die unendliche Weisheit Gottes in Ihren Geist transportiert wird – Ihr Denken von Wertungen frei zu machen, ist jedenfalls ein logischer Ausgangspunkt.

Eine der besten Schilderungen von Hellwissen, die ich je gelesen habe, findet sich in Napoleon Hills Klassiker *Denke nach und werde reich:* Der mittlerweile verstorbene Dr. Elmer R. Gates aus Chevy Chase, Maryland, ließ mehr als zweihundert Erfindungen für allerlei Nützliches patentieren – vieles davon ganz grundlegend –, indem er die kreativen Fähigkeiten kultivierte und gebrauchte. Dr. Gates war einer der wirklich großen Wissenschaftler unserer Welt, auch wenn er weniger oft durch Veröffentlichungen von sich Reden machte.

In seinem Labor verfügte er über einen – wie er es nannte – »persönlichen Kommunikationsraum«. Dieser war praktisch schalldicht und so gestaltet, dass jeglicher Lichteinfall vermieden werden konnte. Er war mit einem Tischchen ausgestattet, auf dem er einen Stapel Schreibpapier bereithielt. Wenn Dr. Gates mithilfe seines kreativen Vorstellungsvermögens die ihm zur Verfügung stehenden Kräfte anzuzapfen wünschte, begab er sich immer in diesen Raum, setzte sich an den Tisch, verbannte jegliches Licht und konzentrierte sich auf die bekannten Faktoren der Erfindung, an der er gerade arbeitete. In dieser Position verweilte er, bis sich die »Geistesblitze« in Verbindung mit den unbekannten Faktoren der Erfindung einstellten.

Einmal kamen die Ideen so schnell, dass er gezwungen war, fast drei Stunden lang Notizen zu machen. Als die Gedanken dann zu fließen aufhörten, ging er die Aufzeichnungen durch und stellte fest, dass sie eine minutiöse Schilderung von Prinzipien enthielten, für die es im Datenpool der wissenschaftlichen Fachwelt keine Parallele gab. Zudem war die Antwort auf sein Problem in diesen Notizen intelligent präsentiert worden. Dr. Gates verdiente sich seinen Lebensunterhalt damit, für Einzelpersonen und Unternehmen »Ideen zu ersitzen«.

Während seiner zwanzigjährigen Beschäftigung mit den größten Erfindern und Geschäftsleuten der Welt fand Napoleon Hill heraus, dass die »Genies« – wie er sagte – diejenigen waren, welche die »unendliche Intelligenz« anzapften. Mit anderen Worten: Sie müssen kein Genie sein, um Eingebungen zu haben, die ein wahrer Geniestreich sind; lediglich Aufmerksamkeit und Empfänglichkeit sind dafür notwendig.

Meditieren und innehalten, bis Ideen kommen

Das »Stillhalten, um Ideen zu empfangen«, das Gates praktizierte, ist eine Form der Meditation, die alle Hellwissenden erlernen können. Meditation bedeutet einfach, den Druck und die Grenzen unseres Denkens auszuschalten, und zwar durch einen ruhigen Geist, der Dinge mit Abstand betrachten kann. Meditation versetzt uns in einen Zustand, in dem wir neue Perspektiven und Erkenntnisse zu alltäglichen Situationen erlangen.

Es gibt viele exzellente Möglichkeiten, Meditationsformen zu erlernen und zu praktizieren. Bücher, Kurse und CDs zum Thema finden sich zuhauf in fast jedem Buchladen und metaphysischen Zentrum. Man erhält schon eine Kostprobe der positiven Auswirkungen von Meditation, wenn man einfach bequem dasitzt, die Augen schließt und ein paar tiefe Atemzüge nimmt. Sooft Sie sich eine Auszeit von der Welt gönnen, verschaffen Sie Ihrem Geist und Körper eine wohlverdiente Pause.

In regulären Meditationsprogrammen lernen Sie, auf Ihre Gedanken zu achten und die negativen Gedankenmuster des niederen Selbst in dem Moment wahrzunehmen, in dem sie auftreten. Östliche Meditationswege fordern auf, diese Gedanken einfach zu beobachten, ohne gegen sie anzukämpfen oder sie zu bewerten. Ansätze, bei denen es eher um spirituelle Heilung geht, sagen, man solle noch einen Schritt weiter gehen und diese Gedanken Gott und seinen Schutzengeln übergeben. Hauptsache ist, der Geist wird von Ablenkungen frei.

Öffnen Ihres für das Hellwissen zuständigen Chakras

Für das Hellwissen gibt es ein inneres Energiezentrum oder Chakra, das mit dem Empfangen von Informationen aus der geistigen Welt in Verbindung steht. Während Hellsichtigkeit mit dem Chakra am dritten Auge korrespondiert und das Hellhören mit den Ohrchakren, bezieht sich Hellwissen auf das Kronenchakra.

Das Kronenchakra liegt im Innern des Kopfes an der Schädeldecke. Es dreht sich wie ein Deckenventilator, und zwar im Uhrzeigersinn. Von allen Chakren im Körperinnern ist es dasjenige, das am schnellsten rotiert; es leuchtet in einem wunderschönen, hochfrequenten Violett. Dieses Energiezentrum kann effizient in Aktion treten, wenn wir durch Meditation und Reinigung von Gedanken des niederen Selbst, des Egos, gut für es sorgen.

Das Kronenchakra kann sich jedoch auch verschließen, wenn wir Wertungen und düstere Gedanken hegen, die in Richtung Angst, Beklemmungen, Wertungen oder Misstrauen gehen. Gedanken dieser Art wirken wie ein öliger Schlamm, der in dieses Energiezentrum eindringt und seine Rotation verlangsamt; dann ist unsere Konzentrationsfähigkeit beeinträchtigt und wir tun uns schwer, einen klaren Gedanken zu fassen.

Selbst wenn Sie nicht sicher sind, ob Sie an Dinge wie Chakren und Meditation glauben sollen, kann es nicht schaden, es einmal mit einer Chakra-Reinigung zu probieren. Es handelt sich um eine sehr intensive Meditation, die schnelle Wirkung zeigt, wenn das Kronenchakra gereinigt und harmonisiert werden soll – ob Sie an ihre Wirksamkeit glauben oder nicht.

Ich selbst begann mit Meditationen zur Chakra-Reinigung, nachdem ich im Grundstudium Psychologie von ihnen erfahren hatte.

Niemand sagte mir, dass dieser Prozess automatisch zu vermehrten übersinnlichen Erlebnissen führt – was ich dann relativ zufällig herausfand, als sich spontan mentale Informationen einstellten, die sich mir normalerweise nicht erschließen würden. Die Lebensgeschichte von Fremden, Fakten über Unternehmen, mit denen ich zusammenarbeitete, sowie eintreffende zukünftige Ereignisse ergossen sich in meinen Geist.

Ich versuchte zu ermitteln, wie ich denn an derart vielfältige und doch präzise Informationen herangekommen war. Dabei stieß ich darauf, dass meine täglichen Chakra-Meditationen hier als Katalysatoren fungierten. Nachdem mir diese Verbindung klar geworden war, kam ich mit dem Prozess des Hellwissens leichter zurecht.

Meditation zur Reinigung und Harmonisierung Ihres Kronenchakras

Zeichnen Sie die folgende Meditation eventuell mithilfe eines Kassettenrekorders auf und hören Sie sie ein- oder zweimal täglich an:

1. *Nehmen Sie mit geschlossenen Augen eine bequeme Sitzhaltung ein und atmen Sie tief durch die Nase ein.* Halten Sie einen Moment lang die Luft an, dann atmen Sie langsam durch den Mund aus. Atmen Sie noch einmal tief ein, halten Sie die Luft an und atmen Sie wieder aus. Behalten Sie das tiefe Ein- und Ausatmen während der gesamten Meditation bei, wie es für Sie angenehm ist.

2. *Konzentrieren Sie sich auf die Region oben im Inneren Ihres Kopfes.* Sehen Sie vor sich oder spüren Sie, wie sich dort ein wunderschöner violetter Ventilator dreht, dessen Rotorblätter sich überschneiden. Das ist Ihr Kronenchakra. Nehmen Sie einen tiefen Atemzug und schicken Sie den energetischen Kern der Luft, der aus golden-weißem Licht besteht, zum Kronenchakra. Beim Ein- und Ausatmen umgibt immer mehr golden-weißes Licht Ihr Kronenchakra.

3. *Sehen oder spüren Sie, wie dieses Licht alle dunkle und negative Energie auflöst, die an Ihrem Kronenchakra haftet.* Wenn Sie möchten, können Sie im Geist die Engel anrufen, dass sie Ihnen helfen, alte Gedankenmuster davonzutragen, die für Ihr derzeitiges Leben und Ihre persönlichen Ideale nicht angemessen sind. Die Engel wissen, welche Gedanken Ihnen nicht dienlich sind, doch sie brauchen einfach Ihre Erlaubnis, diese davonzutragen. Sagen Sie auf der mentalen Ebene zu den Engeln: »Ich bitte euch, mir dabei zu helfen, alle Ego-Gedanken zu beseitigen, mit denen mir, Gott oder der Welt nicht mehr gedient ist.«

4. *Während Sie in sich die Bereitschaft aufbauen, sich von diesen Gedankenmustern zu lösen, sehen oder spüren Sie, wie die Engel sie davontragen.* Sie brauchen dabei nichts anderes zu tun, als bereit zu sein, gereinigt zu werden. Überlassen Sie also den Engeln alle Ängste, die Sie davon abhalten, himmlische Führung zu erhalten. Seien Sie gewillt, sich von der Angst rund um das Empfangen neuer Ideen zu lösen.

5. *Seien Sie mit einem tiefen Atemzug bereit, sich von jeglichen Ängsten vor der Kommunikation mit Gott zu lösen, auch von den Ängsten, gegängelt, manipuliert, bestraft oder eingeengt zu werden.* Seien Sie gewillt, altes Nicht-verzeihen-Können loszulassen, das Sie gegenüber Gott hegen mögen – auch in Bezug auf den Gedanken, Gott habe Ihre Gebete nicht erhört oder es zugelassen, dass Sie oder ein nahestehender Mensch leiden mussten, oder in Bezug auf den Glauben, dass er andere Menschen mehr liebe als Sie. Erlauben Sie, dass die Engel alle Überreste von Verletzungen oder Wut und Ärger davonschaffen – negative Emotionen, die Sie gegen Mitglieder organisierter Religionen hegen mögen. Erlauben Sie mit einem weiteren tiefen Atemzug, dass die Engel Sie vollkommen von jeglichen falschen Glaubenssätzen oder Gedanken befreien, die Sie davon abhalten, sich an Ihrer natürlichen Fähigkeit zu erfreuen, mit Gottes unendlicher Liebe und Intelligenz zu kommunizieren.

6. *Bedanken Sie sich bei den Engeln und bitten Sie darum, dass sie diese Region auch noch weiter reinigen.* Während Sie mit Ihrer Aufmerksamkeit in den Raum zurückkehren, möchten Sie sich vielleicht ein wenig recken und strecken oder sich selbst in den Arm nehmen. Sie werden bemerken, dass Sie sich wunderbar lebendig, wach und frisch fühlen. Ihr Geist ist vollkommen konzentriert und aufnahmefähig für brillante neue Ideen.

Mit einem geklärten Kronenchakra werden Sie unweigerlich feststellen, wie über Ihr Hellwissen mehr Ideen und Inspirationen auf Sie einströmen. Es ist sinnvoll, solche Fälle in einem Tagebuch der himmlischen Führung oder auf Band aufzuzeichnen. Oft erhalten wir über das Hellwissen den Keim von Ideen, die dann der Startschuss für ein völlig neues Unterfangen oder eine neue Lebensweise sein können. Halten Sie diese Ideen fest, wenn sie sich einstellen, da sie oft so tiefgründig sind, dass sie bald in Vergessenheit geraten, wenn sie nicht schwarz auf weiß beziehungsweise auf Band festgehalten werden.

Seien Sie nicht überrascht, wenn Sie einen ständigen Zustrom an spannenden Einfällen erhalten. Beten Sie, dass Sie herausfinden, welchen dieser Ideen Sie nachgehen sollen, und bitten Sie den Himmel darum, Sie mit dem Mut und der Weisheit zu beschenken, um diese Eingebungen in die Tat umzusetzen. Denken Sie daran: Die himmlische Führung gibt uns nicht nur eine Idee ein und überlässt es dann uns selbst, zu schwimmen oder unterzugehen: Gott und die Engel versorgen uns auch mit der nötigen Unterstützung, mit Zeit, Geld und Intelligenz, um das Ganze mithilfe der erfahrenen Führung zu realisieren. Wir brauchen lediglich um Hilfe zu bitten.

Im nächsten Kapitel gehen wir im Einzelnen auf Möglichkeiten ein, die über den Kanal des Hellwissens erfolgende himmlische Führung in die von Ihnen gewünschte Richtung zu lenken.

19

Hellwissen selbst erleben

Es lässt sich durchaus trainieren, mit unserem Geist Informationen und Ideen von der unendlichen Intelligenz des göttlichen Geistes zu erhalten. Mit etwas Übung und der festen Entschlossenheit, sich von der geistigen Welt inspirieren zu lassen, werden Sie ein stetiges Fließen nützlicher Ideen und Erkenntnisse erleben. Sie können lernen, im Handumdrehen zwischen tatsächlicher himmlischer Führung und bloßer Fantasie zu unterscheiden. Ganz gleich, wie es um Ihren intellektuellen Hintergrund oder Bildungsstand bestellt ist: Sie können in vollem Umfang hellwissend sein.

Jeder ist in der Lage, hellwissend Führung zu erfahren. Sie glauben vielleicht, Sie seien nicht hellwissend, weil Sie sich in der Vergangenheit zu sehr abgemüht haben, himmlische Ideen und Inspiration zu empfangen. Die meisten stellen fest: Wenn sie sich gezielt *bemühen,* himmlische Informationen zu empfangen, erhalten sie entweder keine oder sie bekommen Fehlinformationen, die ihrer Fantasie entspringen. Hellwissende schließen daraus oft zu Unrecht, sie seien eben auf Gedeih und Verderb den Launen ihres Geistes ausgeliefert. Das Problem liegt aber nicht in ihrem Bemühen, sondern in der Anspannung und Angst rund um ihre Bemühungen.

Hellwissen: Übung 1

1. Es ist grundlegend wichtig, dass Sie den Sitzungen, bei denen Sie auf Ihr Hellwissen zugreifen, Entspannungstechniken voranstellen. Es muss sich hierbei nicht um exotische oder zeitaufwendige Rituale handeln – es reicht schon, tief ein- und auszuatmen, dabei die Augen

254

zu schließen und sich in einem ablenkungsfreien Umfeld aufzuhalten.

2. Denken Sie daran, Ideen nicht herbeizwingen zu wollen. Wie schon erwähnt, wird jeder Prozess, der mit Kampf oder Anstrengung verbunden ist, die Kommunikation mit der geistigen Welt blockieren. Sie haben das zweifelsohne schon selbst erlebt, wenn Sie sich abmühten, sich an einen Namen, eine Telefonnummer oder ein Wort zu erinnern. Erst später, nachdem Sie losgelassen hatten, war Ihr Geist in der Lage, wieder auf diese Information zuzugreifen. Bei neuen kreativen Projekten gilt ebenfalls das Prinzip, es locker angehen zu lassen.

Die folgenden Fragen sind dazu gedacht, eigene Erfahrungen des Hellwissens hervorzurufen. Die Information könnte sich zugleich über andere himmlische Kommunikationskanäle einstellen: über das Sehen, Hören und Fühlen. Das wäre natürlich prima, denn je mehr himmlische Kanäle Ihnen offen stehen, desto besser.

Tief zu atmen und im Geist zu beschließen: »Ich bin jetzt konzentriert und mein Geist ist frei« – das sind zwei Möglichkeiten, eine klare Übertragung sicherzustellen.

3. Lesen Sie jede Frage zwei- oder dreimal laut und wiederholen Sie sie dann im Geist. Sollten Zweifel an Ihrer Fähigkeit aufkommen, auf dem Weg des Hellwissens Informationen zu erhalten, begeben Sie sich in Ihren Geist und bitten Sie die Engel, Ihnen die Bedenken aus dem Weg zu räumen. Sie werden auf Ihre Bitte hin gerne alle Unsicherheiten von Ihnen nehmen. Schließlich ist die Befreiung Ihres Geistes eine der bevorzugten Weisen, wie die Engel Gott dienen.

Richten Sie die Fragen an Gott, an Ihr höheres Selbst und an die Engel. Notieren Sie sich die Gedanken, Ideen und Vorstellungen, die Ihnen als Antwort auf jede einzelne Frage in den Sinn kommen.

- *Was denkt ihr, wie ich den Tag über energiegeladener sein kann?*
- *Bitte sagt mir, welche berufliche Aufgabe mir am meisten Spaß machen würde.*

- *An welchen Ideen, die mir in neuerer Zeit gekommen sind, sollte ich auf euren Rat hin eingehender arbeiten?*
- *Wie kann ich meine Konzentration verbessern?*
- *Worin besteht die größte Glücksblockade, die ich in meinem jetzigen Leben zu überwinden habe?*

Hellwissende Antworten stellen sich als ein plötzliches Wissen ein. Die Information ist plötzlich einfach da, ohne vorher anzuklopfen oder einen Ton von sich zu geben, wenn sie Ihnen in den Sinn kommt. Sie erinnert mich an den Zauberer, der im Scheinwerferlicht auf der Bühne erscheint.

Mit jeder Frage wird Ihnen ein Zustrom an Informationen auffallen. Gewöhnlich enthält die Information Gedanken, die Sie schon zu früheren Zeitpunkten gehabt haben, nur dass sie diesmal mit größerer Klarheit und Konzentration in Erscheinung treten. Der Grund dafür liegt in der Tatsache, dass Ihre Fragen nun scharf, klar und pointiert sind.

Hellwissen: Übung 2

Immer wenn Sie auf dem Weg des Hellwissens Führung erfahren möchten, wenden Sie einfach die folgenden drei Schritte an:

1. Entspannen Sie sich mit ein paar tiefen Atemzügen.

2. Entscheiden Sie, auf welche Frage Sie wirklich eine Antwort möchten. Es muss eine Frage sein, bei der Sie offen dafür sind, neue Informationen zu erhalten.

3. Seien Sie beim Stellen der Frage präzise, damit Sie auch eine genaue Antwort erhalten. Sollten Sie zum Beispiel den Wunsch verspüren, himmlische Führung zu Ihrem beruflichen Leben zu erhalten, formulieren Sie die Frage an Gott in einer Weise, dass sie wirklich Ihre zugrunde liegenden Wünsche hinter dem Ganzen widerspiegelt. Da Gott auf die von Herzen kommenden Gebete reagiert, nicht auf das, was aus dem Mund und dem Geist heraus kommt, ist es nur zu Ihrem eigenen Wohl, darauf zu achten, wie Sie etwas formulieren. Es gewährleistet, dass Sie nicht eine Frage zu Thema A stellen und dann eine Antwort zu Thema B erhalten (das Thema, das Sie wirklich in Ihrem Herzen bewegt). Es ist wie beim Programmieren von Computern, wo es bei den Befehlen absolut präzise zu sein gilt, damit man bestimmte Ergebnisse erhält. Hieraus spricht das universelle Gesetz von Ursache und Wirkung, das besagt: »Worum auch immer du bittest, das wird dir gegeben.« Die Fragen, auf die Gott antwortet, kommen vom Herzen, nicht vom Kopf.

Göttliche Kommunikation von Herz zu Herz

Sie können auch um Führung per Hellwissen bitten, indem Sie mit Gott und den Engeln ein Gespräch von Herz zu Herz führen. Lassen Sie alle Anliegen, die Sie haben, aus Ihnen herausströmen: Gott wird die Fragen, die in Ihr Gespräch eingebettet sind, schon vom Rest unterscheiden. Es spielt keine Rolle, ob wir die Fragen an ihn förmlich oder gar höflich stellen. Viele Menschen empfangen ihre größten himmlischen Erkenntnisse, während sie Gott anfahren: »Warum hast du mich im Stich gelassen?« In solchen Momenten hat man das Gefühl, nichts zu verlieren zu haben; von daher tut man sich leichter, Gott von seinen wahren Wünschen zu erzählen. Das einzige Kriterium dafür, himmlische Führung zu empfangen, besteht in der *Aufrichtigkeit* hinsichtlich des Erbetenen und der Offenheit dafür, seine Antwort in Erfahrung zu bringen. Offen zu sein für Gottes Antwort bedeutet, dass Ihnen auch eine Antwort willkommen ist, die vielleicht von der erwarteten abweicht. Manchmal blockieren wir die himmlische Führung, weil wir von Gott ein bestimmtes Antwortpaket erwarten und stattdessen ein anderes erhalten.

Judy

Judy hatte geschäftliche Probleme: Ihr Umsatz war zurückgegangen, sodass sie sich Sorgen machte, wovon sie ihre monatlichen Festausgaben bezahlen sollte. Also betete sie um himmlische Führung. Judy erwartete einen praktischen Rat wie etwa: »Veranstalte einen Ausverkauf«, oder: »Schalte eine Anzeige in dieser oder jener Zeitung.« So war sie zunächst einmal nicht offen für die Antwort, die sich einstellte: »Liebe deine Kundschaft mehr.« Und doch: Jeden Abend, wenn Judy um Hilfe bat, kam derselbe Gedanke: »Liebe deine Kundschaft mehr.«

Weil sie schließlich verzweifelt Geld in die Kasse bringen musste, dachte sich Judy: »Was soll's? Ich probier's!« Sie ließ ganz bewusst Liebe in ihre Gedanken und ihr Tun einströmen und tat, was sie konnte, um ihren Kunden zu helfen, ohne sie dazu zu drängen, etwas im Laden zu kaufen. Ihre liebevolle Haltung zeigte offenbar tiefe Wirkung, denn schon am ersten Tag steigerten sich ihre Umsätze. Der sofortige Erfolg bestärkte sie in ihrem Verhalten, und am nächsten Tag verteilte sie an ihre Kunden kleine Extras, während sie weiterhin liebevolle Gedanken und Energie in ihre Richtung verströmte. Nach zwei Wochen liefen Judys Geschäfte besser als je zuvor.

Hellwissen: Übung 3

Nun können Sie Erfahrungen des Hellwissens mithilfe des Anhangs in diesem Buch erproben.

1. Wenn Sie die unten stehenden Fragen stellen, atmen Sie bitte ein paarmal tief durch, um Ihren Geist von allen Ablenkungen frei zu machen. Konzentrieren Sie sich nacheinander auf jede einzelne Frage, damit Sie nur auf die jeweilige Frage eine Antwort erhalten. Warten Sie, bis Sie alle vier Antworten haben, bevor Sie zum Anhang des Buches weiterblättern.

1. Was ist das Thema des Satzes auf Seite 303 dieses Buches?
2. Bitte sagt mir, welche einstellige Zahl auf Seite 304 steht.
3. Welche geometrische Form befindet sich auf Seite 305?
4. Welches Verkehrsmittel wird auf Seite 306 beschrieben?

2. Nachdem Sie die einzelnen Fragen gestellt haben, atmen Sie noch einmal tief durch. Dabei entspannen Sie sich körperlich und Ihr Geist wird still, sodass Sie stärker wahrnehmen, welche neuartigen Gedanken in Ihr Bewusstsein dringen.

Vertrauen Sie auf das, was sich einstellt. Sie können wahrhaftige von falscher Führung unterscheiden, indem Sie sich in Erinnerung rufen, dass wahre Führung einen positiven Ton in Sinne von »Du schaffst das!« anschlägt, während falsche Führung pessimistisch ist. Wahre Führung bittet Sie, anderen zu helfen, während falsche Führung immer mit Plänen verbunden ist, die Ihr Ego glorifizieren und Sie zum Helden machen. Göttliche Führung will Sie unterstützen, Ihr höchstes Potenzial zu erreichen, während falsche Führung will, dass Sie andere beim Endspurt übertrumpfen. Im Kern basiert wahrhaftige himmlische Führung auf Liebe, während falsche Führung in Angst wurzelt.

3. Bringen Sie dann die Gedanken zu Papier, auch wenn sie Ihnen unlogisch vorkommen.

4. Sofern Sie alle vier Fragen beantwortet haben, vergleichen Sie Ihre Antworten mit den »Lösungen« im Anhang. Sie werden die Logik hinter Ihrer himmlischen Führung erkennen. Vergessen Sie nicht: Sie können beim Empfangen himmlischer Führung nicht versagen, denn es sind ja nicht Sie, von der sie kommt – es ist Gott, und Gott missglückt nie etwas. Vertrauen Sie auf Gott. Gott hilft uns liebend gerne, zu lernen, wie wir himmlische Führung empfangen können. Machen Sie sich also keine Sorgen, die Fragen seien zu trivial für ihn.

5. Konzentrieren Sie sich auf die Ähnlichkeiten zwischen den Antworten, die Sie niedergeschrieben haben, und dem, was im Anhang dieses Buches steht. Dieser positive Fokus ist der einfachste Weg, Vertrauen in Ihre Fähigkeiten zu gewinnen – ein zentraler Faktor bei der zutreffenden Deutung der himmlischen Führung, die Sie erhalten. Wenn Sie sich stattdessen für die Teile der himmlischen Führung kritisieren, die Sie falsch interpretiert haben, werden Sie der wahren Führung misstrauen, die Sie tatsächlich erhielten.

Der Hauptgrund, warum manche Menschen beim Beantworten der Fragen zum Hellwissen die »falsche« Information erhalten, liegt in ihrem verkrampften Bemühen. Wie schon gesagt: Wir strengen uns an, weil wir Angst haben. Und eine von Angst erfüllte Denkweise versetzt uns in unser niederes Selbst, unser Ego, das für falsche Eingebungen sorgt. Mit anderen Worten: Unsere »falschen« Antworten rühren von unserer Angst her. Tief zu atmen und Gott und die Engel darum zu bitten, Ängste auszuräumen – das sind die effektivsten mir bekannten Wege, um unseren Geist in Liebe zu zentrieren statt in Angst. Vergessen Sie außerdem nicht die unendliche Geduld Gottes und wenden Sie das gleiche liebevolle Prinzip auch auf sich selbst an.

Hellwissen: Übung 4

Hellwissen schenkt Ihnen die natürliche Gabe, mit klarem Unterscheidungsvermögen Informationen über andere zu ermitteln. Wird das Hellwissen durch Übungen wie jene in diesem Kapitel geweckt, so können Sie problemlos vorhersagen, wie andere sich verhalten oder was sie sagen werden. Wussten Sie schon, dass Sie diese Fähigkeit noch ein paar Schritte weiter verbessern und himmlische Führung erhalten können, die Ihnen bei sämtlichen persönlichen und geschäftlichen Beziehungen helfen wird?

Hier ist eine Methode, wie Sie sofort vom Himmel eingegebene Informationen zu jedem beliebigen Menschen in Ihrem Leben erhalten.

1. Lassen Sie Ihren Geist und Körper zur Ruhe kommen, indem Sie ein paarmal tief durchatmen und die Augen schließen.

2. Wählen Sie jemanden aus Ihrer Familie oder jemanden aus Ihrem Freundes- und Bekanntenkreis, zu dem/der Sie gerne himmlische Führung hätten. Es kann sich auch um jemanden handeln, dem Sie noch nie persönlich begegnet sind, etwa einen geschäftlichen Gesprächspartner am Telefon oder eine Internetbekanntschaft.

260

3. Denken Sie an die betreffende Person und fragen Sie Gott und die Engel:
- Was sollte ich über diese Person wissen?
- Steckt er/sie jetzt gerade vor größeren Herausforderungen?
- Falls ja, wovor hat er/sie wirklich Angst?
- Wie kann ich ihm/ihr am besten helfen?

4. Notieren Sie sich die ankommenden Antworten, falls Sie möchten. Auf diese Weise können Sie sich näher ansehen, wie die Eingebung Ihrer himmlischen Führung sich auf die jeweilige Beziehung auswirkt. Sie können die vier Fragen zu jeder beliebigen Person stellen. Oder Sie können bei der nächsten spektakulären Nachricht, die durch die Medien geht, den Versuch starten, die geistige Welt um Hinweise zu den Beteiligten zu bitten. Sie werden feststellen, dass Sie damit jede Menge über Menschen herausfinden, denen Sie noch nie begegnet sind und vielleicht auch nie begegnen werden.

Gott und die Engel übermitteln Ihnen jede Information, die Ihnen helfen wird, mehr zu lieben und weniger Angst zu haben, denn sie wissen: Wenn Sie andere wirklich verstehen, werden Sie weniger in Versuchung geraten, ihnen Unrecht zu tun, und sind eher geneigt, liebevolle Gedanken zu hegen.

Gelegentlich wird Ihnen die geistige Welt den Zugang zum »Lesen« der Informationen einer anderen Person blockieren. Sie erhalten dann als Antwort auf Ihre Fragen entweder gar keine Angaben, oder es steigt als Antwort ein Gedanke auf wie etwa: »Am besten solltest du das jetzt in diesem Moment nicht wissen«, oder: »Mehr wird dir erst später offenbart.« Bei beidem werden Sie wissen, dass Gott und die Engel in ihrer unendlichen Weisheit mit Güte und Liebe für die Bedürfnisse aller sorgen.

Hellwissen: Übung 5

Auch im Schlaf können Sie durch Hellwissen geführt werden. Falls Sie sich tagsüber leicht im Schwarz-Weiß-Denken festbeißen, eignet sich die Möglichkeit des nächtlichen Hellwissens besonders, um zu einem neuen Verständnis und zu kreativen Ideen zu gelangen. Im Schlaf lassen wir rigide Gedankenmuster los, und wenn wir geistig offen sind, tun sich Gott und die Engel leichter damit, göttliche Ideen an uns weiterzugeben.

Nehmen Sie sich vor dem Schlafengehen einen Moment Zeit, um zu meditieren. Beten Sie dann im Geist oder laut:

Gebet um Führung durch Träume

Gütiger, liebender Gott,
bitte schalte dich heute Nacht in meine Träume ein und
gib mir Führung und neue Ideen zu der Situation mit ...
(hier den speziellen Gegenstand Ihrer Frage einfügen). Ich
bitte darum, dass du mir hilfst, mich nach dem Aufwa-
chen deutlich an diese Ideen zu erinnern. Hab Dank!
Amen.

Selbst wenn Sie sich normalerweise nicht an Ihre Träume erinnern, wird diese hoch wirksame Affirmation Ihr Bewusstsein dahingehend verändern, dass Sie in der Stunde unmittelbar vor dem Aufwachen lebhafte und unvergessliche Träume haben. Diese »luziden« Träume sind so, als befänden Sie sich in einem Film, bei dem Sie sich selbst zusehen und gleichzeitig beteiligt sind. Es ist sehr schwer, diese Träume zu vergessen; selbst jemand, der schwört, sich nicht an Träume zu erinnern, kann sich an den Handlungsfaden und die Botschaft luzider Träume erinnern.

Viele große Erfindungen, Bücher und Erkenntnisse hatten ihren Ursprung in Träumen. Auch Sie haben wahrscheinlich schon einmal von Schriftstellern, Geschäftsleuten und Erfindern gehört, die mit einer Schlüsselidee aufwachten. *Jeder und jede* hat Zugang zu diesem gemeinsamen Pool an Informationen, da der Geist eines jeden Menschen bis in alle Ewigkeit mit der unendlichen Weisheit Gottes in Verbindung steht.

Die Bestseller-Autorin Jacquelyn Mitchard hatte einen lebhaften

Traum, in dem ihr der gesamte Handlungsablauf einer Erzählung übermittelt wurde, bis hin zu den Namen der Figuren. Sie notierte den Inhalt des Traums und legte die Notizen dann beiseite. Eineinhalb Jahre später verfasste Jacquelyn auf der Grundlage dieser Notizen fünf Kapitel eines Buches und schickte sie zu einem Literaturagenten. Dieser Agent fand das Manuskript fantastisch und schickte es an einem Freitag an die Lektorate großer Verlage. Am Montag rief Jacquelyns Agent an, um zu sagen, dass Viking Publishers eine halbe Million Dollar für den zwei Bücher umfassenden Vertrag bot. Jacquelyn und ihr Agent nahmen das Angebot an.

Das Buch, *The Deep End of the Ocean*[19], avancierte sofort zum Bestseller. Dann wählte Oprah Winfrey es zum ersten Buch, das in *Oprah's Book Club* vorgestellt werden sollte. Jacquelyns Buch schoss daraufhin sofort auf Platz eins der Bestsellerliste der *New York Times*.

Auch Sie können im Schlaf arbeiten, indem Sie vor dem Schlafengehen Ihre Intentionen klarstellen. Noch mehr werden Sie Ihre nächtliche Produktivität steigern, indem Sie abends und nachts Aufputsch- oder Beruhigungsmittel meiden. Hierzu gehören Alkohol, Koffein, Teein, Nikotin, Schokolade, Zucker, stimmungsaufhellende Kräuterpräparate sowie Medikamente jeder Art, ob verschreibungspflichtig oder nicht, die sich auf die Stimmung oder den Energiepegel auswirken. Vermeiden Sie innerhalb der drei Stunden vor dem Zubettgehen auch anstrengendes körperliches Training, da Ihre Körpertemperatur dadurch steigt und der Schlafrhythmus gestört wird.

Während Sie dabei sind, einzuschlafen, sagen Sie das affirmative Gebet, mit dem Sie um Führung durch Träume bitten (siehe oben), vor sich hin. Wenden Sie diese Affirmation allabendlich mindestens fünf Nächte lang an. Es ist eine gute Idee, immer einen Notizblock oder einen Kassettenrekorder auf Ihrem Nachttisch bereitzuhalten, um Ihre Träume gleich nach dem Aufwachen aufzeichnen zu können. Innerhalb von fünf Tagen werden Sie Ihre helle Freude an den brillanten Ideen haben, die sich in Ihren Träumen einstellen.

20

*Weiterführende Methoden zur Reinigung der
himmlischen Kommunikationskanäle*

In diesem ganzen Buch habe ich immer wieder betont, wie wirksam
das Meditieren in Kombination mit dem Klären der Chakren ist,
um die Kanäle der himmlischen Führung zu öffnen. Zudem bin ich
darauf eingegangen, wie das Gebet dabei helfen kann, Ängste und
Zweifel auszuräumen und den Glauben und das Vertrauen auf Ihre
himmlische Führung zu stärken. Schon diese beiden Methoden werden die Klarheit und Anzahl der Mitteilungen, die Sie von Gott und
den Engeln erhalten, beeindruckend ansteigen lassen. Wenn Sie erst
einmal den Punkt erreicht haben, an dem Sie sich bei diesen Unterhaltungen mit dem Göttlichen wohlfühlen, können Sie wie viele von
uns beginnen, Gott zusätzliche Fragen zu stellen, etwa:

- *Wie erhalte ich noch klarere und verständlichere Antworten von
  dir?*
- *Welche Veränderungen kann ich jetzt in meiner Lebensgestaltung
  vornehmen, die mir helfen, leichter göttliche Führung zu erhalten?*

Als Reaktion auf diese Fragen lenken uns Gott und die Engel
sachte dazu hin, unsere Gedanken und unseren Körper zu reinigen,
sodass wir kristallklare Instrumente göttlicher Kommunikation werden. Ebenso wie ein Klavier der Musik besser dienen kann, wenn es
pfleglich behandelt wird und gut gestimmt ist, so dienen auch unser
Körper und unser Geist dem göttlichen Geist besser, wenn sie pfleglich behandelt werden und gut gestimmt sind.

Als ich mich bei Gott und den Engeln nach weiterführenden

Methoden erkundigte, um die Verständlichkeit meiner himmlischen Führung zu erhöhen, erhielt ich als Antwort stattdessen Visionen von Hühnerfleisch. Ich tat die Vision immer wieder als Hirngespinst ab, da sie für mich keinen Sinn ergab. Schließlich bat ich Gott um Klarstellung: »Warum zeigst du mir jedes Mal Hühnerfleisch, wenn ich frage, wie ich die Klarheit meiner himmlischen Kommunikationskanäle erhöhen kann?«

Die Antwort, die ich über den Kanal des Hellhörens erhielt, haute mich förmlich um. Ich hörte: »Hör auf, Huhn zu essen. Wenn du Huhn isst, nimmst du den Schmerz in dich auf, den das Huhn durchgemacht hat, als es getötet wurde. Diese Energie des Schmerzes blockiert deine Wahrnehmung der himmlischen Führung.«

Ich war verblüfft. Nie hatte ich meine Ernährung mit meiner Empfänglichkeit für Eingebungen der geistigen Welt in Verbindung gebracht! Nachdem ich aufgehört hatte, Alkohol zu konsumieren, war mir natürlich aufgefallen, dass mein Geist laserscharf geworden war und dass sich meine Konzentrationsfähigkeit überall, vor allem in Verbindung mit himmlischer Führung, sofort verbesserte. Aber Hühnerfleisch?

Ich sprach mit einigen, die sich auf hohem Niveau mit Spiritualität beschäftigten, und sie sagten mir, sie hätten ähnliche Hinweise erhalten. Sie hatten begonnen, ein Leben als Vegetarier zu führen, da sie ein reinerer Kanal für die Kommunikation mit dem Göttlichen sein wollten. Ich wollte das auch! Ich hatte vor vielen Jahren rotes Fleisch aufgegeben und aß bei meinen Mahlzeiten primär Fisch und Geflügel. Ich beschloss, meiner himmlischen Führung zu folgen, und gab den Verzehr von Hühner- und Putenfleisch komplett auf.

Als ich das Geflügel von meinem Speiseplan strich, veränderte sich meine Fähigkeit zum Hellsehen komplett. Man könnte es damit vergleichen, dass sie zuvor einem Zwölf-Zoll-Monitor in Schwarz-Weiß entsprochen hatte, und jetzt hatte ich einen Breitwandbildschirm in Farbe. Die Veränderung vollzog sich schlagartig und dramatisch. Im Gegenzug für größere Klarheit in meiner Kommunikation mit dem Göttlichen stieg ich nur zu gerne auf vegetarische Ernährung um. Wenn ich ein Steak oder eine Putenkeule *wollte,* dann erlaubte ich mir das natürlich. Schließlich glaube ich nicht, dass Gott uns irgend-

265

etwas wegnehmen will. Und dennoch kam es gar nicht mehr vor, dass ich Fleisch, Geflügel oder Alkohol konsumieren wollte, da es so viel mehr Spaß macht, regelmäßig klare himmlische Weisungen zu bekommen.

Auf meine Bitte nach noch ausgefeilteren Methoden, klarere Botschaften des Himmels zu erhalten, erhielt ich von den Engeln im Lauf der Zeit die folgenden zehn lebensverändernden Lektionen. Während ich die einzelnen Lektionen in die Praxis umsetzte, fühlte ich mich leichter, freier und glücklicher. Meine Kanäle für die himmlische Führung wurden immer freier und ich genoss sie immer mehr.

1. Lebe in Integrität. »Verbringe deine Zeit mit Aktivitäten, die deinen höchsten Absichten entsprechen. Löse dich von Dingen, bei denen deine Intuition dir eingibt, du solltest von ihnen ablassen. Diese Dinge können geheilt werden, damit du dich an ihnen erfreuen kannst, oder die Aktivität wird problemlos von dir abfallen.«

Ich wand mich innerlich, als die Engel mir diese Lektion beibrachten. Wie schon an früherer Stelle erwähnt, war ich damals bei mehreren Zeitschriften beschäftigt: Sie zahlten mir ein nettes Gehalt dafür, Artikel über Themen zu schreiben, die mir nichts bedeuteten. Mein Herz wollte Bücher und Artikel zu spirituellen Themen verfassen, doch ich hatte Angst, von dem, was ich liebte, nicht leben zu können.

Dennoch drängten mich die Engel, meinem Herzen zu vertrauen. Sie versicherten mir, dass ich gefahrlos Arbeit ablehnen könne, die meinen wahren Interessen nicht entsprach. Zum ersten Mal sagte ich Nein zum Auftrag eines Zeitschriftenredakteurs, einen Artikel über etwas zu schreiben, das mir nichts bedeutete – und war in Hochstimmung. Noch in der gleichen Woche erwarb ein Verleger ein von mir angebotenes Buch über Spiritualität!

2. Es gibt nur das Jetzt. »Du bist jetzt vollständig und heil. Richte den Blick nicht auf etwas, was das Morgen bringen mag – das würde nämlich bedeuten, dass du jetzt unvollkommen bist oder dass dir etwas mangelt und dass du erst dann heil und ganz bist, wenn irgendwann etwas Äußerliches in dein Leben tritt.«

Als mir die Engel diese Lektion überbrachten, wurde mir klar, dass ich unbewusst für die Zukunft gelebt hatte. Ich richtete mich auf das aus, was das Morgen mir bringen würde, statt mir des vielfältigen Segens in meinem Leben bewusst zu sein. Daraufhin änderte ich meinen Blickwinkel, indem ich Abend für Abend eine mentale »Dankbarkeitsliste« aufstellte, die darin bestand, dass ich mich bei Gott für all die wunderbaren Geschenke bedankte, die ich im Lauf des Tages erhalten hatte.

3. Alle Konflikte finden in deinem Geist statt. »Jeder Konflikt, den du in der äußeren Welt sehen oder erfahren kannst, ist eine Projektion deines Egos. In Wahrheit herrscht in der Welt vollkommener Friede; du projizierst deine Angst vor Frieden auf die Welt. Du willst deinen innerlichen Konflikt nicht auflösen, aber du willst ihn loshaben. Also projizierst du ihn auf andere und denkst, sie seien diejenigen, die bewirken, dass du dich unbehaglich fühlst. Andere sind unbeschriebene Blätter, die du mit deinen eigenen Bedeutungszuweisungen und Definitionen einfärbst. Dann reagierst du auf sie, als wären diese Färbungen real. Andere wiederum behandeln dich so, wie du es von ihnen erwartest – eine sich selbst erfüllende Prophezeiung.«

Als mir die Engel erklärten, dass ich die Künstlerin sei, welche die Leinwand meines Lebens bearbeitet, empfand ich den Gedanken sowohl inspirierend als auch entmutigend. Mir wurde klar, wie oft ich es zugelassen hatte, dass die Angst mir erbärmliche Zeiten bescherte. Manchmal hatte ich Angst davor, Liebe zu geben und zu empfangen, aus Sorge, ich könnte verletzt oder gegängelt werden. Dann wieder sorgte ich für hausgemachte Krisen, da ich erwartete, dass Probleme auftreten würden. Doch die Engel machten mir klar: *Ich* war es, die am Steuer saß. Es stand in meiner Macht, die Gedanken und Gefühle frei zu wählen, die ich allen Situationen zuschrieb. Es stand in meiner Macht, auf meine Intuition zu hören, die mir stets zur Verfügung stand, um mich vor drohender Negativität oder Gefahr zu warnen. Es lag in meiner Macht, mir Probleme zu schaffen, indem ich Sorgen und Angst kultivierte. Mir wurde deutlich, dass ich nie äußeren Umständen zum Opfer gefallen war, und mit dieser Erkenntnis wurden mir meine eigenen Erwartungen und Entscheidungen sehr bewusst.

4. Bringe mehr Reinheit in deine Ernährung. »*Alle Nahrung ist mit einer Schwingung ausgestattet, und du möchtest ja auf der höchsten Frequenz schwingen, die für dich möglich ist. Ernähre dich von frischem Obst und Gemüse, von Nüssen und Vollkorn – diese Nahrungsmittel weisen die höchsten Frequenzen auf. Meide Fleisch, Milchprodukte, Alkohol, Zucker, Schokolade und Koffein. Und vergiss nicht, dass die Essenz aller Nahrungsmittel, die du zu dir nimmst, auf dich wirkt, noch lange nachdem diese Nahrung verdaut wurde und wieder verschwunden ist.*«

Zu dem Zeitpunkt, als mir die Engel diese Lektion mitteilten, ernährte ich mich bereits relativ gesund. Ich hatte Fleisch, Geflügel und Alkohol aufgegeben. Dennoch blieb noch Raum für Verbesserungen; also befolgte ich den Ernährungsrat meiner Schutzengel und entschied mich für eine vegane Ernährung. Die Verbesserung meiner Energie und meiner Einstellung war drastisch und vollzog sich umgehend. Ich hatte nicht das Gefühl, überzuckerte, fettreiche und koffeinhaltige Lebensmittel und Getränke weggenommen zu bekommen; vielmehr fühlte sich die Entscheidung für gesunde Nahrungsmittel einfach und natürlich an. Nicht ein einziges Mal tat ich mir nach Umstellung meiner Ernährungsgewohnheiten selbst leid, wie es bei Diäten in der Vergangenheit der Fall gewesen war. Meine Ernährungsberater in Engelsgestalt veränderten mein Essverhalten so allmählich, dass ich die Nahrungsmittel, die ich nicht mehr zu mir nahm, gar nicht vermisste.

5. Gib nichts, um dafür etwas zu bekommen. »*Lass davon ab, Vorgaben für Resultate zu machen, die du als Gegengabe erwartest. Du wirst etwas bekommen, wenn du gibst – so will es das universelle Gesetz. Aber es liegt nicht bei dir, wie Ursache und Wirkung verteilt werden. Hinzu kommt: Wenn du im Gegenzug etwas erwartest, hast du in Wahrheit nichts gegeben. Vielmehr hältst du es in deinem Bewusstsein fest und erwartest, zuerst etwas zu bekommen, bevor du es vollständig loslässt.*«

Wieder einmal war es mir peinlich, als die Engel mir tief in die Seele blickten. Sie wussten, dass ich ein Mensch war, der sehr gut geben kann. Und doch musste ich mir die vielen Male eingestehen, wo ich mit der Erwartung gegeben hatte, im Gegenzug etwas zu bekommen. In vollem Vertrauen auf meine Schutzengel beschloss ich, mich von allen Bedingungen zu lösen, die an meine Geschenke geknüpft waren. Fast sofort stellten sich überraschende Belohnungen ein, etwa neue geschäftliche Chancen und wunderbare Erfahrungen mit Freunden.

Ich lernte, dass das Geben selbst wirklich Lohn genug ist und dass es im Handumdrehen Freude und Befriedigung bewirkt. Wenn wir geben, erzeugen wir im Äußeren eine Energie, die aufgrund des Gesetzes von Ursache und Wirkung immer bewirkt, dass wir etwas von gleichem oder sogar noch größerem Umfang erhalten. Manchmal stellt sich unser Lohn auf unerwartete Weise ein. Mir fiel auf: Nachdem ich Person A Zeit oder Energie gewidmet hatte, erhielt ich später ein unvorhergesehenes Geschenk von Person B. Hätte ich hartnäckig darauf bestanden, einen Lohn von A zu erhalten, so wäre mir womöglich das Geschenk von B entgangen. Wie bei den anderen Lektionen bekräftigten die Engel auch diese Lektion sofort, und sie wurde dauerhaft zu einem Teil meines Lebens.

6. Verbringe Zeit alleine in der Natur. »Die Geräusche und Gerüche der Natur sind unsichtbar, also entführen sie deinen Geist in die unsichtbare Sphäre der geistigen Welt, wo alles auf einer höheren Frequenz und schneller schwingt als die Materie. Die Natur hat heilende Eigenschaften. Außerdem gibt es ganz reale Naturengel. Diese Naturengel kannst du um Heilung für dich bitten. Der Aufenthalt in der Natur hilft dir, dich auf den natürlichen Rhythmus der Erde einzuschwingen, und da die Wahl des Zeitpunkts und die Zyklen bei allem involviert sind, gelangst du mehr in Einklang mit dem Rhythmus des Lebens.«

Auf Drängen der Engel wagte ich mich mehr von meinem Schreibtisch weg und begann, meine Mittagspausen draußen zu verbringen, selbst an bewölkten Tagen. Allein in der Natur höre ich mich klarer denken. Ich füttere gerne die Vögel und lausche ihrem frohen Gesang. Die frische Luft, die Sonne und der Duft der Blumen – sie alle helfen mir, auf tieferen Ebenen zu meditieren. Wenn mich je Sorgen oder Angst packen, setze ich mich draußen hin und bitte die Naturengel, sich um mich zu scharen. Ich komme mir dann ein

269

wenig vor wie Gulliver in der Gesellschaft des kleinen Völkchens von Lilliput. Naturengel strahlen eine liebevolle Energie aus, die sich wie eine Riesenumarmung vom Himmel herab anfühlt.

7. Löse dich von der Materie. »Wenn du gedanklich an der Materie haftest, wirst du den Produkten des Ego-Denkens verhaftet bleiben, und von daher bleibst du dem Ego verhaftet. Es gibt keine Möglichkeit, diesem Gesetz zu entrinnen. Der Geist, der sich auf die Materie richtet, ist der Ego-Geist.«

Meine Schutzengel stellten klar, dass gegen materielle Dinge nichts einzuwenden ist, da Materie neutral ist. Den Engeln ist durchaus klar, dass wir Menschen materielle Bedürfnisse haben, etwa Nahrung, Kleidung und ein Dach über dem Kopf. Wenn wir jedoch von materiellen Dingen besessen sind, richtet sich unsere ganze Aufmerksamkeit auf jenen Aspekt unserer Natur, der mit dem niederen Selbst zu tun hat. Und da das niedere Ich von Schmerz und Angst geschüttelt wird, erleben wir eben Empfindungen dieser Art, wenn wir unsere Gedanken auf das Materielle ausrichten. Mir wurde klar, dass ich Geldsorgen loslassen und in meiner Mitte bleiben kann, indem ich einfach meiner Intuition und der Freude meines Herzens folge. Dieser Fokus auf das höhere Selbst führte mich ganz von selbst zu Tätigkeiten, die darin mündeten, dass meine materiellen Bedürfnisse erfüllt wurden. Und es machte viel mehr Spaß als die Aussichten, die sich mir zuvor boten.

8. Verurteile und werte nicht. »Du verurteilst und bewertest andere aus Selbstschutz, um sie dir vom Leib zu halten, damit du nicht zu nahe an sie herankommst und verletzt wirst. Aber wir haben dir gesagt, dass du dir keine Gedanken wegen deiner Sicherheit zu machen brauchst. Dir kann nichts geschehen. Ein überwältigend starkes Gedankenmuster, das in Sorge um deine Sicherheit besteht, kann genau das, wovor du Angst hast, in dein Leben bringen.«

An diesem Punkt stimmten mehrere Schutzengel von mir mit ein. Sie erklärten, dass wir gerade jenes anziehen, worüber wir uns Gedanken machen. Wenn ich wie besessen an physische oder emotionale Gefahren denke, erzeuge ich ein Klima, in dem meine schlimmsten

Befürchtungen wahr werden. Mit etwas Übung begann ich, mein Augenmerk auf Momente zu richten, in denen ich andere bewertete oder verurteilte, und konnte dann meine wahren Motive für mein Festhalten an einem Werturteil analysieren. Wie gewöhnlich hatten meine Engel recht! Ich fand heraus, dass immer die Angst der Übeltäter war. Ich machte mich daran, mich von meinen Ängsten zu lösen und sie den Engeln zu übergeben, und konnte spüren, wie sich meine wertenden Angewohnheiten nach und nach legten. Wenn es heute nötig ist, dass ich eine Warnung wegen einer bestimmten Person oder Situation bekomme, sagen meine Engel es mir laut, und ich brauche mich nicht mehr selbst zu schützen.

9. Du erlebst das, worauf sich deine Aufmerksamkeit richtet. »*Hegst du einen lieblosen oder einen an Liebe armen Gedanken, wird es dir Schmerzen bereiten. Du bist dein Bewusstsein und spürst die Auswirkungen all dessen, worauf sich dein Bewusstsein ausgerichtet hat. Du willst ja keinen Schmerz. Entscheide dich also dafür, deine lieblosen Gedanken dem Licht zu übergeben.*«

Zuerst war das für mich eine schmerzhafte Lektion, der ich mich nur ungern stellte. Ich hatte immer gedacht, dass sich meine äußeren Umstände auf mein Glück auswirkten. Die Engel bestanden darauf, dass das verkehrt sei und dass meine Welt von meinen Gedanken gefärbt werde. Sie gaben mir zu verstehen, der Dreh- und Angelpunkt meines Glückes sei nicht das, was ich hatte, sondern vielmehr das, was ich dachte. Mir wurde die Weisheit hinter dem Spruch klar: »Negative Gedanken sind ein Luxus, den du dir nicht leisten kannst.« Ich begann bewusst, negativen Informationen aus dem Fernsehen, Radio und anderen Nachrichtenmedien aus dem Weg zu gehen, und das Gleiche galt für Gespräche, die mit Klatsch und Tratsch zu tun hatten. Bald hatte ich eine gesunde neue Angewohntheit, immer die helle Seite des Lebens zu sehen, und dabei konnte ich feststellen, wie mein Leben immer leichter und heller wurde.

10. Ehre Gott in allem. »*Strebe keinen Ruhm für dich selbst an. In der Essenz allerdings verhält es sich so: Wenn du Gott die Ehre zusprichst, ehrst du den Teil deiner selbst, der eins ist mit Gott. Indem du Gott*

Ruhm zusprichst, bleibst du außerhalb deines Ego-Zustands und bist im Bewusstsein deines höheren Selbst zentriert.«

Die Engel hatten eine höchst wichtige Lektion für zuletzt aufgehoben: wie wichtig es ist, sich von jeglichem Verlangen nach Lob zu lösen. *»Wenn es dich danach verlangt, etwas Besonderes zu sein, sagst du damit, dass du von Gott und anderen Menschen getrennt sein willst«,* erklärten die Engel. *»Du wirst Angst haben, dich einsam fühlen und Schmerz erfahren, weil du dich selbst als getrennt siehst.«*

Ich lernte von den Engeln, dass Gott die Quelle meiner gesamten kreativen Energie ist. Alles, was ich also tue oder sage und was Lob hervorruft, sollte zu Recht Gott zugeschrieben werden. Zuerst war diese Lektion ernüchternd für mich. Doch bevor ich in Gefühle der Scham hineingleiten konnte, bauten meine Engel mich wieder auf, indem sie mir in Erinnerung riefen, dass ich jedes Mal, wenn ich Gott pries, mein wahres Selbst lobte, da mein wahres Selbst ja eins mit Gott ist.

Diese Offenbarung half mir dabei, mich selbst und andere mit den Augen unserer Engel zu sehen. Denn diese himmlischen Wesen sehen uns so, wie wir wirklich sind: liebevolle und kreative Menschen, die es danach verlangt, das Allerbeste zu sein, was wir sein können. Ja, gelegentlich machen wir Fehler. Aber wenn wir uns selbst und einander verzeihen, sehen wir die wahre Schönheit, die jetzt und für immer unsere grundlegende Natur ist.

Die zehn Lektionen haben sich nun ein für alle Mal eingeprägt und sind zum bleibenden Bestandteil meines Alltags geworden. Wenn mir meine Klienten Komplimente zur Klarheit der himmlischen Führung machen, die ich während unserer Sitzungen erfahre, sage ich: »Danke, aber dafür habe ich in jeder Hinsicht Gott und den Engeln zu danken. Sie haben mich gelehrt, wie ich himmlische Führung empfangen kann. Mir kann man lediglich zugute halten, dass ich mich an diese Führung halte, da ich nun dank ihr eine sehr gute Zuhörerin bin.«

21

Gemeinsames Erschaffen mit Gott

Gott bewirkt, dass wir von Natur aus kreativ sind. Das liegt ja auch nahe, da Gott unser Schöpfer ist und er ebenfalls unentwegt erschafft. Wir, die wir als Ebenbild des ewigen Schöpfers geschaffen wurden, sind ebenfalls ewig dabei, zu erschaffen. Mit anderen Worten: Es ist uns nicht möglich, *nichts* zu erschaffen. Jede Minute eines jeden Tages erschaffen wir. Genau wie Gott erschaffen wir mit unseren Gedanken. Woran auch immer wir denken: Es verwirklicht sich in unseren Erfahrungen.

Die Intention ist alles

Die Engel sagen mir ständig: »Die Intention ist alles.« Das, was Ihrer Absicht entspricht, ist das, was Sie erfahren werden. Unsere Intention bedeutet unseren mentalen und emotionalen Fokus, kombiniert mit unseren Erwartungen. Wenn Sie die Absicht haben, Druck, Stress und Mangel zu erleben, werden Sie sich genau dieses Erlebnis kreieren. Wenn Sie die Absicht haben, anderen die Schuld an Ihren Schwierigkeiten zu geben, so werden Sie genau dieses Erlebnis erschaffen. Wenn Sie die Absicht haben, Gesundheit, Glück, Wohlstand oder sonst etwas zu erfahren, so werden Sie sich Lebensumstände dieser Art kreieren.

Ich erinnere mich an eine Zeit in meinem Leben, in der mir eine Rechnung nach der anderen ins Haus flatterte, mehr als ich bezahlen konnte. Mir gefiel es zwar gar nicht, wie viel Geld in die Tilgung der Schulden und in die Zinszahlungen wanderte, doch ich unternahm auch nichts, um etwas an dieser Situation zu ändern. Ich grummelte nur vor mich hin und ließ es geschehen, dass die Situation so weiterlief, als wäre ich das Opfer.

Eines Tages kam mir in den Sinn, dass ich ja gar nicht so leben musste. Mir wurde klar, dass ich meine Schulden abbauen oder ganz tilgen konnte und es selbst in der Hand hatte, wie viele Rechnungen mir in den Briefkasten flatterten. Mit der festen Absicht, meine Schulden abzubauen, traf ich definitive Maßnahmen. Diese Intention ließ sich damit vergleichen, dass ich mir auf der Landkarte ein Ziel aussuchte, während ich zuvor mit dem Wagen ziellos umhergefahren war. Mein Verhalten änderte sich dramatisch, als ich größere Teile meiner Schulden abbezahlte und meine Ausgaben senkte. Innerhalb eines Monats hatte sich meine finanzielle Situation verbessert – immerhin gilt für mich das Gleiche wie für alle anderen: Unsere Intentionen erschaffen unsere Erfahrungen.

Wir legen in jeder Minute eines jeden Tages Intentionen fest, indem wir für uns wählen, was wir wollen und was wir erwarten. Wenn uns das, was wir erleben, nicht gefällt, können wir unsere Intentionen ändern. Und eine der einfachsten Methoden, etwas an gewohnheitsmäßigen Negativintentionen zu verändern (etwa Armutsbewusstsein oder das Gefühl, Erfolge nicht zu verdienen), ist das Gebet.

Mir begegnen viele Menschen, die mir versichern, sie seien sich durchaus darüber im Klaren, dass sie sich Chancen und Erfolge verbauen. Sie sagen: »Mir fehlt einfach im tiefsten Innern das Gefühl, dass ich es verdient habe, glücklich zu sein.« Natürlich kann kein anderer Mensch oder kein Lebensumstand uns glücklich *machen*. Glück erwächst aus der Liebe zu sich selbst und zu allen anderen – Gott inbegriffen.

Dennoch haben wir während dieses Lebens auf Erden materielle Bedürfnisse. Es ist nichts Falsches, Unmoralisches oder Unspirituelles daran, genug Geld zu haben, um für sich selbst und seine Lieben zu sorgen.

Zum Glück läuft Gottes Intention für uns darauf hinaus, dass wir voller Freude und Liebe sind. Wie jeder liebende Elternteil, will auch Gott das Beste für seine geliebten Kinder. Und Sie sind ja definitiv eines der geliebten Kinder Gottes! Er hegt keinesfalls die Absicht, dass Sie leiden sollen – genauso wenig, wie Sie das für Ihre eigenen Kinder wollen.

Würden wir unsere Gedanken perfekt und beständig auf Gottes Intentionen für uns ausrichten, so würden unsere Erfahrungen immer in einer wunderschönen Ordnung und Harmonie fließen. Leider tun wir das gewöhnlich nicht. Stattdessen leben wir in einer mentalen Isoliertheit von Gott und sprechen nur sporadisch mit ihm. Obwohl sich einige von uns öfter als andere mit ihm beratschlagen, sprechen die meisten nicht kontinuierlich mit ihm. Es ist ein realistisches Ziel, das der Mühe wert ist: zu versuchen, im Lauf des Tages immer wieder mit Gott und den Engeln zu sprechen. So werden wir wertvollen und kreativen Rat für alle erdenklichen Angelegenheiten bekommen.

Partnerschaft mit Gott

Wir erschaffen mit Gott gemeinsam, indem wir ihn um Rat bitten, uns diesen Rat anhören und ihn dann befolgen. Unsere Mitwirkung beim Erschaffen ist ein wunderschöner Ausdruck unserer eigenen Göttlichkeit. Sie stützt sich auf die gesunde Gewohnheit, Gott regelmäßig um seine Führung zu bitten und dann sensibel und offen für seine Antwort zu sein. Und dann vollenden wir furchtlos die Schritte, wie sie uns Gott unentwegt übermittelt.

Durch diesen Prozess des Miterschaffens manifestieren sich fast wie durch ein Wunder die schönsten Erfahrungen und Ziele. Ja, Voraussetzung für sie ist unser Bemühen, Gottes Weisung in die Tat umzusetzen. Doch da die Handlungen aus dem Himmel hervorgegangen sind, macht es gewöhnlich Spaß, sie zu erfüllen. Und es ist spannend. Ich habe es nie erlebt, dass Gott von mir etwas zu tun verlangte, das für mich oder meine Lieben mit Peinlichkeit oder Schmerzhaftem verbunden gewesen wäre. Diese alte Vorstellung, Gott »prüfe« uns, ist nur ein Mythos. Die Einzigen, die uns da prüfen, sind wir selbst.

Bei der herkömmlichen Zielsetzung legen wir uns eigenständig Ziele und Pläne zurecht. Wir notieren sie, erfüllen sie und stellen in der Regel fest, dass es sich um Siege handelt, die im Grund hohl sind – und zwar deshalb, weil wir diese Ziele auf Äußerlichkeiten aufgebaut haben. Wir haben draußen in der Welt etwas gesehen und gesagt: »Das sieht aus wie etwas, das mich glücklich machen würde.«

Das Miterschaffen rührt dagegen von einem inneren Fokus her. Es beginnt, sobald Sie Gott an Ihren Hoffnungen und Wünschen teilhaben lassen. Er hilft uns dann dabei, Ziele zu formulieren, an denen zu arbeiten wirklich eine Freude ist. Gott, der eins ist mit unserem höheren Selbst, ist bereits glücklich. Unsere von Gott gegebenen Ziele sind nichts anderes als Formen, in denen sich dieses Glück ausdrückt.

Gott ist wie die Sonne, die unentwegt Lichtstrahlen aussendet. Dieses Licht ist seine Kreativität, seine Liebe und seine Gebernatur. Wir, die wir nach seinem Ebenbild geschaffen sind, tragen von Geburt an den Drang in uns, ebenfalls Lichtstrahlen auszusenden. Jedes Ziel, bei dessen Erschaffung wir mit Gott zusammenwirken, ist ein Ausdruck davon, Licht zu geben und Freude zu verbreiten.

Die himmlische Führung ist hundertprozentig zuverlässig

Setzen Sie die Schritte dieses Buches in die Praxis um, dann werden Sie zunehmend klarere Mitteilungen von Gott und den Engeln erhalten. Der Himmel wird Sie nie dazu hinführen, etwas Angsteinflößendes zu tun, aber Sie werden aufgefordert, Ihr wahres Potenzial zu entfalten. Gesetzt den Fall, Gott bittet Sie, etwas Wundervolles zu tun, und Sie haben Angst, es könnte Ihnen misslingen, dann sprechen Sie auf jeden Fall mit dem Himmel über Ihre Ängste. Beraten Sie sich mit Gott und den Engeln hinsichtlich jeder Angst, jeder Hoffnung, jeder Einzelheit und Idee, und sie werden alle Hindernisse aus dem Weg räumen und jede hilfreiche Tür öffnen.

Himmlische Führung stellt sich bei uns im Rahmen der perfekt verfügten Gesetze des Universums ein. Wie die Elektrizität, die immer fließt, wenn wir den Schalter betätigen, ist auch unsere himmlische Führung hundertprozentig zuverlässig. Würden Sie das Licht anschalten und gleichzeitig die Augen schließen, so würden Sie denken, die Elektrizität habe versagt. So ähnlich verhält es sich, wenn Sie um himmlische Führung bitten, aber Ihre Kommunikationskanäle verschließen: Dann mögen Sie glauben, dass die Führung unzuverlässig sei. Himmlische Führung stellt sich immer als Antwort auf unseren Ruf nach ihr ein, aber wir nehmen die Führung nur wahr, wenn wir offen dafür sind, sie zu empfangen.

Der eigenen himmlischen Führung folgen

Warum also trifft das, was die himmlische Führung vorgegeben hat, manchmal nicht ein? Das Gesetz des freien Willens legt es in unsere Hand, den Gang unseres Lebens zu ändern. Sagen wir zum Beispiel, Sie verspüren intuitiv stark eine innere Führung, sich um eine bestimmte Stelle zu bewerben. Es läuft auch gleich alles bestens und sie bekommen sofort einen Termin für ein Vorstellungsgespräch. An diesem Punkt können Sie den Erfolg Ihrer himmlischen Führung blockieren. Sie können zu dem Entschluss kommen: »Ich habe es gar nicht verdient, einen tollen Job mit einem fantastischen Gehalt zu haben«, und diese Einstellung wird Ihnen das Bewerbungsgespräch vermasseln. Ihre himmlische Führung war zwar vollkommen verlässlich, aber Ihr freier Wille (und die Führung durch das Ego) haben sie sabotiert. Wenn Sie jedoch mit Ihrer wahren himmlischen Führung auf dem entsprechenden Kurs bleiben, bekommen Sie zuverlässigen Rat auf allen Gebieten Ihres Lebens.

Unsere Gebete werden immer erhört, und doch empfangen oder erkennen wir die Antworten nicht – es sei denn, wir sind diesbezüglich wachsam. Ich glaube, deshalb ist Glaube so wichtig: Haben Sie den Glauben, dass Gebete immer erhört werden, dann sind die Voraussetzungen günstig, die Antworten zu erwarten und sie wahrzunehmen, sobald sie sich zeigen. Meine Freundin Pilar Pollock lernte das auf eine sehr überraschende Weise:

Pilar

Pilar findet den Schauspieler Antonio Banderas außerordentlich attraktiv. Eines Abends war Pilar gerade in einer Gebetszeremonie bei Kerzenlicht, als sie plötzlich an ihn denken musste. Nicht, dass sie in voller Absicht darum gebetet hätte, Antonio zu begegnen, aber beim Anstecken ihrer Kerze dachte Pilar doch intensiv daran, wie gerne sie ihn treffen würde.

Pilar war kurz zuvor einer Schriftstellerin begegnet, und sie hatten sich vorgenommen, kurz nach der Gebetszeremonie gemeinsam zum Lunch zu gehen. Diese Frau rief nun an, um Bescheid zu sagen, dass sie als Freiberuflerin überraschend einen Auftrag erhalten habe, für den sie ein Interview in Baja California durchzuführen hatte. Sie fragte Pilar, ob sie ihr Treffen lieber verschieben oder aber mit ihr zum Vorstellungsgespräch fahren wolle.

Pilar hatte ein unbestimmtes Gefühl, dass sie mitfahren wollte, lehnte aber beim Gedanken an die Dauer der Reise dennoch ab. Als sich die beiden später über das Ganze unterhielten, war Pilar am Boden zerstört: Sie fand heraus, dass kein anderer als Antonio Banderas höchstpersönlich der Interviewpartner gewesen war. Seit diesem Zwischenfall stellt sich Pilar mehr auf die Antworten auf ihre Gebete ein, wenn sie sich ihr präsentieren.

Wenn Gott und die Engel uns eingeben, zu handeln, sollten wir uns danach richten. Wie bereits erwähnt, stellt sich die himmlische Führung in winzig kleinen Schritten ein. Wenn wir mit Schritt eins fertig sind, gibt uns Gott Schritt zwei, den wir dann verfolgen. Wir erhalten Schritt zwei nicht eher, als bis wir mit Schritt eins fertig sind. An diesem Punkt kommen einige Hellfühlende nicht mehr weiter.

Patty

Patty, Teilnehmerin an einem meiner Workshops, sagte mir, sie habe zu Gott gebetet, dass sie ihren Lebensauftrag in Erfahrung bringen wolle. Patty erhielt ihre Antwort in einem Traum, der sie anwies, ein Buch über ein Thema zu schreiben, mit dem sie sich sehr gut auskannte. Der Traum war so klar, dass Patty ein Gespür dafür hatte, dass es sich nicht bloß um Wunschdenken handelte – das war wahre himmlische Führung.

So verfasste Patty ein hoch professionelles und geschliffenes Manuskript und schickte es an drei Verlage – erhielt jedoch drei Absagen. Von der unerwarteten Enttäuschung demoralisiert – ihr Traum war so klar gewesen, dass Patty dachte, alles werde glattlaufen –, bat sie mich um Hilfe. Ich fragte sie, ob sie zusätzlich um himmlische Führung gebetet habe. Als sie bejahte, fragte ich sie, wie die Antwort lautete. Zögernd erklärte sie nun, es habe sich ganz stark das Gefühl eingestellt, sie solle ihr Buch im Internet veröffentlichen. Ich fragte Patty, wie es damit laufe.

»Na ja, ich habe mich damit befasst, eine Website zu bekommen, aber weiter bin ich in der Sache bis jetzt nicht vorgedrungen«, gab sie zurück.

Ich fragte sie, ob sie immer noch das starke Gefühl habe, dass die Stimme der himmlischen Führung ihr sagte, sie solle ihr Buch ins Web setzen.

»Ja«, sagte Patty, »aber das habe ich noch nicht gemacht.«

Wir redeten über ihr Gefühl, stecken geblieben zu sein, da sie die Eingebungen ihrer himmlischen Stimme ignorierte. »Wenn du das starke Gefühl hast, einen Schritt zu tun, musst du diesen Schritt auch zum Abschluss bringen, bevor Gott dir das nächste Paket mit Anweisungen gibt«, erklärte ich Patty. »Himmlische Führung ist ein Stück weit so, wie ein Fernstudium zu absolvieren. Zuerst musst du die erste Aufgabe einreichen, erst dann kommt das nächste Paket.« Patty tat einen tiefen Atemzug und erklärte, sie fühle sich von Gott bei ihrem Buchprojekt fallen gelassen. Nun verstand Patty, dass *sie* diejenige gewesen war, die das Projekt fallen gelassen hatte, indem sie der Stimme ihrer himmlischen Führung nicht gefolgt war.

Pattys Geschichte unterstreicht, wie wichtig es ist, Führung und Synchronizitäten wahrzunehmen, vor allem nachdem wir um himmlische Führung und das Eingreifen der geistigen Welt gebetet haben. Wenn wir um Führung bitten, offen bleiben für die Antworten Gottes und uns nach den von Gott gegebenen Anweisungen richten, kommen wir in den Genuss harmonischer Beziehungen und sich nahezu mühelos einstellender neuer Gelegenheiten sowie kreativer Erkenntnisse, Spaß, Lachen und Entspannung, Gesundheit und Energie.

Linda

Linda Fields, eine spirituelle Beraterin, weiß, wie wichtig es ist, um himmlische Führung zu bitten. Vor Kurzem wurde Linda mit Macht dazu hingeführt, ihr Haus zu verkaufen und in einen anderen Bundesstaat zu ziehen. Die himmlische Stimme sagte Linda, sie werde an ihrem neuen Wohnort viele erfreuliche Erfahrungen gewinnen, sowohl im persönlichen als auch im beruflichen Bereich.

Ohne zu zögern, betete Linda daraufhin um zusätzliche Weisung, die ihr helfen würde, den Umzug durchzuführen. Auf der hellfühlenden Ebene entstand bei ihr das intensive Gefühl, sie solle einen bestimmten Immobilienmakler anrufen. Am Tag nach ihrem Anruf erwarb der Immobilienmakler Lindas Haus. Linda sagte hierzu: »Es war so leicht! Indem ich um himmlische Führung bat und sie dann befolgte, hatte ich nie irgendetwas von dem Theater, das mit dem Umziehen gewöhnlich verbunden ist. Ich griff einfach zum Telefonhörer, wie Gott mich angewiesen hatte, und schon war mein Haus ruck, zuck zu einem fantastischen Preis verkauft.«

Lindas gesamter Umzug stand ebenfalls wie unter einem Zauber, da sie weiß: Wenn wir mit Gott gemeinsam in einer Partnerschaft wirken, ist alles möglich. Unsere himmlische Führung kann uns auch dazu hinführen, Veränderungen zu manifestieren, von denen viele in ihrem Leben profitieren. Vertrauen wir einer solchen Führung und befolgen sie, dann fungieren wir als irdischer Engel, und der Himmel schickt uns seine ewige Dankbarkeit.

Jimmy

Als ich Jimmy (= James Twyman), den Autor von *Abgesandte der Liebe,* kennen lernte, wussten wir beide aufgrund unseres Hellwissens, dass wir zusammen an einem sehr großen Projekt arbeiten würden, obwohl wir keine Ahnung hatten, wie es aussehen würde. Zwei Tage später erhielten wir Informationen der himmlischen Führung, die uns mehr darüber sagte.

Wir fühlten uns dazu hingeführt, ein weltweites Friedensgebet anzuleiten, bei dem wir Menschen aus allen Teilen der Welt bitten würden, sich zu Gebet und Meditation zusammenzutun. Wir entwarfen einen Brief zu unserer Vision für das weltweite Friedensgebet, in dem wir dazu aufriefen, am 23. April 1998 um 18.30 Uhr EST[20] mit uns zu beten. In diesem Brief gingen wir auf die wissenschaftliche Basis für unser Friedensgebet ein: Wissenschaftler hatten herausgefunden, dass Gruppengebete das Energiefeld der Erde verändern. »Stellt euch vor, was geschehen würde, wenn sich Millionen Menschen weltweit im Gebet vereinen«, schrieben wir.

Jimmy und ich kontaktierten die Eigentümer eines Internetservice namens Iguanamatic, die sich bereit fanden, kostenlos die Zeit und den Raum im Internet zur Verfügung zu stellen, um das Schreiben im World Wide Web zu veröffentlichen. Wir schickten den Brief mit der Ankündigung der Gebetswache an ein paar hundert Freunde und Bekannte und baten sie, das Schreiben ihrerseits an Freunde weiterzuleiten. Zudem luden wir alle dazu ein, sich in das Gästebuch unserer Gebetswache-Website einzutragen.

Durch diesen »Graswurzelansatz« der vielfältigen Kontakte erreichte der Brief weltweit Zehntausende. Schon zwei Wochen nach meiner ersten Begegnung mit Jimmy wurde die Website Tag für Tag von 1000 bis 5000 Menschen besucht. Aus fünfundsiebzig Ländern trugen sich Besucher in unser Gästebuch ein und bestätigten, dass sie am 23. April mit uns zusammen beten würden. Kirchenführer, VIPs und Autoren kontaktierten uns und taten enthusiastisch ihre Unterstützung des Ereignisses kund. Die *New York Times* und andere Medien interviewten uns zu dem Projekt, das sich mittlerweile unter dem Namen »The Great Experiment« herumsprach.

Am 23. April taten sich Tausende – vielleicht auch Millionen – von Menschen aus der ganzen Welt zu fünfzehn Minuten vereintem Gebet und gemeinsamer Meditation zusammen. Am darauf folgenden Wochenende, als Jimmy und ich als Sprecher bei einem Kongress auftraten, konnten wir versichern, dass dies zu den eindruckvollsten Ereignissen gehörte, an denen wir je beteiligt waren. Wir waren uns einig, dass wir nicht die leiseste Vorstellung gehabt hatten, welche Dimensionen das Ereignis annehmen würde – aber wir waren beide froh, der Weisung unserer himmlischen Führung gefolgt zu sein.

Himmlische Führung ist allumfassend

Die Autobiografien besonders erfolgreicher Menschen zeigen, dass auch sie ihren »Riecher«, ihre Meditation, ihre Träume und ihr Bauchgefühl mit einbeziehen, wenn sie geschäftliche Chancen verhandeln und an neuen Erfindungen arbeiten. Dieses intuitive Geführtwerden hilft uns, das perfekte Timing zu finden, wenn wir Anrufe tätigen oder eine neue Produktidee vorstellen.

Auf der Fahrt zur Arbeit hilft uns die himmlische Führung, zu wissen ...
* wann wir von zu Hause losmüssen
* welche Route wir wählen sollen
* wie wir Staus und Unfälle umfahren
* welche Tankstelle wir anfahren sollen
* wann wir am Ziel ankommen
* wo wir einen Parkplatz finden

Bei geschäftlichen Terminen helfen uns unsere spirituellen Gaben, zu wissen ...
* wer die Person ist, mit der wir uns treffen
* ob sie sich verspätet oder zu früh eintrifft (und wenn ja, wie spät/früh)
* welches Programm sie vorhat

Im Rahmen unserer eigenen Karriere erhalten wir Führung beim ...
* Beantragen einer Gehaltserhöhung
* Aufnehmen von Kontakten per Telefon

- Voranbringen einer neuen Idee
- Jobwechsel
- Anpacken einer neuen Aus- oder Weiterbildung, inklusive Hinweis auf den Träger und Finanzierungsmöglichkeiten

Das göttliche Bewusstsein bietet unschätzbare, wertvolle Hilfe in unseren Beziehungen. Wir können es nutzen, um ...
- zu erspüren, was mit unseren Kindern ist, wenn wir uns fragen, wo sie sind oder was sie gerade machen
- Informationen über unsere/n Partner/in zu bekommen
- zu wissen, was wir einem befreundeten Menschen sagen können, der sich in einer Notlage befindet
- die beste Möglichkeit zu ermitteln, jemandem zu helfen, ohne »ausgenutzt« zu werden
- in hitzigen Diskussionen in unserer Mitte zu bleiben und unseren Frieden zu bewahren
- Zugang zu kreativen Lösungen für unsere persönlichen Beziehungen zu finden
- uns bei der Auswahl von Geschenken für unsere Lieben leiten zu lassen

In meiner Familie war spirituelle Kommunikation immer ein offen angesprochenes Thema. Meine Mutter und ich spüren immer nach, was die andere gerade macht und wie es ihr geht, um den besten Zeitpunkt für einen Anruf zu ermitteln. Spirituelles Bewusstsein ist auch hilfreich für Singles, die eine/n Seelengefährten/in anziehen wollen (so bin ich meinem Mann begegnet) oder die sich fragen, wie es um die Integrität eines neuen Liebespartners steht. Verheiratete können telepathisch nachhören, was im anderen gerade vor sich geht und wie sein körperliches Befinden ist. Studien haben gezeigt, dass ältere Menschen am ausgeprägtesten über diese himmlische Wahrnehmungsdimension verfügen, und Langverheiratete können wortlos miteinander kommunizieren.[21]

Sie können die Eingebungen Ihrer himmlischen Führung proaktiv nutzen, um wunderbare neue Chancen und Situationen zu schaffen. Wie Sie gelesen haben, hat mich die himmlische Führung bei der

Metamorphose von einer unglücklichen und ungebildeten Hausfrau zu einer außerordentlich glücklichen professionellen Heilerin unterstützt. Ich habe gelernt, dass Gott uns Anleitungen dazu gibt, wie wir schrittweise unsere Träume umsetzen können – so wie beim Fernlehrgang mit dem Versenden der neuen Lektion gewartet wird, bis die Hausarbeit zur vorigen eingegangen ist.

Wenn Sie aktiv beim göttlichen Schöpfungsprozess mitwirken möchten, benutzen Sie am besten Ihre vier spirituellen Kanäle, um Ihr von Gott gegebenes Ziel so zu sehen, zu fühlen, zu hören und zu wissen, als hätten Sie es bereits verwirklicht. Dieser Prozess wird »Manifestation« genannt. Erleben Sie den Gegenstand Ihrer Herzenswünsche als eine hier und jetzt stattfindende Realität, ausgestattet mit allen Einzelheiten, die Sie sich vorstellen können. *Sehen* Sie sich, wie Sie das Ziel erfüllen. *Fühlen* Sie, wie Sie dabei Aufregung und Freude verspüren. *Hören* Sie, wie Sie vor Freude lachen und wie Ihnen nahestehende Menschen sagen: »Glückwunsch! Du hast es verdient!« *Wissen* Sie, dass sich das, was Sie erleben, nach Ihren Gedanken und Intentionen richtet; von daher hat Ihr Ziel in der geistigen Welt bereits Gestalt angenommen. *Wissen* Sie, dass Gott Ihnen nichts vorenthält, was Ihre heilige Mission unterstützt.

Spirituelle Übung: Wie Eingebungen Ihrer himmlischen Führung Wirklichkeit werden

Die folgenden vier Schritte helfen Ihnen, Ihre himmlische Führung aktiv werden zu lassen, sodass der Wille Gottes (der eins ist mit dem Willen Ihres wahren Selbst) Gestalt annehmen kann. Diese Schritte habe ich in meinen Workshops Tausenden von Menschen vermittelt und bekomme immer wieder die Rückmeldung, wie wirksam sie sind.

Bitte vergessen Sie nicht, dass Dankbarkeit der Kleister ist, der den inneren Zusammenhalt des Mitgeschaffenen ausmacht und die spirituelle Essenz dazu bringt, Gestalt anzunehmen. Bewahren Sie sich also bei dieser ganzen Übung die »Haltung der Dankbarkeit«.

1. Während Sie den Anblick, das Gefühl, den Klang und das Wissen Ihres von Gott gegebenen Ziels in Ihrem Bewusstsein halten, hüllen Sie sich in ein Gefühl der Dankbarkeit ein. Spüren Sie die Wärme der Dankbarkeit, weil Ihr Wohl bereits Gestalt angenommen hat. Danken Sie nun Gott für dieses Gute. Wenn Sie die intensiven Empfindungen der Dankbarkeit heraufziehen lassen, bereinigt diese Empfindung allen Unglauben und alle Angst, die das von Ihnen Manifestierte zunichte machen könnten. Bleiben Sie bei dieser Haltung und prägen Sie sich ein: »Worum auch immer du bittest – glaube, und es wird dir gegeben.«

2. Spüren oder sehen Sie vor sich, wie Sie Ihr gottgegebenes Ziel in einer Art Luftblase platzieren. Stecken Sie die ganze Szene, mit sämtlichen Bildern, Geräuschen, Gedanken und Gefühlen in die Luftblase. Hüllen Sie das Ganze in intensive Dankbarkeit ein, in dem Wissen, dass sich Ihr Ziel umso schneller auf der materiellen Ebene verwirklicht, je mehr Dankbarkeit Sie empfinden. Lassen Sie die Luftblase in einer beliebigen Farbe aufleuchten, die Ihnen gefällt. Erhöhen Sie die Intensität und Leuchtkraft dieser Farbe.

3. Lassen Sie das Bild und das Erleben der Luftblase in Ihrem Kopf stehen. Visualisieren oder spüren Sie, wie die Luftblase langsam im Innern Ihres Körpers absinkt, als befänden Sie sich in einem Fahrstuhl. Führen Sie die Luftblase zu Ihrem Solarplexus, unmittelbar unterhalb Ihres Magens, und halten Sie sie dort. Sehen oder spüren Sie, wie Sie diese Luftblase geradewegs durch Ihren Nabel und in den Raum pressen, als würden Sie einen mit Helium gefüllten Ballon von dort starten lassen.

4. Lassen Sie die Luftblase los und sehen oder spüren Sie, wie sie zum Himmelslicht emporschwebt. Verspüren Sie ein Gefühl friedvoller, freudiger Aufregung in Ihrem Bauch, als stünde etwas Wunderbares kurz bevor. Und so ist es auch! Spüren Sie Dankbarkeit, dass Ihre Manifestation jetzt unweigerlich realisiert wird.

Sie haben gerade die grundlegenden Schritte des spirituellen Manifestierens abgeschlossen, indem Sie sich mit allen vier Kanälen Ihr Ziel vorstellten, es mit Dankbarkeit im Hier und Jetzt umhüllten und es dann losließen, damit es Gott entgegengetragen werden kann. Gott wird Ihnen nun schrittweise klare Anweisungen geben, damit Ihr Ziel Gestalt annimmt. Achten Sie in den kommenden Stunden und Tagen eingehend auf die Eingebungen Ihrer himmlischen Führung über den hellsichtigen, hellhörenden, hellfühlenden und hellwissenden Kanal. Sie wird Sie auf perfekte Weise zur Manifestierung Ihrer gottgegebenen Wünsche führen.

Danken Sie Gott und den Engeln für die wunderschönen Geschenke, die sie Ihnen gebracht haben. Wissen Sie, dass Sie diese Geschenke verdient haben, und nehmen Sie sie von Herzen an. Wissen Sie, dass Sie der Welt unweigerlich Glück und Frieden schenken, indem Sie die Geschenke annehmen. Den Eingebungen unserer himmlischen Führung zu folgen, ist unser Daseinszweck, unser Glück, unser Frieden und unser Geschenk an die Welt!

Anhang

Hinweis an die Leser und Leserinnen: Damit Sie optimale Ergebnisse erzielen, achten Sie bitte beim Nachblättern im Anhang darauf, dass Sie nur jene Seiten anschauen, die sich auf die bereits von Ihnen beantworteten Fragen beziehen. Bleiben Sie vollkommen hierauf konzentriert, damit Sie nicht die Seiten betrachten, die mit anderen Kapiteln dieses Buches in Verbindung stehen.

8

Hellsichtigkeit: Frage Nr. 1

A

Hellsichtigkeit: Frage Nr. 2

Hellsichtigkeit: Frage Nr. 3

Sonnenblumen

Hellsichtigkeit: Frage Nr. 4

Hellsichtigkeit: Frage Nr. 5

Eine grob gezimmerte Berghütte zeigt sich, halb hinter dichten Kiefern versteckt, umgeben von einem bunten Teppich von Wildblumen. Das dunkelbraune Holz der Hütte glänzt frisch lackiert. Auf einer Fensterbank steht ein Balkonkasten mit leuchtend roten Geranien. Die Blätter der Pflanzen sind sattgrün. Die Regenwolke über der Hütte lässt einen sanften Sprühregen über die Blumen herabrieseln. Wildvögel fliegen auf der Suche nach Schutz davon, als der Regen heftiger und schneller zu prasseln beginnt. Für einen Moment verdüstert sich der Himmel, während die Wolke ihre Ladung über die Bäume ergießt. Dann erzeugt ein Sonnenstrahl einen Regenbogen, der sich vollendet über dem Dach der Hütte wölbt.

Hellhören: Frage Nr. 1

Hellhören: Frage Nr. 2

Eiswürfel

Hellhören: Frage Nr. 3

Die Feuerwerkskörper zischten mit einem schrillen Heulton in die Luft, gefolgt von einem dröhnenden Knall oder einem ohrenbetäubend lauten *Bumm*.

Hellhören: Frage Nr. 4

$$2+2=$$

Hellfühlen: Frage Nr. 1

Am Tag des Pferderennens war Bridget schrecklich aufgeregt. Sie wusste, dass ihre Vollblutstute Alexis so weit war. Schließlich hatte Bridget mit Alexis monatelang trainiert. Alexis hatte den gesamten Parcours gemeistert und war zentimetergenau über jede einzelne Hürde gesprungen. Glänzend sieht sie aus, dachte Bridget bei sich, während sie die rotbraune Mähne des Pferdes bürstete. Alexis wieherte und scharrte mit dem Huf, während Bridget ihre Hufeisen und die weißen Bandagen überprüfte. Bridget hatte ihren Schwanz zu adretten Zöpfen geflochten, mit Bändern, die farblich zu ihrer Satteldecke passten. Selbst das Wetter spielte mit, wie Bridget feststellen konnte. Vielleicht wäre heute ja der Tag, an dem sie eine Siegertrophäe mit nach Hause brachte, um sie bei ihrer Familie auf dem Kaminsims zu platzieren. Genau in diesem Moment riss sie die Stimme des Ansagers, der das Rennen eröffnete, über Lautsprecher aus ihren Träumen. »Los geht's!«, sagte Bridget laut zu Alexis, während sie sich in den Sattel schwang.

Hellfühlen: Frage Nr. 2

4

Hellfühlen: Frage Nr. 3

Güte

Hellfühlen: Frage Nr. 4

Hellfühlen: Frage Nr. 5

Q

Hellwissen: Frage Nr. 1

Neil Armstrong, der Kommandant der *Apollo 11,* betrat den Mond am 20. Juli 1969.

Hellwissen: Frage Nr. 2

9

Hellwissen: Frage Nr. 3

Hellwissen: Frage Nr. 4

Die Maschine rollte die Landebahn entlang und kam am Ausgang des Flughafenterminals zum Stehen.

Über die Autorin

Doreen Virtue (ja, das ist ihr *tatsächlicher* Name), beratende Psychologin, ist Tochter einer christlich orientierten spirituellen Heilerin, eine Metaphysikerin der vierten Generation, für die Wunder und Engel bereits als Heranwachsende eine Selbstverständlichkeit waren. In ihrer Praxis, wo sie sich mit Engeltherapie und spiritueller Heilung befasst, mischt sie Psychologie, spirituelle Kommunikation und die Prinzipien von *Ein Kurs in Wundern*. Doreen gibt vielerorts Workshops und hält Vorträge zum Thema »Himmlische Führung«. Sie ist unter anderem Autorin von Büchern und Kartensets, zum Beispiel *Wie Schutzengel helfen, Engel begleiten deinen Weg, Das Heilgeheimnis der Engel, Die Heilkraft der Engel, Die neuen Engel der Erde* und *Engel-Hilfe für jeden Tag*.

Dank

Dieses Buch ist ein Wunder – entstanden dank der Unterstützung und der Botschaften, die ich von Gott und den Engeln erhielt, sowie vieler Menschen, die dafür sorgten, dass es veröffentlicht werden konnte. Zunächst möchte ich mich bei Gott, Jesus, den Aufgestiegenen Meistern und den Engeln für ihre unglaubliche Hilfe beim Schreiben des Manuskriptes bedanken. Mit ihrer Hilfe konnten die Worte harmonisch und ohne jede Anstrengung aus mir herausfließen, sodass das Buch trotz meines vollen Terminkalenders und ständiger Reisen zu Workshops rechtzeitig fertig wurde. Ich verdanke euch alles!

Ebenfalls bedanken muss ich mich bei Bob Morris, dem Verkaufsleiter des Verlags, bei dem mein erstes Werk erschien. Er machte mich mit Richard F. X. O'Connor bekannt, dem Herausgeber von *Divine Guidance* (amerikanische Originalausgabe von *Himmlische Führung*). Danke, Bob, du warst von Anfang an dabei und bist mir während meiner ganzen schriftstellerischen Karriere als Wegbegleiter treu geblieben. Du bist ein Engel!

Als Schriftstellerin bin ich es ja gewohnt, Emotionen zu beschreiben, die mit Esoterischem in Verbindung stehen. Und doch fehlen mir die Worte, um die Tiefe meiner Dankbarkeit zum Ausdruck zu bringen, die ich gegenüber allen empfinde, die mir geholfen haben. Also liste ich die Namen der Menschen nur auf; ich weiß ihre Hilfe und Unterstützung bei diesem Buch von Herzen zu schätzen: Richard F. X. O'Connor, William Clark, Pearl Reynolds, Nick Bunick, Neale Donald Walsch, Jimmy Twyman, Rita Curtis, Bill Hartley, Michael Dougherty, Jean Marie Stine, Garrick Lahoda, Michael Tienhaara, Grant Schenk, Charles Schenk, Bill Hannan, Joan Hannan, Ada Montgomery, Ted Hannan, Emmet Fox, Laurie Joy Pinkham.

Mein Dank geht auch an Debra Evans, Ken Kaufman, Gregory Roberts, Louise L. Hay, Betty Eadie, Dannion Brinkley, Neale Dr. Wayne Dyer, Gregg Braden, Rosemary Altea, Marianne Williamson, James und Salle Redfield, Dolores Cannon, Reid Tracy, Jill Kramer, Kristina Reece, Karen Schieb, Robin Rose, Lucretia Scott, Lee Carroll, Jan Tober, Robert Odom, Scott Steele, Camilla Scott, Nikki Kilgore,

Dr. Jordan Weiss, Terry Ash, Silvia Aslan, Melinda Stephens-Bucke, Mary Ellen AngelScribe, Forrest Holly, Dr. Norman Vincent Peale, Phillip Krapf, Dr. Richard Neves, Dr. Caroline Miller, Bob Strouse, Sue Strouse, Dr. Leticia Oliver, Dr. Susan Stevenson, David Allikas, Steve Allen, Gary und Insiah Beckman, Tim Miejan, Cindy Saul, Gerri Magee, Joe und Shantih Moriarty, Andrea DeMichaelis, Tania Chamerlain, Kay Wiltsie, Dr. Elisabeth Ross, Patsy Nelson, June Rouse, Dan Liss, Dale Mann, Elihu Edelson, K. Kares, Dr. Beverlee McLaughlin, Nancy Freier, Steve Freier, Jim Clark, Bo Wise, Haracio Valesia, Alan Richards sowie an die Männer und Frauen, die mir großzügigerweise erlaubt haben, ihre Geschichten in diesem Buch niederzuschreiben. Danke vielmals!

Anmerkungen

1. 1. Kor. 13,2; 14,1; 14,31; 14,39
2. *Ein Kurs in Wundern,* Handbuch für Lehrer, Greuthof
3. *Ein Kurs in Wundern,* Textbuch, Kapitel 13, Teil XI, Abs. 8, Greuthof
4. *Ein Kurs in Wundern,* Übungsbuch, Lektion 107, Abs. 2, Greuthof
5. Daryl J. Bem und Charles Honorton, »Does psi exist? Replicable evidence for an anomalous process of information transfer«, *Psychological Bulletin* 115 (1994), S. 4–18
   »Scientists Peer into the Minds' Psi«, *Science News* Nr. 145, (29. Januar 1994), S. 68
6. Dean I. Radin, »Silent shockwaves: Evidence for presentiment of emotional futures«, *European Journal of Parapsychology* 12 (1996)
   D. I. Radin / R. D. Taylor / W. Braud, »Remote mental influence of human electrodermal activity: A pilot replication«, *European Journal of Parapsychology* 11 (1995), S. 19–34
7. Hirasawam / M. Yamamoto / K. Kawano / A. Furukawa, »An experiment on extrasensory information transfer with electro-encephalogram measurement«, *Journal of International Society of Life Information Science* 14 (1996), S. 43–48
8. William L. MacDonald, »The effects of religiosity and structural strain on reported paranormal experiences«, *Journal for the Scientific Study of Religion* 34 (1995), S. 366–376
9. Matthäus 7,16 (Anm. d. Redakt.)
10. Anm. d. Übers.
11. MacDonald, s.o.
12. Doreen Virtue erwähnt hier ihren Titel *Chakra Clearing* (Anm. d. Redakt.)
13. Plutarch, *Plutarch's Moralia,* London, W. Heinemann 1927
    Steve Richards, *Levitation,* London, HarperCollins 1980 (deutsche Ausgabe: *Die Kunst des Levitierens*)
14. *Ein Kurs in Wundern,* Handbuch für Lehrer, s.o., Kap. 21, V. 3–4

15. R. F. Quider, »The effect of relaxation/suggestion and music on forced-choice ESP scoring«, *Journal of the American Society for Psychical Research* 78 (1984), S. 241–262

16. Deutsche Ausgabe: *Das Heilgeheimnis der Engel*

17. Quider, s.o.

18. Deutsche Ausgabe: *Dein Leben im Licht*

19. Deutsche Ausgabe: *Tief wie der Ozean*

20. EST = Eastern Standard Time; entspricht mitteleuropäischer Zeit minus 6 Stunden (Anm. d. Redakt.)

21. MacDonald, s.o.

Doreen Virtue
Wie Schutzengel helfen
Tb. 160 Seiten
€ [D] 7,95
ISBN 978-3-86728-042-6

Warum du nie alleine bist ...
Und es gibt sie doch: Schutzengel, die unsere Bitten wahrnehmen und sie oft auf überraschende Weise beantworten; geheimnisvolle Helfer – zuweilen sogar in irdischer Gestalt –, die uns in Gefahr, Not und Verzweiflung zur Seite stehen.
Die Engelexpertin Doreen Virtue lässt Menschen zu Wort kommen, die von ihren persönlichen Begegnungen mit den »Himmelswesen« oder mit geliebten verstorbenen Angehörigen erzählen. Und dies so herzerwärmend und ermutigend, dass man gar nicht anders kann, als auf die Nähe der Engel zu vertrauen – oder selbst ein helfender Engel für andere zu sein.